本教材第 3 版曾获首届全国教材建设奖

全国优秀教材二等奖

"十四五"职业教育国家规划教材

国家卫生健康委员会"十四五"规划教材

全国中等卫生职业教育教材

供护理专业用

解剖学基础

第 4 版

主　编　王之一　安月勇

副主编　闫卫民　张柱武　王发宝

编　者（以姓氏笔画为序）

王　峰（成都铁路卫生学校）	吴军峰（吕梁市卫生学校）
王之一（吕梁市卫生学校）	吴俊霞（南昌市卫生学校）
王发宝（牡丹江市卫生学校）	张柱武（本溪市卫生学校）
王国庆（安徽省淮南卫生学校）	张娟娟（广东省潮州卫生学校）
闫卫民（太原市卫生学校）	张维烨（山东省青岛卫生学校）
安月勇（山东省莱阳卫生学校）	金　哨（温州护士学校）
孙男男（抚顺市卫生学校）	谢玮铭（广西医科大学玉林校区）
李嘉琳（山东省烟台护士学校）	赖　伟（四川省宜宾卫生学校）
杨成竹（云南省临沧卫生学校）	瞿学烨（山东省济宁卫生学校）

人民卫生出版社

·北　京·

版权所有，侵权必究！

图书在版编目（CIP）数据

解剖学基础 / 王之一，安月勇主编. —4 版. —北京：人民卫生出版社，2022.11（2025.5 重印）

ISBN 978-7-117-34032-8

Ⅰ. ①解… Ⅱ. ①王…②安… Ⅲ. ①人体解剖学－医学院校－教材 Ⅳ. ①R322

中国版本图书馆 CIP 数据核字（2022）第 209727 号

人卫智网	www.ipmph.com	医学教育、学术、考试、健康，购书智慧智能综合服务平台
人卫官网	www.pmph.com	人卫官方资讯发布平台

解剖学基础
Jiepouxue Jichu
第 4 版

主　　编：王之一　安月勇

出版发行：人民卫生出版社（中继线 010-59780011）

地　　址：北京市朝阳区潘家园南里 19 号

邮　　编：100021

E - mail：pmph@pmph.com

购书热线：010-59787592　010-59787584　010-65264830

印　　刷：北京盛通印刷股份有限公司

经　　销：新华书店

开　　本：889×1194　1/16　印张：18

字　　数：383 千字

版　　次：2001 年 8 月第 1 版　2022 年 11 月第 4 版

印　　次：2025 年 5 月第 7 次印刷

标准书号：ISBN 978-7-117-34032-8

定　　价：66.00 元

打击盗版举报电话：010-59787491　E-mail：WQ@pmph.com

质量问题联系电话：010-59787234　E-mail：zhiliang@pmph.com

数字融合服务电话：4001118166　E-mail：zengzhi@pmph.com

修订说明

为服务卫生健康事业高质量发展,满足高素质技术技能人才的培养需求,人民卫生出版社在教育部、国家卫生健康委员会的领导和支持下,按照新修订的《中华人民共和国职业教育法》实施要求,紧紧围绕落实立德树人根本任务,依据最新版《职业教育专业目录》和《中等职业学校专业教学标准》,由全国卫生健康职业教育教学指导委员会指导,经过广泛的调研论证,启动了全国中等卫生职业教育护理、医学检验技术、医学影像技术、康复技术等专业第四轮规划教材修订工作。

第四轮修订坚持以习近平新时代中国特色社会主义思想为指导,全面落实党的二十大精神进教材和《习近平新时代中国特色社会主义思想进课程教材指南》《"党的领导"相关内容进大中小学课程教材指南》等要求,突出育人宗旨、就业导向,强调德技并修、知行合一,注重中高衔接、立体建设。坚持一体化设计,提升信息化水平,精选教材内容,反映课程思政实践成果,落实岗课赛证融通综合育人,体现新知识、新技术、新工艺和新方法。

第四轮教材按照《儿童青少年学习用品近视防控卫生要求》(GB 40070—2021)进行整体设计,纸张、印刷质量以及正文用字、行空等均达到要求,更有利于学生用眼卫生和健康学习。

前　言

解剖学基础是中等卫生职业教育护理专业重要的专业基础课程，承载着落实立德树人根本任务、发展素质教育的功能，具有基础性、实用性、实践性和职业性等特点。随着职业教育改革发展和健康中国行动推进，在全国卫生健康职业教育教学指导委员会专家指导下，我们依据职业教育国家教学标准体系相关要求，并结合现代职业教育发展趋势和中职学生的特点，在《解剖学基础》第3版教材的基础上进行了修订。

本次修订坚持立德树人，全面落实党的二十大精神进教材要求，推进课程思政建设，把培养德智体美劳全面发展的高素质护理技能人才作为基本目标，遵循"三基、五性、三特定"的修订原则，本着突出重点、传承特色、删繁就简、整体优化的编写思路，力求教材内容深浅适宜、理论与实践紧密结合、启智增慧、知行合一，满足学生未来升学、就业和发展的需求。

本教材着重从以下几方面进行了修订和更新：①紧紧围绕立德树人根本任务，充分挖掘具有解剖学科特色的思政元素。②传承优秀教材理念。继承了上版教材的编写经验和教学实践体会，对部分章节的内容进行了增删、调整和优化，突出科学性。③精心打造特色栏目。通过"知识拓展"拓宽学生的知识面，提升文化素养，培养学生的学习兴趣；通过"案例分析"培养学生知识应用的能力，建立初步的临床思维，体现"做中学、做中教"；通过"思考与练习"引导学生发现问题，提出质疑，激发思考；通过"本章小结"便于学生梳理和复习所学内容。④进一步提升教材可读性。本教材用彩色图替换原来的黑白线条图，以便更好地展示人体的形态结构。⑤本教材的编写队伍由第3版的11人扩大到18人，参加编写的单位也由10所学校增加到17所，体现编委的广泛性和内容的适用性。

在编写过程中，大家集思广益、取长补短，交叉审稿一丝不苟，定稿会上字斟句酌，体现出解剖学教育工作者认真负责的敬业精神和严谨求实的治学态度。感谢全体编者及其所在单位的大力支持！铭记第1～3版教材的编者为我们打下的良好基础，对他们所作出的贡献致以崇高的敬意！

由于编者水平有限，书中难免有疏漏与不妥之处，敬请广大师生在使用过程中提出宝贵意见，以便我们在修订时予以纠正和改进。

王之一　安月勇

2023 年 9 月

目　录

第一章 | 绪 论

01章 数字内容

学习目标

1. 具有应用学习解剖学基础的基本观点正确理解人体形态结构及其演变规律的能力。
2. 掌握人体的组成与分部；常用的解剖学术语。
3. 熟悉解剖学基础的定义及其在护理学中的地位。
4. 了解学习解剖学基础的方法；人体解剖学发展简史。
5. 学会在活体上指出人体的分部；演示解剖学姿势和人体的轴与面；比较人体任意两点的方位。

 导学

当您步入博大精深的医学殿堂，首先跃入眼帘的便是解剖学这门古老、经典而又具有现代特色的课程。徜徉其中，开启的是奇妙的"人体探秘"之旅，应验的是"没有解剖学就没有医学"的科学论断，感受的是古老学科的博大内涵，植根于心的是有爱心、有温度的医学元素，油然而生的是对白衣战士的敬佩之情。

一、解剖学基础的定义及其在护理学中的地位

解剖学基础是研究正常人体形态结构及其发生发育规律的科学，是护理专业学生接触到的第一门专业基础课程。其内容包括系统解剖学、组织学和胚胎学 3 部分。**系统解剖学**（systematic anatomy）是按照人体的器官功能系统阐述正常人体器官形态结构的科学。**组织学**（histology）是研究机体微细结构及其相关功能的科学，包括细胞、组织、器官和系统。**胚胎学**（embryology）是研究从受精卵发育为新生个体的过程及其机制的科学。

1

组织学与胚胎学的本质是对人体发育的时空规律的揭示,时间是人体发育的进程,空间是人体的组织结构。

学习解剖学基础的目的在于理解和掌握人体各系统器官的形态结构、位置毗邻、发生发育规律及其功能意义和相关临床联系,为学习后续的医学基础课程和护理专业课程奠定坚实的基础,为疾病的预防、诊断、治疗和采取相应的护理措施提供科学的理论依据,为从事临床护理工作提供科学的理论指导。

二、人体解剖学发展简史

人体解剖学是研究正常人体形态结构的科学,其发展经历了漫长的历史时期,通常认为有文字记载的解剖学资料始于古希腊和中国。

西方医学对解剖学的记载是从古希腊名医希波克拉底(前460—前377)开始的,他对颅骨做了正确的描述。1543年,比利时的维萨里(1514—1564)出版了开拓性的解剖学巨著《人体构造》,奠定了现代人体解剖学的科学基础。2019年8月,在伦敦举行的第19届国际解剖学工作者协会联盟会议上,执委会决定将每年的10月15日设立为世界解剖学日(World Anatomy Day),以纪念1564年10月15日逝世的现代解剖学之父–维萨里。

我国传统医学中的解剖学记载历史悠久,远在两千多年前中医学的奠基之作《黄帝内经》已明确提出"解剖"一词。南宋人宋慈所著《洗冤集录》已绘制了精美的检骨图。虽然我国的解剖学研究在古代已硕果累累,但由于长期受封建社会制度的束缚,没有形成独立的体系。清代末年,西方现代解剖学逐渐传入我国,但发展缓慢。新中国成立后,特别是在改革开放以来,解剖学在中国迎来了全面发展的新时期。以吴汝康院士、薛社普院士、鞠躬院士、钟世镇院士、吴新智院士、苏国辉院士、顾晓松院士等为杰出代表的一批解剖学家和解剖学工作者,在解剖学的多个领域作出了世界公认的学术贡献,使我国解剖学得以屹立于世界解剖科学之林。

三、人体的组成与分部

1. 人体的组成　　**细胞**(cell)是构成人体的基本结构和功能单位,是组织和器官的结构基础。在细胞之间有一些由细胞产生的非细胞形态的物质,称为**细胞外基质**。细胞外基质参与构成细胞生存的微环境,起支持、联系、营养和保护细胞的作用。许多形态相似、功能相关的细胞,与细胞外基质形成的细胞群,称为**组织**(tissue)。一般将其分为上皮组织、结缔组织、肌组织和神经组织4种,统称为基本组织。几种不同的组织,构成具有一定形态,完成特定功能的**器官**(organ),如心、肝、脾、肺、肾等。许多功能密切相关的器官连接在一起,共同完成某一特定的连续性生理功能,即构成**系统**(system)。人体可分为运动系统、消化系统、呼吸系统、泌尿系统、生殖系统、脉管系统、感觉器、神经系统和内分泌系统 9 大系统。其中，消化、呼吸、泌尿和生殖 4 个系统的大部分器官位于胸腔、腹腔和盆腔内，并借一定的孔道直接或间接与外界相交通，故总称为**内脏**(viscera)。内脏各器官形态虽不尽相同，但按其构造可分为中空性器官和实质性器官两大类。**中空性器官**内部有空腔，多呈管状或囊状，如胃、气管、膀胱和子宫等。**实质性器官**内部没有特定的空腔，多属腺组织，如肝、胰、肾、睾丸和卵巢等。分布于实质性器官的血管、神经和淋巴管，以及该器官的导管等出入之处常为一处凹陷，称为该器官的门，如肝门、肾门。

2. 人体的分部　人体从外形上可分为头、颈、躯干和四肢 4 部分。其中，头部包括后上方的颅部和前下方的面部，颈部包括前方的颈部和后方的项部，躯干部包括胸部、腹部、背部和盆会阴部。四肢包括上肢和下肢，上肢分为肩、臂、前臂和手，下肢分为臀、大腿、小腿和足(图 1-1)。

四、常用的解剖学术语

解剖学基本术语是国际上统一认可的标准术语，是正确描述人体各器官的位置关系和形态结构的依据。

（一）解剖学姿势

解剖学姿势又称为标准姿势，是指身体直立，两眼平视正前方，上肢下垂于躯干两侧，手掌向前，下肢并拢，足尖向前(图 1-1)。无论人体处于何位、标本或模型以何种方位放置，均应按解剖学姿势描述方位。

（二）方位术语

按照解剖学姿势，又规定了一些表示方位的术语：①上和下，近头者为上，近足者为下。②前和后，距身体腹侧面近者为前，距身体背侧面近者为后。③内侧和外侧，距正中矢状面近者为内侧，远者为外侧(图 1-1)。在四肢，前臂的内侧又称**尺侧**，外侧又称**桡侧**；小腿的内侧又称**胫侧**，外侧又称**腓侧**。④内和外，凡为空腔器官，近内腔者为内，远者为外。⑤浅和深，是描述与皮肤表面相对距离关系的术语，近皮肤者为浅，远离皮肤而距人体内部中心近者为深。⑥近侧和远侧，在四肢，距肢体附着部较近者为近侧，较远者为远侧。

（三）轴与面

1. 轴　轴是叙述关节运动时常用的术语，依据解剖学姿势，人体可设置相互垂直的

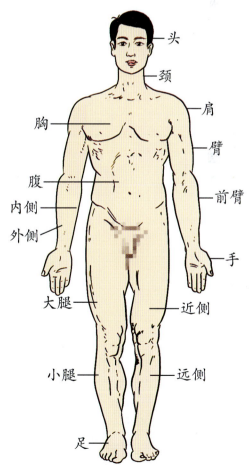

图 1-1　解剖学姿势及方位术语

3种轴(图1-2)。①**垂直轴**,为上下方向垂直于水平面,与人体长轴平行的轴;②**矢状轴**,为前后方向与水平面平行,与人体长轴相垂直的轴;③**冠状轴**,为左右方向与水平面平行,与上述两轴相垂直的轴。

2. 面　依据上述3种轴,可设置出人体相互垂直的3种面(图1-2)。①**矢状面**,为前后方向,将人体纵切为左、右两部分的断面。经过人体正中的矢状面称为**正中矢状面**,它将人体分为左右对等的两半。②**冠状面**,为左右方向,将人体纵切为前、后两部分的断面。③**水平面**,又称**横切面**,为与垂直轴垂直,将人体分为上、下两部分的断面。

器官的切面以其自身的长轴为标准,与器官长轴平行的切面为**纵切面**,与器官长轴垂直的切面为**横切面**。

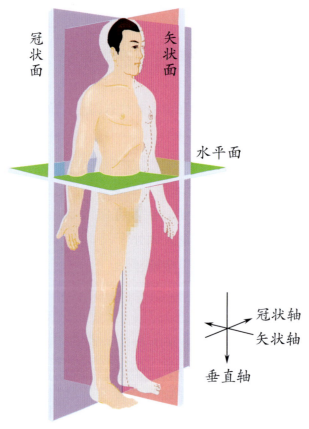

图1-2　人体的轴与面

五、学习解剖学基础的方法

解剖学基础是一门实践性很强的形态学科,形态结构复杂,名词术语繁多,联系临床护理密切。在学习解剖学基础时,一定要从护理专业的实际需要出发,坚持进化发展的观点、形态与功能相联系的观点、局部与整体相统一的观点、理论与实际相结合的观点,充分发挥解剖学实验环境形成的天然育人氛围,深度挖掘提炼解剖学教学媒介——"标本模型"中所蕴含的价值观和课程思政元素。学生在学习过程中既要重视基本理论知识的学习,又要重视基本技能的训练、科学态度的培养,将书本知识与标本、模型、图谱、多媒体等相结合,虚拟仿真实验教学与传统实验教学相互补充,注重活体的观察、触摸和体表定位,遵循记忆规律,增强记忆效果,提高学习成效,以期达到正确全面地认识人体形态结构的目的。

 知识拓展

感恩"无言良师"

"无言良师"是医学界对遗体捐献者的尊称。为了医学事业的发展,他们甘愿成为医学生手术刀下的第一位患者,用无声的教诲,帮助医学生领略医学真谛,感悟医术精髓。他们没有动作,却引领医学生正式走进医学的殿堂;他们没有表情,却教会医学生不求回报的大爱仁心;他们没有言语,却是最耐心的师长。

"无言良师"孕育着感恩之情、敬畏之心、责任之感和医者仁心。每一名医学生必须以最尊敬的态度,对待"无言良师";以感恩之心,珍惜"无言良师";以恭敬之情,面对授业师长;以最专业的态度,对待每一次解剖学实验课。牢记"健康所系、性命相托"的从医初衷,当好人民生命健康的守护者。

本章小结 　　本章的学习重点是人体的组成与分部以及常用的解剖学术语。学习难点为人体轴与面的联系。在学习过程中注意比较3种轴的区别,理解方位术语,感恩"无言良师",提高运用解剖学知识分析、解决问题的能力。

（王之一）

 思考与练习

1. 心脏是否属于内脏器官?为什么?
2. 人体的3种轴与3种面之间有何联系?

第二章 | 细　　胞

02章 数字内容

学习目标

1. 具有应用细胞的理论知识分析、解释生活现象和临床问题的能力。
2. 掌握液态镶嵌模型学说的基本内容。
3. 熟悉各种细胞器的形态结构与功能。
4. 了解细胞的形态与细胞核的组成。
5. 学会在显微镜下辨认细胞的基本结构。

 导学

　　人体是自然界中结构和功能最为复杂的有机体,而细胞是构成人体的基本单位。如果将人体比喻成高楼大厦,那么细胞就是其中的一砖一瓦。人体内的一切生命活动都是以细胞为单位体现的。即使是人体疾病的发生、发展也离不开细胞的结构基础。因此,要全面了解人体的形态和结构,就必须从认识细胞开始。

一、细胞的形态

　　细胞(cell)是构成人体的基本结构和功能单位,是人体生长发育的基础。人体大约有 10^{14} 个细胞,按功能可分为 200 余种,其形态多样,大小悬殊(图 2-1)。细胞的形态常与其所在的部位及功能相适应。例如,血细胞多数呈球形,便于在血液中流动;具有收缩功能的肌细胞呈细长形;能接受刺激、传导冲动的神经细胞具有长短不一的突起等。细胞的多样性反映出细胞结构与其功能状态密切相关。器官的大小与细胞的数量成正比,而与细胞的大小无关。

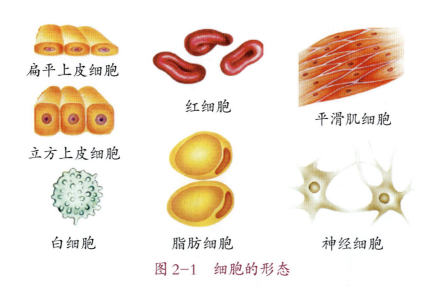

扁平上皮细胞　　红细胞　　平滑肌细胞

立方上皮细胞

白细胞　　脂肪细胞　　神经细胞

图 2-1　细胞的形态

二、细胞的基本结构

人体细胞的形态尽管千姿百态,功能活动千差万别,但它们均具有相同的基本结构。在光学显微镜下(以下简称光镜)可分为细胞膜、细胞质和细胞核 3 部分(图 2-2)。

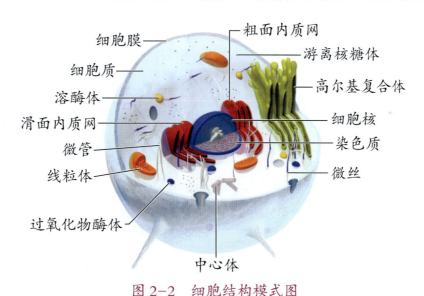

图 2-2　细胞结构模式图

(一)细胞膜

细胞膜(cell membrane)是分隔细胞质与细胞周围环境的一层薄膜(图 2-2),又称质膜,在光镜下难以分辨。在电镜下,细胞膜由平行的三层板样结构组成,即内、外 2 层色暗,中间一层色明。因这三层结构是一切生物膜所具有的共同特征,故又称为**单位膜**。细胞膜主要由脂质(约占 50%)、蛋白质(占 40% ~ 50%)和少量糖类物质(2% ~ 10%)构成。液态镶嵌模型学说认为:液态脂质双分子层构成细胞膜的基架,不同结构和功能的蛋白质镶嵌其中,糖类分子与脂质、蛋白质结合后附着在细胞膜的外表面(图 2-3)。脂质双分子层在人体内呈溶胶状态,具有一定程度的流动性,膜中的蛋白质分子可作横向移动。细胞膜具有维持细胞形态、保护细胞内容物、与周围环境进行物质交换和接受信息等功能。

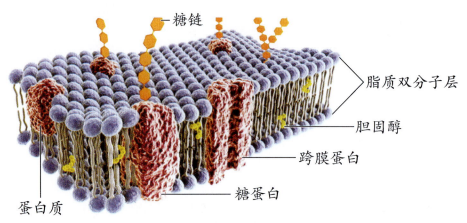

图 2-3　液态镶嵌模型示意图

（二）细胞质

细胞质（cytoplasm）是位于细胞膜与细胞核之间的部分（图 2-2），由细胞器、基质和包含物组成,是细胞完成多种重要生命活动的场所。

1. 细胞器（organelle）　细胞器是细胞质内具有一定化学组成、形态结构和生理功能的有形成分（图 2-2）。

（1）线粒体:光镜下,呈线状、杆状或颗粒状;电镜下,可见线粒体是由两层单位膜套叠而成的囊状结构。线粒体的主要功能是在多种酶系催化下,将细胞摄入的蛋白质、脂肪、糖等氧化分解,为细胞活动提供能量,故被喻为细胞的"动力工厂"。

（2）核糖体:电镜下呈一种近似球形的致密颗粒。核糖体有两种存在形式:一种游离于细胞质中,称为**游离核糖体**,主要合成细胞内源性蛋白,供细胞自身的代谢、生长和增殖需要;另一种附着于内质网或核外膜表面,称为**附着核糖体**,主要参与合成向细胞外输出的分泌性蛋白质（如消化酶、抗体等）。

（3）内质网:是由一层单位膜形成的囊状、泡状或管泡状结构,相互沟通并连接成网。根据其表面有无核糖体附着分为**粗面内质网**和**滑面内质网**两类:前者表面有核糖体附着,其主要功能是合成分泌蛋白和多种膜蛋白等,蛋白质合成后进入内质网管道,经管道运输到高尔基复合体;后者表面光滑,无核糖体附着,功能多样,如类固醇激素的合成、肝细胞的解毒作用、糖原分解释放葡萄糖、肌肉收缩的调节。

（4）高尔基复合体:位于细胞核附近。电镜下,高尔基复合体由平行排列的扁平膜囊、大囊泡和小囊泡 3 种膜状结构所组成。其主要功能是参与细胞的分泌活动,能将粗面内质网合成的蛋白质进一步加工、包装、运输,并分泌到细胞外。

（5）溶酶体:电镜下,溶酶体是由一层单位膜围成的圆形或卵圆形囊状结构,大小不一, 内含 60 多种酸性水解酶, 能对进入细胞内的外来物质 (如细菌) 以及自身衰老的细胞器进行消化分解。

（6）过氧化物酶体：又称微体，电镜下是由一层单位膜围绕而成的圆形或卵圆形小体，内含多种与过氧化氢代谢有关的酶，其标志酶是过氧化氢酶。过氧化物酶体的功能主要是参与脂肪酸氧化、过氧化氢的形成和分解，起解毒作用。

（7）中心体：位于细胞核附近，电镜下是两个相互垂直的短筒状结构。中心体参与细胞分裂活动。

（8）细胞骨架：是由微管、微丝和中间丝等构成的立体网架结构。细胞骨架对维持细胞形状、参与细胞运动等具有重要作用。

2. 基质 基质是填充于细胞质有形结构之间的无定形透明胶状物，是细胞进行多种物质代谢的重要场所。

3. 包含物 包含物是细胞质内具有一定形态（细胞器除外）的各种代谢产物或储存物质的总称，如腺细胞内的分泌颗粒、脂肪细胞内的脂滴和肝细胞内的糖原颗粒。

（三）细胞核

细胞核（nucleus）是细胞内遗传信息储存、复制和转录的场所，也是细胞进行各种生命活动的控制中心。除成熟的红细胞外，人体内所有的细胞都有细胞核（图 2-1），大多数为一个，少数为两个，个别为多个细胞核。细胞核由核膜、核仁、染色质（染色体）和核基质组成（图 2-4）。

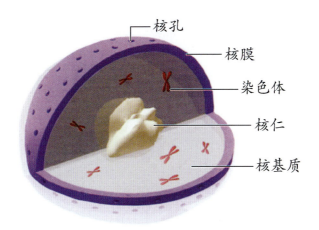

图 2-4 细胞核结构模式图

1. 核膜 核膜是围绕在细胞核表面的膜，核膜上的核孔是细胞核与细胞质之间进行物质交换的通道。

2. 核仁 光镜下，核仁为球形小体。核仁的主要功能是合成 rRNA 和组装核糖体的前体。

3. 核基质 核基质是维持细胞核形状的纤维网络状结构。

4. 染色质与染色体 **染色质**是细胞分裂间期细胞核内易被碱性染料着色的细丝状

物质, 主要化学成分是 DNA 和蛋白质。细胞分裂时, 染色质丝高度螺旋化形成具有特定形态结构的**染色体**。因此, 染色质与染色体实际上是同一种物质在细胞分裂不同时期的两种表现形式。

人类体细胞核内有 46 条染色体(23 对), 其中 22 对为男、女性所共有, 称为**常染色体**; 另一对随男、女性别而异, 称为**性染色体**, 男性为 XY 染色体, 女性为 XX 染色体。正常男性体细胞核型描述为 46, XY; 女性体细胞核型描述为 46, XX。

本章小结 本章的学习重点是液态镶嵌模型学说。学习难点为细胞器的形态结构及功能。在学习过程中注意细胞的形态与其功能相适应的关系, 区别细胞器与包含物的差异, 理解细胞器是细胞质内忙碌不停的"加工车间"。注重从细胞核的组成理解其在形态上是核物质的集中区域, 在功能上是遗传信息传递的中枢、细胞内合成蛋白质的控制台, 提高运用细胞知识分析、解决问题的能力。

(王发宝)

思考与练习

1. 简述液态镶嵌模型学说。
2. 细胞质内有哪些细胞器? 各有何功能?

第三章 | 基本组织

03章 数字内容

学习目标

1. 具有应用基本组织理论知识分析、解释生活现象和临床问题的能力。
2. 掌握被覆上皮的分类及分布；血液的组成和血细胞的分类、正常值及功能；神经元的结构及分类；化学突触的超微结构；内皮、肌节、闰盘和突触的概念。
3. 熟悉疏松结缔组织的结构；软骨的分布；3 种肌纤维的光镜结构；神经纤维的结构。
4. 了解腺上皮和腺；软骨组织和骨组织；骨骼肌纤维的超微结构；神经末梢的结构。
5. 学会在显微镜下辨认上皮组织、结缔组织、肌组织和神经组织的微细结构。

 导学

　　人体内千姿百态的细胞是以何种形式构成了人体的基本组织？各种组织又具有怎样的形态结构和功能特点？让我们带着这些神奇而有趣的问题一起来探究基本组织的奥秘。

　　一般将人体的组织分为上皮组织、结缔组织、肌组织和神经组织 4 种，它们是组成各器官的基本结构成分，故总称为**基本组织**。每种组织有一定的分布规律，并具有各自的形态结构和功能特点。

第一节 上皮组织

 案例分析

患者,女性,16岁。周末参加春游活动时,突然出现鼻痒流涕、胸闷气短、呼吸困难而急诊入院。查体:双肺可闻及广泛哮鸣音。血常规:嗜酸性粒细胞比例升高(11%)。临床诊断:外源性支气管哮喘。

请思考:

1. 衬贴在支气管内表面的上皮属于哪种上皮?
2. 能释放肝素、组胺和白三烯的细胞有哪些?
3. 患过敏性疾病时,血液中的白细胞有何变化?

上皮组织(epithelial tissue)简称上皮,由大量形态规则、排列密集的上皮细胞和极少量的细胞外基质构成。根据上皮组织的功能可分为被覆上皮和腺上皮两大类。被覆上皮具有保护、吸收、分泌和排泄等功能,腺上皮具有分泌功能。

一、被 覆 上 皮

(一)被覆上皮的结构特点

被覆上皮(covering epithelium)覆盖于身体表面或衬贴在体腔和有腔器官内表面。被覆上皮具有以下共同特征:①细胞多,细胞外基质少,细胞排列紧密;②上皮细胞有明显的极性,即朝向身体的表面或有腔器官腔面的为游离面,与其相对的朝向深部结缔组织的一面为基底面;③上皮组织内大都无血管,其所需营养依靠结缔组织内的血管透过基膜供给,上皮组织内有丰富的感觉神经末梢。

(二)被覆上皮的分类

根据构成细胞的层数和表层细胞侧面的形状,将被覆上皮进行如下分类和命名(表3-1)。

1. 单层扁平上皮 单层扁平上皮由一层扁平细胞组成。从表面观察,细胞呈不规则形或多边形,核椭圆形,位于细胞中央,细胞边缘呈锯齿状,互相嵌合;在垂直切面上,细胞扁薄,含核的部分略厚(图3-1)。衬贴在心、血管和淋巴管腔面的单层扁平上皮称为**内皮**,其表面光滑,有利于血液和淋巴的流动及物质交换。分布于胸膜、腹膜和心包膜表面的单层扁平上皮称为**间皮**,其表面光滑湿润,可减少器官活动时相互间的摩擦。

2. 单层立方上皮 单层立方上皮由一层近似立方形的细胞组成(图3-2)。从表面观察,细胞呈六角形或多边形;在垂直切面上,细胞呈立方形,核圆形,位于细胞中央。

表 3-1　被覆上皮的分类及分布

细胞层数	上皮类型	分布
单层上皮	单层扁平上皮	内皮：心、血管和淋巴管的腔面
		间皮：胸膜、腹膜和心包膜的表面
	单层立方上皮	肾小管、甲状腺滤泡等
	单层柱状上皮	胃、肠和子宫等腔面
	假复层纤毛柱状上皮	呼吸道等腔面
复层上皮	复层扁平上皮	未角化的：口腔、食管和阴道等腔面
		角化的：皮肤表皮
	变移上皮	肾小盏、肾大盏、肾盂、输尿管和膀胱等腔面

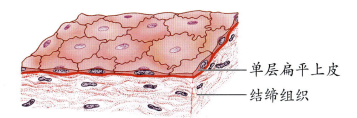

——单层扁平上皮
——结缔组织

图 3-1　单层扁平上皮

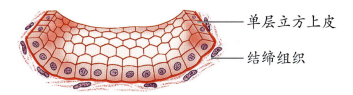

——单层立方上皮
——结缔组织

图 3-2　单层立方上皮

3. 单层柱状上皮　单层柱状上皮由一层棱柱状细胞组成。从表面观察，细胞呈六角形或多角形；在垂直切面上，细胞呈柱状，核椭圆形，靠近细胞基底部（图 3-3）。在肠道的单层柱状上皮中，还有散在分布的、形似高脚酒杯的杯状细胞。

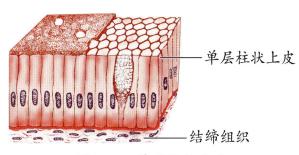

——单层柱状上皮

——结缔组织

图 3-3　单层柱状上皮

4. 假复层纤毛柱状上皮　假复层纤毛柱状上皮由柱状细胞、梭形细胞、锥形细胞和杯状细胞组成，其中柱状细胞最多，游离面有大量纤毛。虽然上述细胞形态不同，高矮不一，细胞核的位置不在同一水平上，但其基底面均附着在基膜上，故在垂直切面上观察，形似复层上皮，而实际为单层上皮（图3-4）。

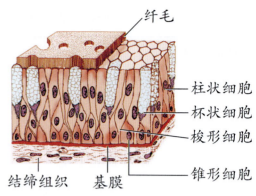

图3-4　假复层纤毛柱状上皮

5. 复层扁平上皮　复层扁平上皮又称为复层鳞状上皮，由多层细胞组成。在垂直切面上，表层细胞呈扁平鳞片状，中间为数层多边形细胞（图3-5），基底部为一层紧靠基膜的矮柱状基底细胞，为具有增殖分化能力的干细胞。复层扁平上皮具有耐摩擦和阻止异物侵入等作用，损伤后有很强的再生修复能力。

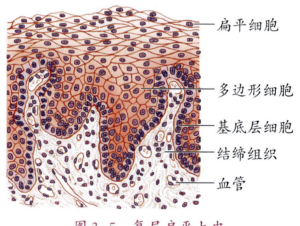

图3-5　复层扁平上皮

6. 变移上皮　变移上皮由多层细胞组成，可分为表层细胞、中间层细胞和基底细胞。一个表层细胞可覆盖几个中间层细胞，故称为**盖细胞**。变移上皮的特点是细胞的形状和层数可随器官的空虚或扩张状态而发生变化，故而得名。膀胱空虚时，上皮变厚，细胞层数增多，盖细胞呈大的立方形（图3-6）；膀胱充盈扩张时，上皮变薄，细胞层数减少，盖细胞呈扁平状。

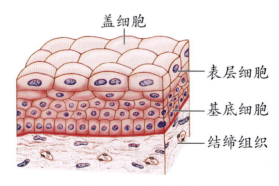

图3-6　变移上皮

二、腺上皮和腺

腺上皮是由腺细胞组成的以分泌功能为主的上皮。**腺**（gland）是以腺上皮为主要成分构成的器官或结构。腺细胞的分泌物有酶类、黏液和激素等。腺分为外分泌腺和内分泌腺。分泌物经导管排至体表或有腔器官腔内的腺称为**外分泌腺**，如汗腺、唾液腺等。**内分泌腺**没有导管，分泌物（为激素）一般释放入血液，如甲状腺、肾上腺等。

外分泌腺中，只有少数是在解剖学中可看到的独立器官，如 3 对大唾液腺、肝和胰；绝大部分为器官中的微细结构，只能在显微镜下观察到，如皮肤中的汗腺和皮脂腺、胃壁中的胃腺等。外分泌腺一般由产生分泌物的分泌部和排出分泌物的导管两部分组成。

三、上皮细胞的特化结构

上皮细胞为了适应其功能，常在其游离面、侧面和基底面形成多种特化结构。上皮细胞的游离面分化形成了扩大细胞表面积的**微绒毛**和具有节律性定向摆动能力的**纤毛**（图 3-4）。上皮细胞侧面的特化结构有紧密连接、黏着小带、桥粒和缝隙连接等细胞连接。上皮细胞基底面与深部结缔组织之间共同形成的薄膜称为**基膜**，除具有支持、连接及固着作用外，还是半透膜，有利于上皮细胞与深部结缔组织之间进行物质交换。

第二节 结 缔 组 织

结缔组织（connective tissue）由细胞和大量细胞外基质构成。细胞散在分布于细胞外基质内，故无极性。细胞外基质包括结缔组织细胞分泌产生的无定形基质和细丝状的纤维，以及不断循环更新的组织液。结缔组织分布广泛，形态多样，包括固有结缔组织（即疏松结缔组织、致密结缔组织、脂肪组织和网状组织）、软骨组织、骨组织、血液与淋巴，具有连接、支持、保护、储存营养和物质运输等多种功能。

一、疏松结缔组织

疏松结缔组织（loose connective tissue）广泛分布于器官之间和组织之间，具有连接、支持、防御和修复等功能。其结构特点是：细胞种类较多而分散，纤维数量较少而排列稀疏，基质和血管丰富，组织松软而状如蜂窝，故又称为**蜂窝组织**（图 3-7）。

（一）细胞
疏松结缔组织具有多种细胞成分，因而其功能亦具有多样性（图 3-7）。

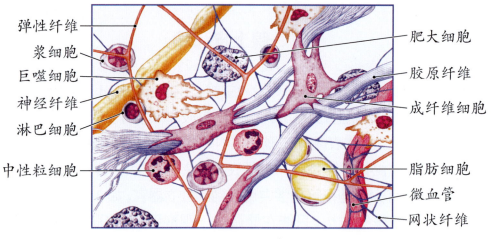

弹性纤维 —
浆细胞 —
巨噬细胞 —
神经纤维 —
淋巴细胞 —
中性粒细胞 —

— 肥大细胞
— 胶原纤维
— 成纤维细胞
— 脂肪细胞
— 微血管
— 网状纤维

图 3-7　疏松结缔组织

1. 成纤维细胞　成纤维细胞是疏松结缔组织中的主要细胞。功能活跃时，细胞扁平而多突起，细胞核大呈卵圆形，细胞质较丰富，呈弱嗜碱性。成纤维细胞具有合成纤维和基质的功能，在创伤修复中起重要作用。

 知识拓展

HE 染色法

组织学中最常用的染色方法是苏木精（hematoxylin）和伊红（eosin）染色法，简称 HE 染色法。苏木精是碱性染料，能将细胞核染成紫蓝色；伊红是酸性染料，能将细胞质染成红色。对碱性染料亲和力强者称为嗜碱性，对酸性染料亲和力强者称为嗜酸性。若与碱性染料和酸性染料亲和力均不强者则称为中性。细胞内被染成蓝色和红色的颗粒分别称为嗜碱性颗粒和嗜酸性颗粒。

2. 巨噬细胞　巨噬细胞是体内广泛存在的一种免疫细胞，来源于血液中的单核细胞。巨噬细胞形态多样，功能活跃时，常伸出较长的伪足而呈不规则形。细胞核较小，细胞质丰富多呈嗜酸性（图 3-7），内含有大量溶酶体、吞噬体和吞饮泡。巨噬细胞具有吞噬作用、抗原提呈作用和分泌功能。

3. 浆细胞　浆细胞呈圆形或卵圆形，细胞核圆形，常偏居细胞一侧，染色质呈粗条块状，从核中心向核膜呈辐射状分布。细胞质丰富呈嗜碱性，细胞核旁有一浅染区（图 3-7）。B 细胞受抗原刺激后增殖分化为浆细胞，浆细胞能合成和分泌免疫球蛋白，即抗体，参与体液免疫。

4. 肥大细胞　肥大细胞较大，呈圆形或卵圆形；细胞核小而圆，位于中央；细胞质内充满粗大的嗜碱性分泌颗粒（图 3-7），颗粒内含有肝素、组胺和嗜酸性粒细胞趋化因子等，胞质内含有白三烯。**肝素**具有抗凝血作用；**组胺**和**白三烯**可引起荨麻疹、支气管哮喘等过敏反应;**嗜酸性粒细胞趋化因子**能吸引血液中的嗜酸性粒细胞迁移到过敏反应部位,减轻过敏反应。

5. 脂肪细胞　脂肪细胞以单个或成群存在。细胞体积大,呈球形或多边形;细胞核被胞质内的一大脂滴推挤到细胞周缘。在 HE 染色的标本中,脂滴已被溶解,细胞呈空泡状(图3-9)。脂肪细胞能合成和储存脂肪,参与脂类代谢。

（二）纤维

纤维包埋于基质之中,包括胶原纤维、弹性纤维和网状纤维 3 种(图3-7)。①**胶原纤维**,数量最多,因新鲜标本呈白色,故又称**白纤维**。在 HE 染色的标本中呈淡粉红色,有分支并交织成网。胶原纤维的韧性大,抗拉力强。②**弹性纤维**,因新鲜标本呈黄色,故又称**黄纤维**。在 HE 染色的标本中着淡红色,不易与胶原纤维区分。弹性纤维较细,有分支并交织成网。③**网状纤维**,细而短,分支多,交织成网。在镀银染色的标本中呈黑色,故又称嗜银纤维。网状纤维主要存在于网状组织中。

（三）基质

基质是填充于结缔组织细胞和纤维之间、由蛋白聚糖和纤维粘连蛋白构成的无定形胶状物,无色透明,具有一定黏性。基质的孔隙中充满从毛细血管动脉端渗出的组织液。**组织液**是细胞与血液之间进行物质交换的媒介,构成细胞赖以生存的体液环境。当机体电解质和蛋白质代谢发生障碍时,组织液的产生和回流失去平衡,基质中的组织液含量可增多或减少,导致组织水肿或脱水。

二、致密结缔组织

致密结缔组织(dense connective tissue)的结构特点是细胞和基质少,纤维成分多而粗大,排列致密,纤维主要是胶原纤维和弹性纤维(图3-8)。致密结缔组织主要构成肌腱、腱膜、韧带、皮肤的真皮、硬脑膜、黄韧带、项韧带以及多数器官的被膜,以支持、连接和保护为其主要功能。

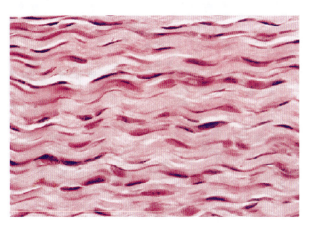

图 3-8　致密结缔组织光镜图

三、脂肪组织

脂肪组织(adipose tissue)主要由大量脂肪细胞聚集而成(图3-9),并被疏松结缔组织分隔成许多脂肪小叶,分为黄色脂肪组织和棕色脂肪组织两类。**黄色脂肪组织**即通常所说的脂肪组织,主要分布于皮下组织、网膜、肠系膜和黄骨髓等处,是体内最大的储能库,具有产生热量、维持体温、缓冲外力、保护和填充等作用。**棕色脂肪组织**在成人极少,在新生儿较多,主要分布于新生儿的肩胛间区、腋窝及项后部。在寒冷的刺激下,棕色脂肪细胞内的脂类分解、氧化,产生大量热能。

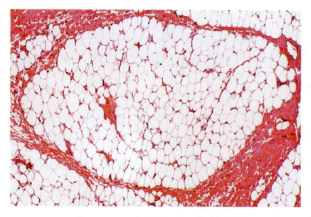

图3-9　脂肪组织光镜图

四、网状组织

网状组织(reticular tissue)由网状细胞和网状纤维构成。**网状细胞**是有突起的星形细胞,相邻细胞的突起连接成网(图3-10)。**网状纤维**由网状细胞产生,彼此交织成网。网状组织主要分布于骨髓、脾、淋巴结和淋巴组织等处。

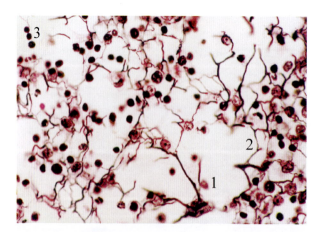

图3-10　网状组织(淋巴结)光镜图(镀银染色)

1. 网状细胞;2. 网状纤维;3. 淋巴细胞。

五、软骨组织与软骨

（一）软骨组织

软骨组织由软骨细胞和软骨基质构成（图3-11）。软骨基质即软骨组织的细胞外基质，由无定形基质和包埋其中的纤维构成。**软骨细胞**包埋于软骨基质内，所在的腔隙称为软骨陷窝。软骨细胞的形态与其发育程度有关。靠近软骨周边的细胞幼稚，扁而小，常单个散在分布；越靠近软骨中部，软骨细胞越成熟，体积越大，呈圆形或椭圆形，多为2~8个细胞聚集在一个软骨陷窝内，由于皆由同一个幼稚的软骨细胞增殖而成，故称为**同源细胞群**。

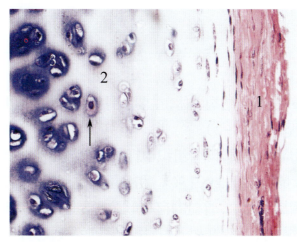

图3-11 透明软骨（气管）光镜图

↑软骨细胞；1. 软骨膜；2. 软骨基质；3. 同源细胞群。

（二）软骨

软骨由软骨组织及其周围的软骨膜构成。软骨组织内无血管和淋巴管，软骨细胞所需的营养由软骨膜内的血管通过渗透性很强的软骨基质供给。根据软骨基质内所含纤维成分的不同，可将软骨分为3种类型：①**透明软骨**，因新鲜时呈半透明状而得名（图3-11），基质中包埋着细小的胶原原纤维，分布于肋软骨、关节软骨和呼吸道软骨等处。②**弹性软骨**，新鲜时呈黄色，基质内含有大量交织排列的弹性纤维，故有很好的弹性，分布于耳郭、会厌等处（图3-12）。③**纤维软骨**，呈不透明的乳白色。基质内大量粗大的胶原纤维平行或交错排列（图3-13），故有很强的韧性，分布于椎间盘、关节盘、关节唇和耻骨联合等处。

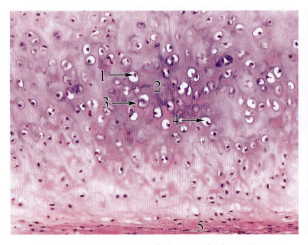

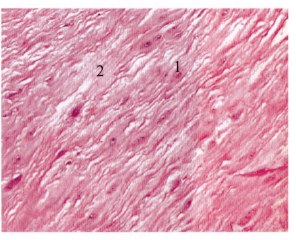

图 3-12 弹性软骨(人耳郭)光镜图
1. 软骨细胞;2. 软骨基质;3. 软骨囊;4. 软骨陷窝;5. 软骨膜。

图 3-13 纤维软骨(人椎间盘)光镜图
1. 软骨细胞;2. 胶原纤维。

六、骨 组 织

骨组织(bone tissue)是骨的结构主体,主要由骨细胞和骨基质构成,由于有大量骨盐沉积,使得骨组织十分坚硬(图4-2)。

1. 骨基质 骨基质简称**骨质**,即骨组织中钙化的细胞外基质,包括有机质和无机质,含水极少。有机质为大量胶原纤维(占90%)和少量无定形基质。无机质又称**骨盐**,占干骨重量的65%,以钙、磷离子为主,骨盐的存在形式主要是羟基磷灰石结晶。大量平行排列的骨胶原纤维被基质黏合,并有钙盐沉积,构成坚硬的板状结构,称为**骨板**。成层排列的骨板犹如多层木质胶合板。

2. 骨组织的细胞 骨组织中有骨祖细胞、成骨细胞、骨细胞和破骨细胞,其中,仅骨细胞位于骨组织内部,其余3种则分布在表面。**骨细胞**是有多个细长突起的细胞,比较均匀地分散于骨板之间或骨板内,由成骨细胞转变而成。骨细胞具有一定的溶骨和成骨作用,参与调节钙、磷平衡。

七、血 液

血液(blood)又称为外周血,是在心血管内循环流动的一种液态结缔组织,是机体物质运输和交换的载体。健康成人约有血液5L,约占体重的7%。血液由血浆和血细胞组成,血细胞约占血液容积的45%,血浆占55%。

(一)血浆

血浆相当于结缔组织的细胞外基质,其主要成分是水,约占90%,其余为血浆蛋白(白蛋白、球蛋白、纤维蛋白原等)、脂蛋白、酶、激素、无机盐和各种代谢产物。

（二）血细胞

血细胞（blood cell）包括红细胞、白细胞和血小板（图3-14）。生理情况下，血细胞有一定的形态结构，并有相对稳定的数量。血细胞的形态、数量、百分比和血红蛋白含量的测定结果称为**血象**（表3-2）。患病时，血象常有显著变化，成为诊断疾病的重要指标。

表3-2　血细胞分类和计数的正常值

血细胞	正常值	血细胞	正常值
红细胞	男性：$(4.0 \sim 5.5) \times 10^{12}$/L	嗜碱性粒细胞	$0 \sim 1\%$
	女性：$(3.5 \sim 5.0) \times 10^{12}$/L	单核细胞	$3\% \sim 8\%$
白细胞	$(4.0 \sim 10) \times 10^{9}$/L	淋巴细胞	$25\% \sim 30\%$
白细胞分类		血小板	$(100 \sim 300) \times 10^{9}$/L
中性粒细胞	$50\% \sim 70\%$		
嗜酸性粒细胞	$0.5\% \sim 3\%$		

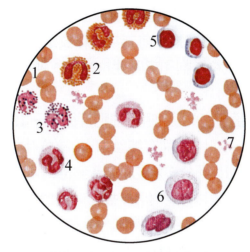

图3-14　血细胞仿真图

1. 红细胞；2. 嗜酸性粒细胞；3. 嗜碱性粒细胞；4. 中性粒细胞；

5. 淋巴细胞；6. 单核细胞；7. 血小板。

1. 红细胞（red blood cell）　红细胞是数量最多的一种血细胞。在扫描电镜下呈双凹圆盘状，直径约7.5μm，中央较薄，周缘较厚（图3-15）。因此，在血涂片中，红细胞中央呈浅红色，周缘染色较深（图3-14）。成熟的红细胞无细胞核和细胞器，胞质内充满**血红蛋白**（Hb），使红细胞呈红色，具有结合与运输O_2和CO_2的功能。正常成人血液中血红蛋白的含量：男性为120~160g/L，女性为110~150g/L。

红细胞的平均寿命约120天，衰老的红细胞在经过脾和肝时被巨噬细胞吞噬清除。与此同时，每天都有新生的未完全成熟的红细胞从骨髓进入血液，这些尚未完全成熟的红细胞称为**网织红细胞**。成人网织红细胞占红细胞总数的0.5%~1.5%。网织红细胞计数是反映骨髓造血功能的敏感指标,对贫血的诊断或疗效观察等有重要意义。若贫血患者经治疗后网织红细胞计数增加,则说明治疗有效。

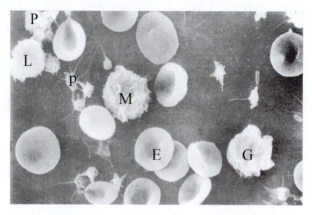

图 3-15　人血细胞扫描电镜图

E. 红细胞;G. 粒细胞;M. 单核细胞;

L. 淋巴细胞;P. 血小板。

2. 白细胞(white blood cell)　白细胞为有核的球形细胞,根据胞质内有无特殊颗粒,可将其分为有粒白细胞和无粒白细胞。前者常简称粒细胞,根据其特殊颗粒的染色性,又可分为中性粒细胞、嗜酸性粒细胞和嗜碱性粒细胞 3 种;后者有单核细胞和淋巴细胞两种(图 3-14、图 3-15)。

(1)中性粒细胞:是数量最多的白细胞,细胞直径 10~12μm。核呈深染的弯曲杆状或分叶状,分叶核一般为 2~5 叶,叶间有细丝相连,核分叶越多细胞越衰老。细胞质呈极浅的粉红色,内含有许多细小而分布均匀的浅紫红色颗粒。中性粒细胞具有很强的趋化作用和吞噬功能,其吞噬对象以细菌为主,故临床上白细胞计数增加和中性粒细胞比例升高,往往提示可能为急性化脓性细菌感染。

(2)嗜碱性粒细胞:数量最少。细胞直径 10~12μm,核分叶,或呈 S 形或不规则形,着色较浅。胞质内含有大小不等、分布不均、染成蓝紫色的嗜碱性颗粒。嗜碱性颗粒内含有肝素、组胺和嗜酸性粒细胞趋化因子等,胞质内含有白三烯。嗜碱性粒细胞与肥大细胞的作用基本相同,参与过敏反应。

(3)嗜酸性粒细胞:直径 10~15μm,核多为 2 叶,胞质内充满粗大而分布均匀的鲜红色嗜酸性颗粒。嗜酸性粒细胞能吞噬抗原抗体复合物,减轻过敏反应,并可杀灭寄生虫。因此在患过敏性疾病(如支气管哮喘)或寄生虫病时,血液中的嗜酸性粒细胞增多。

(4)单核细胞:是体积最大的白细胞,直径为 14~20μm。核呈肾形、马蹄铁形或不规则形,胞质丰富,常染成灰蓝色,内含许多溶酶体。单核细胞在血液中停留 12~48 小时,然后进入结缔组织或其他组织,分化为具有吞噬功能的巨噬细胞等。

(5)淋巴细胞:血液中的淋巴细胞大部分为直径 6~8μm 的小淋巴细胞,小部分为直径 9~12μm 的中淋巴细胞。小淋巴细胞核圆形,占细胞的大部,一侧常有浅凹,着色深。

胞质很少，仅在核周形成很薄的一圈，呈蔚蓝色。

根据淋巴细胞的发生来源、形态特点和免疫功能等的不同，可分为 T 细胞、B 细胞和自然杀伤细胞（简称 NK 细胞）3 类。**T 细胞**参与细胞免疫，**B 细胞**参与体液免疫，**NK 细胞**可直接杀伤肿瘤细胞、病毒或细菌感染的细胞。

3. 血小板（blood platelet） 血小板是从骨髓巨核细胞脱落下来的胞质小块，无细胞核，呈双凸圆盘状（图 3-14、图 3-15），直径 2～4μm。血涂片中形态不规则，常聚集成群。血小板在止血和凝血过程中起重要作用。血小板的寿命为 7～14 天。

4. 血细胞发生概况 各种血细胞的寿命有限，每天都有一定数量的血细胞衰老死亡，同时又有相同数量的血细胞在骨髓生成并源源不断地进入血液，使外周血中血细胞的数量和质量维持动态平衡。

造血干细胞（hemopoietic stem cell）是生成各种血细胞的原始细胞，又称**多能干细胞**，起源于人胚第 3 周初的卵黄囊壁等处的血岛；第 6 周，从卵黄囊迁入肝的造血干细胞开始造血；第 12 周脾内造血干细胞增殖分化形成各种血细胞。胚胎后期至出生后，红骨髓成为终生造血的主要器官。

造血干细胞的特性是：①有很强的增殖潜能，在一定条件下能反复分裂，大量增殖；但在一般生理状态下，多数细胞处于静止状态；②有多向分化能力，在一些因素的作用下能分化形成不同的祖细胞；③有自我复制能力，即细胞分裂后的部分子代细胞仍具原有特性，故造血干细胞可终身保持恒定的数量。

第三节　肌　组　织

肌组织（muscle tissue）主要由具有收缩功能的肌细胞构成。肌细胞之间有少量的结缔组织、血管、淋巴管和神经。肌细胞因呈细长纤维状，故又称为**肌纤维**（muscle fiber）。肌细胞膜称为**肌膜**，细胞质称为**肌质**。肌组织分为骨骼肌、心肌和平滑肌 3 种（图 3-16）。骨骼肌受躯体运动神经支配，为随意肌；心肌和平滑肌受自主神经支配，为不随意肌。

一、骨　骼　肌

骨骼肌（skeletal muscle）因大多数借肌腱附着于骨骼而得名，主要由骨骼肌纤维构成，分布于头、颈、躯干和四肢等处。

（一）骨骼肌纤维的光镜结构

骨骼肌纤维是细长圆柱状、有横纹的多核细胞，长短不一。细胞核呈扁椭圆形，紧靠肌膜排列，一条肌纤维内含有几十个甚至几百个细胞核。肌质内含有大量与肌纤维长轴平行排列的肌原纤维。每条肌原纤维上都有明暗相间的**明带**（I 带）与**暗带**（A 带），明暗带都准确地排列在同一平面上，故骨骼肌纤维呈现出明暗相间的横纹（图 3-16）。暗带中央有一浅色窄带，称为 **H 带**；H 带中央有一条深色的 **M 线**。明带中央有一条深色的 **Z 线**。相邻两条 Z 线之间的一段肌原纤维称为**肌节**。每个肌节由 1/2 I 带 + A 带 + 1/2 I 带组成（图 3-17）。肌节递次排列构成肌原纤维，是骨骼肌纤维结构和功能的基本单位。

骨骼肌   心肌   平滑肌

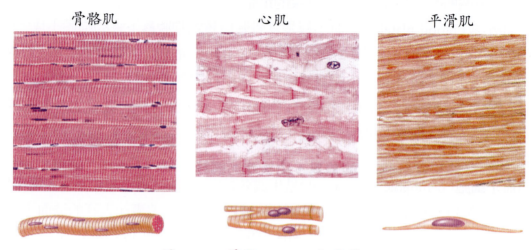

图 3-16 骨骼肌、心肌和平滑肌

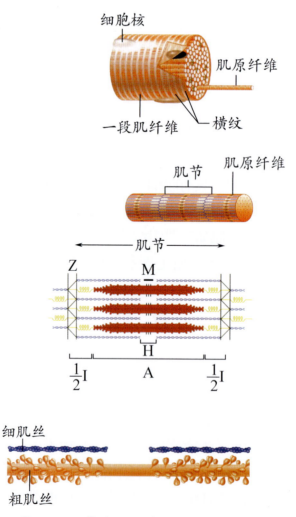

图 3-17 骨骼肌纤维逐级放大模式图

（二）骨骼肌纤维的超微结构

1. 肌原纤维　由粗、细两种肌丝沿肌纤维的长轴有规律地平行排列而成。**粗肌丝**位于肌节中部的暗带，中央借 M 线固定，两端游离（图 3-17）。粗肌丝由许多肌球蛋白分子构成，肌球蛋白分子形似豆芽状，分为头和杆两部分。其杆平行排列聚合成束，形成粗肌丝的主干；头部形如豆瓣，裸露于粗肌丝表面形成**横桥**，具有 ATP 酶活性。**细肌丝**由肌动蛋白、原肌球蛋白和肌钙蛋白组成，位于肌节两侧，一端附着于 Z 线，另一端伸至粗肌丝之间，止于 H 带的外侧。因此，明带仅由细肌丝构成，H 带内只有粗肌丝，而 H 带两侧的暗带内既有粗肌丝又有细肌丝。当肌纤维收缩时，粗肌丝牵拉细肌丝向 M 线方向滑行，使肌节变短。

2. 横小管　是由肌膜向肌浆内凹陷形成的小管，其走行方向与肌纤维长轴垂直，位于明带与暗带交界处（图 3-18）。同一平面上的横小管分支吻合，环绕每条肌原纤维，可将肌膜的兴奋迅速传导至肌纤维内部。

3. 肌质网　是肌纤维内特化的滑面内质网，位于横小管之间（图 3-18）。其中部纵行包绕一段肌原纤维，称为**纵小管**。横小管两侧的肌质网扩大呈扁囊状，称为**终池**。每条横小管与两侧的终池组成三**联体**。肌质网的功能是调节肌质内 Ca^{2+} 的浓度。

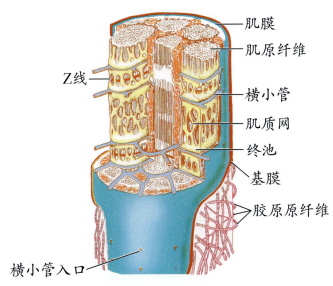

图 3-18　骨骼肌纤维超微结构立体模式图

知识拓展

体育锻炼与肌纤维的变化

健美者通过科学合理的体育锻炼可使肌肉丰满隆起，其机制是通过锻炼和加强营养使骨骼肌纤维增粗增长，但骨骼肌纤维的数量并没有增多。锻炼引起骨骼肌纤维内部的变化是肌丝和肌节增多，肌原纤维变粗增长。骨骼肌纤维外部的变化是毛细血管和结缔组织增多。据此原理,临床上医护人员应指导长期卧床的患者适当地进行床上运动,以防止肌肉萎缩。

二、心　肌

心肌(cardiac muscle)主要由心肌纤维构成,分布于心壁和邻近心脏的大血管壁上。光镜下,**心肌纤维**呈不规则的短圆柱状,有横纹、有分支并相互连接成网。相邻心肌纤维连接处染色较深的线,称为**闰盘**(图3-16),是心肌纤维的特征性结构。多数心肌纤维只有一个卵圆形的细胞核,位于细胞的中央,少数为双核。

三、平　滑　肌

平滑肌(smooth muscle)主要由平滑肌纤维构成,广泛分布于血管和内脏中空性器官的管壁内,绝大部分是成束或成层排列的,少数散存分布。**平滑肌纤维**呈长梭形,中央有一个杆状或长椭圆形的细胞核,胞质呈嗜酸性,无横纹(图3-16)。

第四节　神　经　组　织

神经组织(nervous tissue)由神经细胞和神经胶质细胞构成。**神经细胞**(nerve cell)又称**神经元**(neuron),约有 10^{12} 个,具有接受刺激、整合信息和传导冲动的功能。神经胶质细胞对神经元起支持、营养、保护和绝缘等作用。

一、神　经　元

(一)神经元的结构
神经元形态不一,但都可分为胞体、树突和轴突3部分(图3-19)。

1. 胞体　形态各异,大小悬殊,是神经元的营养和代谢中心,主要位于大脑和小脑的皮质、脑干和脊髓的灰质以及神经节内。细胞膜具有接受刺激、处理信息、产生和传导神经冲动的功能。细胞核大而圆位于中央,核仁明显(图3-19)。在光镜下,其特征性结构是尼氏体和神经原纤维。

(1)尼氏体(Nissl body):光镜下,呈嗜碱性斑块或细颗粒状,分布均匀并延续到树突内(图3-20)。电镜下,尼氏体由发达的粗面内质网和游离核糖体构成,表明神经元具有活跃的蛋白质合成功能。

(2)神经原纤维:在镀银染色切片中,神经原纤维呈棕黑色细丝,交错排列成网,并伸入树突和轴突内。除构成神经元的细胞骨架外,还参与物质运输。

2. 树突　每个神经元有一个或多个树突(图 3-19),形如树枝状而得名,在树突的分支上可见大量短小突起,称为**树突棘**。树突的功能主要是接受刺激。

3. 轴突　每个神经元只有一个轴突(图 3-19),短者仅数微米,长者可达 1m 以上。胞体发出轴突的部位有一圆锥形淡染区,称为**轴丘**(图 3-20),此区无尼氏。轴突的末端分支较多,形成轴突终末。轴突的主要功能是将神经冲动由胞体传递给其他神经元或效应器。

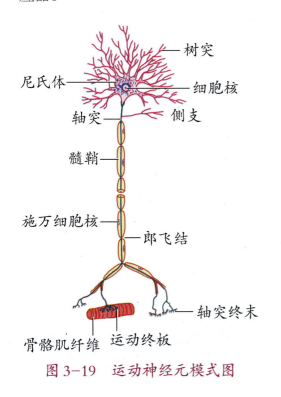

图 3-19　运动神经元模式图

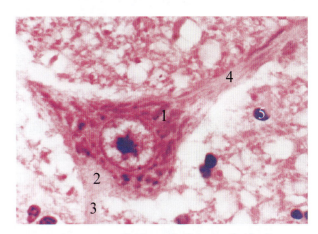

图 3-20　脊髓运动神经元光镜图

1. 尼氏体;2. 轴丘;3. 轴突;4. 树突;5. 神经胶质细胞。

(二)神经元的分类

1. 按神经元的突起数量　可分为 3 类:①**多极神经元**,有一个轴突和多个树突。②**双极神经元**,有一个树突和一个轴突。③**假单极神经元**,从胞体发出一个突起,但在不远处呈 T 形分为两支,一支进入中枢神经系统,称为中枢突;另一支分布到周围的其他器官,称为周围突(图 3-21)。中枢突传出神经冲动,是轴突;周围突接受刺激,具有树突的功能。

2. 按神经元的功能　可分为 3 类(图 3-21):①**感觉神经元**,又称传入神经元,多为假单极神经元,周围突接受刺激,并将刺激经中枢突传向中枢;②**运动神经元**,又称传出神经元,一般为多极神经元,树突接受中枢的指令,轴突支配肌细胞或腺细胞,使其收缩或分泌;③**中间神经元**,又称联络神经元,主要为多极神经元,约占神经元总数的 99% 以上,位于感觉神经元与运动神经元之间,起信息加工和传递作用。

(三)突触

突触(synapse)是神经元与神经元之间,或神经元与效应细胞(肌细胞、腺细胞等)之间的一种特化的细胞连接方式(图 3-22),是神经元传递信息的重要结构。最常见的是一

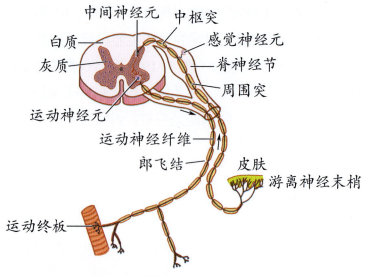

图 3-21　脊髓和神经模式图

个神经元的轴突终末与另一个神经元的胞体、树突或树突棘连接,分别形成轴-体突触、轴-树突触或轴-棘突触。根据突触传递信息的方式,可分为化学突触和电突触两类。前者是以神经递质作为传递信息的媒介,即通常所说的突触;后者通过缝隙连接传递电信息。

电镜下,**化学突触**由突触前成分、突触间隙和突触后成分3部分构成(图3-22)。突触前、后成分彼此相对的细胞膜,分别称为**突触前膜**和**突触后膜**,两者之间的狭小间隙为**突触间隙**。突触前成分是呈球状膨大的轴突终末,内含许多突触小泡和线粒体等,**突触小泡**内含神经递质。突触后膜上有特异性神经递质的受体及离子通道。

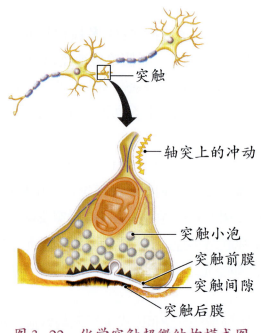

图 3-22　化学突触超微结构模式图

二、神经胶质细胞

神经胶质细胞广泛分布于神经元周围，其数量是神经元的 10～50 倍，也有突起，但无树突和轴突之分。

中枢神经系统的神经胶质细胞有 4 种（图 3-23）：①**星形胶质细胞**，除对神经元起支持和绝缘作用外，还参与血-脑屏障的构成；②**少突胶质细胞**，形成中枢神经系统有髓神经纤维的髓鞘；③**小胶质细胞**，由血液内的单核细胞迁入神经组织后演化而成，当神经系统损伤时，可转变为巨噬细胞，吞噬死亡细胞的碎屑；④**室管膜细胞**，衬在脑室和脊髓中央管的腔面，具有参与脑脊液形成等功能。

周围神经系统的神经胶质细胞包括施万细胞和卫星细胞。**施万细胞**参与形成周围神经系统有髓神经纤维的髓鞘。

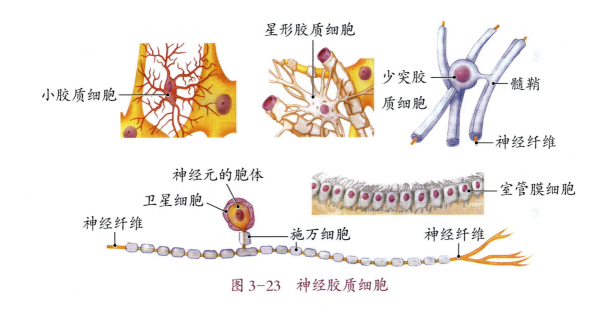

图 3-23　神经胶质细胞

三、神 经 纤 维

神经纤维（nerve fiber）是由神经元的长轴突及包绕它的神经胶质细胞构成。根据神经胶质细胞是否形成髓鞘，可将其分为有髓神经纤维和无髓神经纤维两类。

1. 周围神经系统的有髓神经纤维　有髓神经纤维由神经元的长轴突及外包的施万细胞形成的髓鞘和神经膜构成。一个施万细胞包卷一段轴突，构成一个**结间体**。相邻施万细胞之间无髓鞘的缩窄部位，称为**郎飞结**，在郎飞结处的轴膜裸露（图 3-19）。

2. 周围神经系统的无髓神经纤维　无髓神经纤维的轴突外仅有单层施万细胞的细胞膜包裹，因而无髓鞘和郎飞结，一个施万细胞常可包绕多条轴突。

四、神 经 末 梢

神经末梢(nerve ending)是周围神经纤维的终末部分,与其周围的组织共同形成各种末梢装置。按功能分为感觉神经末梢和运动神经末梢两大类。

(一)感觉神经末梢

感觉神经末梢是感觉神经元(即假单极神经元)周围突的末端,与其周围组织构成感受器。它能接受内、外环境的各种刺激,并将刺激转化为神经冲动,通过感觉神经纤维传至中枢而产生感觉。

1. 游离神经末梢　游离神经末梢由感觉神经纤维终末脱去髓鞘并反复分支形成,其裸露的细支分布于皮肤表皮、角膜等处的上皮细胞之间或进入结缔组织内,产生冷、热、轻触和痛的感觉(图3-21)。

2. 触觉小体　触觉小体是分布于皮肤真皮乳头层内的卵圆形小体,以手指掌侧皮肤内最多,能感受触觉。触觉小体的数量可随年龄的增长而逐渐减少(图3-24)。

3. 环层小体　环层小体是广泛分布于皮下组织、腹膜、肠系膜、韧带和关节囊等处的圆形或卵圆形小体,能感受压觉和振动觉(图10-12)。

4. 肌梭　肌梭是分布于骨骼肌内的梭形结构,属于本体感受器,在调控骨骼肌的活动中起重要作用。

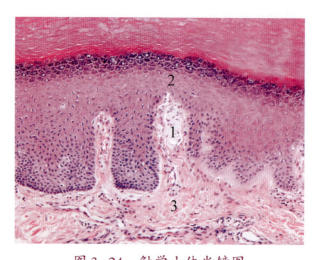

图3-24　触觉小体光镜图

1. 触觉小体;2. 表皮;3. 真皮。

(二)运动神经末梢

运动神经末梢是运动神经元的轴突分布在肌组织或腺体的终末结构,支配肌纤维的收缩、调节腺细胞的分泌,故又称**效应器**。

1. 躯体运动神经末梢　躯体运动神经末梢分布于骨骼肌。躯体运动神经元的轴突终末在接近骨骼肌纤维时失去髓鞘，裸露的轴突反复分支并附着在骨骼肌纤维的表面，连接区域呈椭圆形板状隆起，称为**运动终板**（图 3-21）。电镜下，运动终板的结构与化学突触相似，故又称**神经肌连接**。

2. 内脏运动神经末梢　内脏运动神经末梢分布于心肌、内脏、血管平滑肌和腺体等处。内脏运动神经末梢的轴突终末分支贴附于肌纤维表面或穿行于腺细胞之间，与效应细胞建立突触。

本章小结

　　本章的学习重点是血细胞的分类、形态结构特点及正常值；神经元的形态结构及分类、突触的超微结构。学习难点为上皮细胞的特化结构和骨骼肌纤维的超微结构。在学习过程中注意被覆上皮的结构特点、分类及分布，理解网织红细胞计数与红骨髓造血功能的关系，区别有髓神经纤维与无髓神经纤维，注重从结缔组织形态的多样性理解其功能的复杂性，理解中性粒细胞、嗜酸性粒细胞增多的临床意义，提高运用基本组织知识分析、解决问题的能力。

（张娟娟　王国庆）

思考与练习

1. 简述被覆上皮的分类及其分布。
2. 简述血细胞的分类及其正常值。
3. 化学突触是如何构成的？
4. 当机体受到细菌感染时，血液中的白细胞有何变化？

第四章 │ 运 动 系 统

04章
04章 数字内容

学习目标

1. 具有应用运动系统理论知识分析、解释生活现象和临床问题的能力。
2. 掌握运动系统的组成；骨的分类和构造；全身骨的名称、位置及主要结构；重要骨性标志；不同卧位易受压的骨性突起；关节的基本结构及运动形式；肌的形态和构造；临床常用的肌内注射部位。
3. 熟悉四肢主要关节和颞下颌关节的组成、结构特点及运动形式；膈肌 3 个裂孔分别通过的结构。
4. 了解颅的整体观；新生儿颅的特征；头颈肌、躯干肌和四肢肌的名称、位置及重要肌的作用。
5. 学会在活体上触摸常用骨性标志；验证颞下颌关节和肩、肘、腕、髋、膝、踝关节的运动；体会咬肌、颞肌、三角肌、肱二头肌、臀大肌、股四头肌、小腿三头肌收缩时肌的变化。

 导学

  常言道："生命在于运动"。其实生命本身就是一种复杂而奇妙的运动，科学合理的运动能使"生命之树常青，生活之水常流"。那么，运动系统是如何组成的？参与运动的器官具有怎样的形态结构特点？在运动中分别扮演着什么样的角色？让我们带着这些神奇而有趣的问题一起来探究运动系统的奥秘。

  运动系统（locomotor system）由骨、骨连结和骨骼肌组成，占成人体重的 60%～70%。全身各骨借骨连结相连形成骨骼，构成了坚硬的人体支架，并赋予人体基本形态，具有支持体重、保护器官和运动等功能（图 4-1）。骨骼肌附着于骨，收缩时牵拉骨，通过关节产生运动。在运动中,骨起杠杆作用,关节是运动的枢纽,骨骼肌则是运动的动力器官。故骨和关节是运动系统的被动部分,在神经系统支配下的骨骼肌则是运动系统的主动部分。

第一节 骨

 案例分析

患者,男性,18岁。因右胸部被汽车撞伤后出现胸痛、气促、极度呼吸困难2小时而急诊入院。查体:右侧胸壁塌陷软化,气管偏向左侧,听诊呼吸音减弱。胸部X线提示:右锁骨骨折,右侧第4~6肋骨多处骨折,纵隔偏向左侧。临床诊断:右锁骨骨折、肋骨骨折、张力性气胸。

请思考:

1. 胸廓是如何构成的?

2. 参与呼吸运动的肌有哪些?

3. 锁骨骨折的部位多发生在何处?受暴力作用时哪些肋骨最易发生骨折?

一、概 述

骨(bone)是坚硬而富有弹性的器官,有较丰富的血管和神经分布,不但能进行新陈代谢和生长发育,而且还具有不断改建、修复和再生的能力。经常锻炼可促进骨的良好发育,长期废用则易出现骨质疏松。

(一)骨的分类

成人共有骨206块,其中6块听小骨属于感觉器。按部位可分为颅骨、躯干骨和四肢骨3部分(图4-1)。按形态,骨可分为**长骨**、**短骨**、**扁骨**和**不规则骨**4类。长骨分布于四肢,呈长管状,分为一体两端。中部较细为体或骨干,内有容纳骨髓的髓腔。两端膨大称为**骺**,表面有光滑的关节面。幼年时,骨干与骺之间保留的透明软骨称为**骺软骨**。成年后,骺软骨骨化,骨干与骺融为一体,其间遗留的痕迹称为**骺线**(图4-2)。

(二)骨的构造

骨主要由骨质、骨膜和骨髓构成(图4-2)。

1. 骨质 骨质由骨组织构成,分为骨密质和骨松质。**骨密质**构成长骨骨干、骺以及其他类型骨的表层,由紧密排列的骨板构成,质地致密坚实,抗压、抗扭曲力强。**骨松质**分布于长骨的骺及其他类型骨的内部,是由大量针状或片状骨小梁交织而成的、肉眼可见的多孔隙网架结构,网眼中充满红骨髓。骨小梁的排列方向与骨所承受的压力和张力的方向一致,因而骨能承受较大的重量。颅盖各骨内、外板骨密质之间的骨松质称为**板障**。

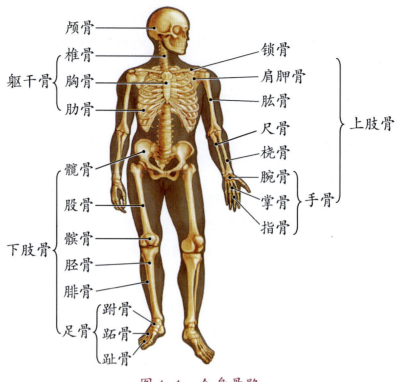

图 4-1　全身骨骼

上肢骨：锁骨、肩胛骨、肱骨、尺骨、桡骨

手骨：腕骨、掌骨、指骨

躯干骨：椎骨、胸骨、肋骨

颅骨

下肢骨：髋骨、股骨、髌骨、胫骨、腓骨

足骨：跗骨、跖骨、趾骨

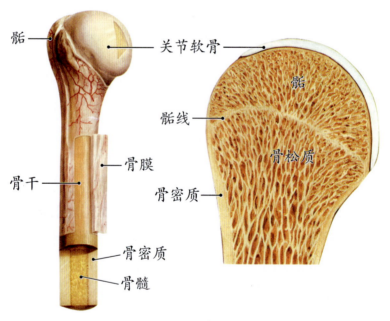

图 4-2　长骨的构造

骺　关节软骨　骺　骺线　骨松质　骨膜　骨干　骨密质　骨密质　骨髓

2. 骨膜　骨膜通常是指被覆于关节面以外骨表面的一层致密结缔组织膜,含有较丰富的血管、神经、成骨细胞和破骨细胞,在骨的形成、生长发育和修复过程中起重要作用。故在骨科手术中应尽量保留骨膜,以免发生骨的坏死或延迟骨的愈合。

3. 骨髓　骨髓存在于长骨骨髓腔和骨松质间隙内,分为红骨髓和黄骨髓。**红骨髓**即通常所说的骨髓,具有造血功能,胎儿及幼儿时期的骨髓全部是红骨髓,约从 5 岁开始,长骨骨髓腔内的红骨髓逐渐被脂肪组织代替而成为**黄骨髓**,失去造血能力。当机体需要时(如失血过多)可重新转化为红骨髓,恢复造血功能。长骨的骺、扁骨和不规则骨内终生都是红骨髓,故临床上常在髂前上棘或髂后上棘等处进行骨髓穿刺,用于检查骨髓象。

（三）骨的化学成分和物理特性

骨的化学成分主要是有机质和无机质。有机质构成了骨的支架,并富于骨韧性和弹性。无机质使骨挺硬坚实。骨的化学成分直接决定骨的物理特性。幼儿骨的有机质和无机质约各占一半,故骨的弹性大而柔韧性好,在外力作用下易变形,但不易骨折或折而不断,出现"青枝状骨折"。如幼儿不正确的坐立姿势或长期低头玩手机,都会引起骨的形态改变。成人骨的有机质和无机质比例为3:7,最为恰当,因而骨具有较大的硬度和一定的弹性。老年人骨的无机质所占比例更大,故脆性较大,一旦受到外伤则易发生骨折。

（四）骨性标志

在体表可以观察或触摸到的骨性突起或凹陷,称为**骨性标志**。骨性标志对确定深部器官的位置、判断血管与神经的走行方向、进行护理技术操作定位(如肌内注射、置管、穿刺等)和生活护理中的体位选择等具有重要意义。

二、躯 干 骨

躯干骨共51块,包括24块椎骨、1块骶骨、1块尾骨、1块胸骨和12对肋骨。

（一）椎骨

幼年时共有椎骨32或33块,分别为颈椎7块、胸椎12块、腰椎5块、骶椎5块、尾椎3~4块。成年后,5块骶椎融合成1块骶骨,3~4块尾椎融合成1块尾骨。

1. 椎骨的一般形态　椎骨(vertebrae)由前方短圆柱状的**椎体**和后方板状的**椎弓**结合而成。椎体与椎弓围成**椎孔**,全部椎骨的椎孔相连,构成容纳脊髓的**椎管**。**椎弓**前部与椎体相连的缩窄部分为**椎弓根**,后部较宽扁的部分为**椎弓板**(图4-3)。椎弓根上、下缘的切迹分别称为**椎上切迹**和**椎下切迹**,相邻椎骨的上、下切迹围成**椎间孔**(图4-4),有脊神经和血管通过。由椎弓发出7个突起,椎弓向后或后下方伸出一个**棘突**,向两侧伸出一对**横突**,向上伸出一对**上关节突**,向下伸出一对**下关节突**。

2. 各部椎骨主要的形态特征

（1）颈椎(cervical vertebrae):是体积最小、活动频率最高、最容易损伤的椎骨。颈椎椎体较小,椎孔较大多呈三角形。横突根部有**横突孔**,有椎动脉(穿第6~1颈椎的横突孔)和椎静脉通过(图4-3)。

第一颈椎又名**寰椎**,呈环形,无椎体、棘突和关节突,由前弓、后弓和两个侧块构成。前弓较短,后面正中有**齿突凹**。第二颈椎又名**枢椎**,椎体向上伸出一指状突起,称为**齿突**,与寰椎的齿突凹相关节。第七颈椎又名**隆椎**,棘突长,末端不分叉,低头时在项部皮下易触及,是临床上计数椎骨序数和针灸取穴的标志,"大椎穴"位于其下方凹陷处。

（2）胸椎(thoracic vertebrae):椎体自上而下逐渐增大,椎体两侧面后份的上、下缘和横突末端的前面有上肋凹、下肋凹和横突肋凹（图4-3）。棘突较长，伸向后下方，彼此掩盖呈叠瓦状排列。

（3）腰椎（lumbar vertebrae）：椎体粗壮，棘突宽短呈板状，水平伸向后方（图4-4）。相邻棘突间距较大，临床上常在第3、4或第4、5腰椎棘突之间行腰椎穿刺术。

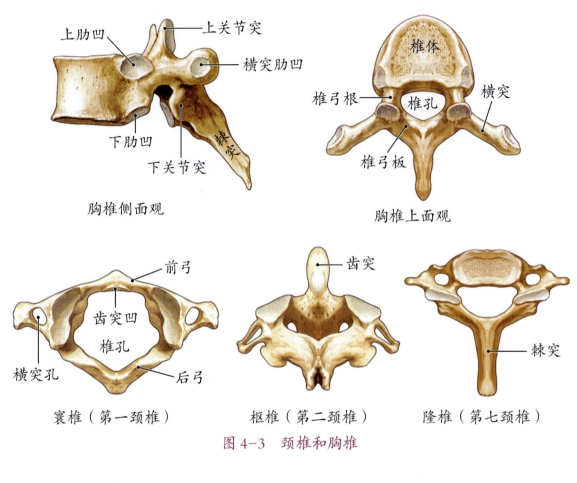

胸椎侧面观　　　　　　　胸椎上面观

寰椎（第一颈椎）　　枢椎（第二颈椎）　　隆椎（第七颈椎）

图4-3　颈椎和胸椎

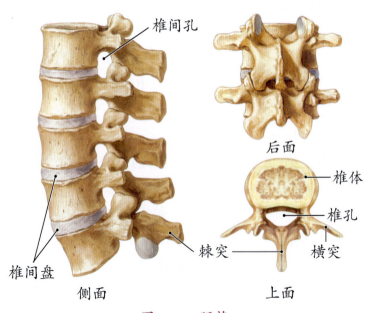

侧面　　　　　　　上面

图4-4　腰椎

（4）骶骨（sacrum）：呈底朝上、尖向下的三角形。前面光滑而微凹，有 4 对**骶前孔**，上缘中份向前隆凸称为**岬**，是产科骨盆径线测量的重要标志之一。背面粗糙隆凸，在骶正中嵴的外侧有 4 对**骶后孔**。骶前、后孔均与骶管相通。骶骨两侧部的上份有**耳状面**。骶骨中央有一纵贯全长的**骶管**，上连椎管，向下开口于**骶管裂孔**（图 4-5）。裂孔两侧有向下突出的**骶角**，可在体表摸到。临床上进行骶管麻醉时，常以骶角作为确定骶管裂孔位置的标志。

（5）尾骨（coccyx）：上接骶骨，下端游离为尾骨尖（图 4-5）。

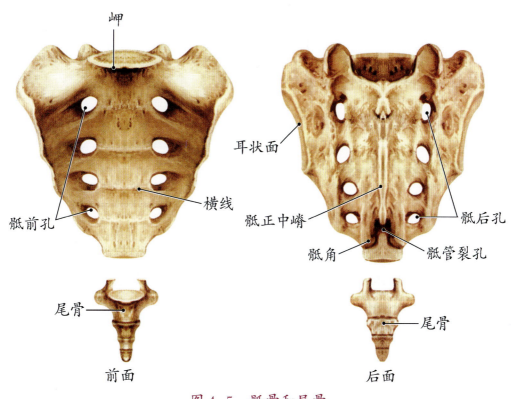

图 4-5　骶骨和尾骨

（二）胸骨

胸骨（sternum）是位于胸前壁正中的扁骨，自上而下分为胸骨柄、胸骨体和剑突 3 部分。**胸骨柄**上缘中份为微凹的**颈静脉切迹**，两侧有锁切迹与锁骨相关节。胸骨柄与胸骨体连接处形成微向前突的横嵴，称为**胸骨角**（sternal angle），可在体表摸到，两侧平对第 2 肋，是计数肋的重要标志。**胸骨体**呈长方形，外侧缘连接第 2~7 肋软骨。**剑突**扁而薄，下端游离（图 4-6）。

（三）肋

肋（ribs）由前部的肋软骨和后部的肋骨构成，共 12 对。**肋骨**为细长弓形的扁骨，分为前端、后端和肋体 3 部分。第 1~7 对肋骨的前端借肋软骨与胸骨相连结，称为**真肋**；第 8~10 对肋骨的前端借肋软骨依次与上位肋软骨相连，称为**假肋**；第 11~12 对肋骨的前端游离于腹壁肌层中，称为**浮肋**。肋骨后端由稍膨大的**肋头**和缩细的**肋颈**构成。肋体内面近下缘处有**肋沟**，沟内有肋间神经、血管经过（图4-7）。第4～7肋骨长而薄，受暴力作用时最易发生骨折。

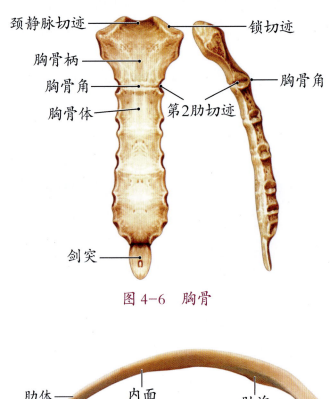

图4-6　胸骨

图4-7　肋骨（右侧第7肋骨）

三、颅　　骨

　　颅骨共23块（不含3对听小骨），分为脑颅骨和面颅骨。彼此借骨连结形成颅，位于脊柱的上方。

（一）脑颅骨

　　脑颅骨位于颅的后上部，共8块，包括成对的**颞骨**、**顶骨**和不成对的**额骨**、**筛骨**、**蝶骨**及**枕骨**（图4-8）。脑颅骨相互连结构成容纳脑的颅腔。

（二）面颅骨

　　面颅骨位于颅的前下部，共15块，包括成对的**上颌骨**、**腭骨**、**颧骨**、**鼻骨**、**泪骨**、**下鼻甲**和不成对的**犁骨**、**下颌骨**及**舌骨**。面颅骨围成眶、骨性鼻腔和骨性口腔（图4-8）。

下颌骨（mandible）位于面部的前下份，分为一体两支（图 4-9）。**下颌体**呈弓形，上缘构成牙槽弓，有容纳下颌各牙根的牙槽；下缘为坚厚的下颌底。下颌体前外侧面有**颏孔**。**下颌支**是由下颌体伸向后上方的方形骨板，末端有两个突起，前方的为**冠突**，后方的称**髁突**。髁突上端的膨大为**下颌头**，头下方较细处为**下颌颈**。下颌支内面中央可见**下颌孔**，通过下颌管与颏孔相通。下颌支后缘与下颌底相交处称为**下颌角**，可在体表摸到。

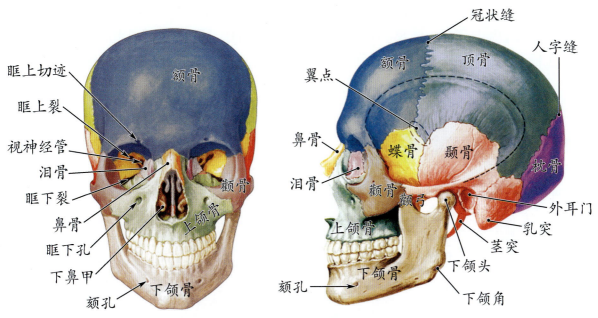

图 4-8　颅的前面和侧面观

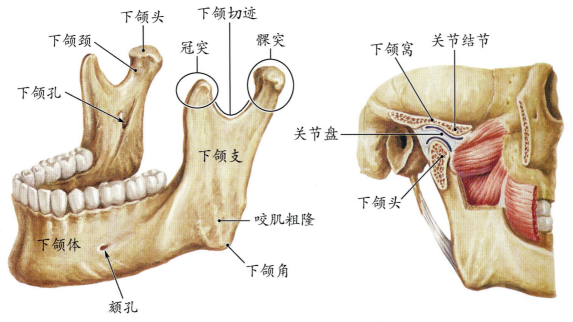

图 4-9　下颌骨与颞下颌关节

（三）颅的整体观

1. **颅顶面观**　颅腔的顶是呈穹窿状的**颅盖**，由前方的额骨、后方的枕骨和两者之间的左、右顶骨构成。额骨与两侧顶骨连结构成**冠状缝**，两侧顶骨连结构成**矢状缝**，两侧顶骨与枕骨连结构成**人字缝**（图4-8）。

2. **颅底内面观**　颅底由位于中部的蝶骨、后方的枕骨、两侧的颞骨、前方的额骨和筛骨构成。颅底内面凹凸不平，呈阶梯状，从前向后分别称为颅前窝、颅中窝和颅后窝。窝中有诸多孔、裂，多数与颅底外面相通，为血管、神经穿过的通道。如颅前窝的筛板上有筛孔通鼻腔，颅中窝有垂体窝、视神经管、眶上裂、圆孔、卵圆孔、棘孔和破裂孔等，颅后窝有枕骨大孔、舌下神经管内口、内耳门、颈静脉孔、横窦沟和乙状窦沟等（图4-10）。

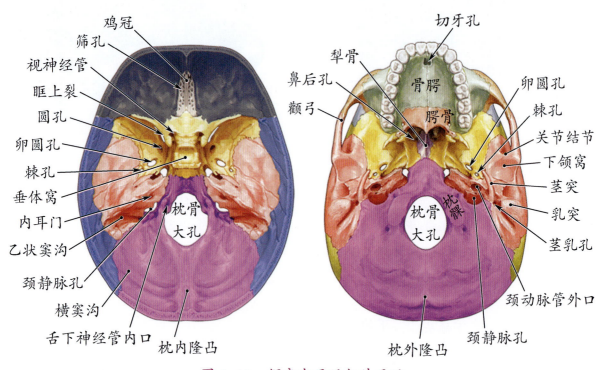

图 4-10　颅底内面观与外面观

3. **颅底外面观**　颅底外面高低不平，神经、血管通过的孔裂甚多。从前向后依次可见：牙槽弓、牙槽、骨腭、鼻后孔、卵圆孔、棘孔、下颌窝、关节结节、破裂孔、颈动脉管外口、颈静脉孔、枕骨大孔、枕髁、枕外隆凸、舌下神经管外口、茎突、茎乳孔等（图4-10），枕外隆凸是重要的骨性标志。

4. **颅的侧面观**　颅侧面中部有**外耳门**，其前方为**颧弓**，后下方为**乳突**，二者均可在体表摸到，化脓性中耳炎时可出现乳突压痛。颧弓上方的浅窝称为颞窝。颞窝前下部，额骨、顶骨、颞骨、蝶骨会合处常形成 H 形的缝，称为**翼点**（pterion）（图4-8），位于颧弓中点上方两横指（3.5～4cm）处。翼点处骨质较薄弱，其内面有脑膜中动脉前支通过，一旦颅侧部受到外力冲击，极易发生骨折伤及该动脉而形成硬脑膜外血肿，有重要的临床意义。

5. **颅的前面观**　颅前面中部可见一对容纳眼球及眼附器的眶和位于其下方的骨性

鼻腔,下方为上、下颌骨围成的骨性口腔。

(1)眶:为一对四棱锥体形的深腔,尖朝向后内,经视神经管通颅中窝,底朝向前外。在眶上缘内、中 1/3 交界处有**眶上孔**或**眶上切迹**,眶下缘中份下方有**眶下孔**(图 4-8)。正常情况下,用指尖压迫眶上切迹时,可以刺激眶上神经而产生明显疼痛,故临床上常以此作为鉴别昏迷深浅程度的标志之一。眶上壁的前外侧份有容纳泪腺的**泪腺窝**,内侧壁前下份有**泪囊窝**,向下经鼻泪管通向鼻腔。上、下壁与外侧壁之间的后份分别有**眶上裂**和**眶下裂**。

(2)骨性鼻腔:位于面颅的中央,其顶借筛板与颅腔相隔,正中借骨性鼻中隔将其分为左右两半,前方共同开口于梨状孔,后方开口于鼻后孔,外侧壁自上而下有 3 个向下弯曲的薄骨片,分别称为**上鼻甲**、**中鼻甲**和**下鼻甲**。各鼻甲下方都形成相应的鼻道,分别称为**上鼻道**、**中鼻道**和**下鼻道**(图 4-11)。上鼻甲后上方与蝶骨体之间的凹陷部分称为**蝶筛隐窝**。

(3)鼻旁窦:是上颌骨、额骨、筛骨和蝶骨内含气空腔的总称,位于鼻腔周围并开口于鼻腔,共 4 对,分别称为上颌窦、额窦、筛窦和蝶窦(图 4-11)。

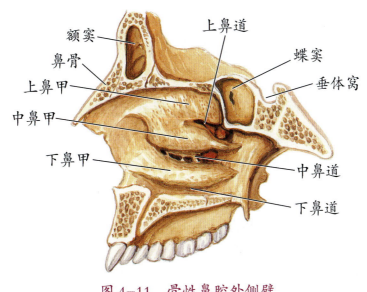

图 4-11　骨性鼻腔外侧壁

(四)新生儿颅的特征

新生儿的脑颅远大于面颅,其比例约为 8∶1,而成人仅为 4∶1。新生儿颅顶各骨尚未发育完全,骨与骨之间的间隙较大,由结缔组织膜封闭,称为**颅囟**。**前囟**最大,呈菱形,位于矢状缝与冠状缝相接处。**后囟**呈三角形,位于矢状缝与人字缝会合处。此外,还有位于顶骨前下角处的蝶囟和顶骨后下角处的乳突囟(图 4-12)。前囟在生后 1~1.5 岁闭合,其余各颅囟则在生后不久闭合。前囟闭合的早晚可作为判断婴儿发育的标志和临床上观察颅内压变化的一个"窗口"。

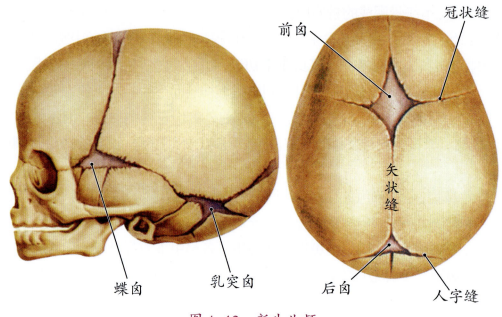

图4-12 新生儿颅

 知识拓展

前囟穿刺术

前囟深面有上矢状窦通过,位置表浅而恒定。对前囟未闭合的患儿,在其他部位采血有困难或采血失败后,常改用前囟穿刺采血,穿刺针依次穿经皮肤、浅筋膜、帽状腱膜、前囟的膜性结构及硬脑膜而达上矢状窦内。经前囟穿刺在上矢状窦内采血,成功率高,与静脉采血相比具有采血量多的优点。

四、四肢骨

(一)上肢骨

上肢骨包括上肢带骨锁骨、肩胛骨和自由上肢骨肱骨、桡骨、尺骨和手骨,每侧32块,共64块。

1. 锁骨(clavicle) 锁骨略呈"～"形,横架于胸廓前上方,全长可在体表摸到。内侧2/3凸向前,外侧1/3凸向后。内侧端粗大为**胸骨端**,与胸骨柄的锁切迹构成胸锁关节(图4-28);外侧端扁平为**肩峰端**(图4-13),与肩胛骨的肩峰构成肩锁关节。锁骨骨折部位多位于中、外1/3交界处。

2. 肩胛骨(scapula) 肩胛骨为不规则的三角形扁骨,位于胸廓后外侧的上份,介于第2肋至第7肋之间,可分为两个面、三个缘和三个角。前面较大的浅窝为**肩胛下窝**。后面横向外上的骨嵴为**肩胛冈**,其上、下方的浅窝分别称为**冈上窝**和**冈下窝**。肩胛冈向外侧延伸的扁平突起称为**肩峰**，是肩部的最高点。上缘短而薄，其外侧向前弯曲的指状突起为**喙突**。**上角**平对第2肋，**下角**平对第7肋或第7肋间隙，可作为计数肋的标志。**外侧角**肥厚，朝向外侧的梨形浅窝为**关节盂**（图4-14、图4-15）。肩胛冈、肩峰、肩胛下角、内侧缘和喙突均可在体表摸到。

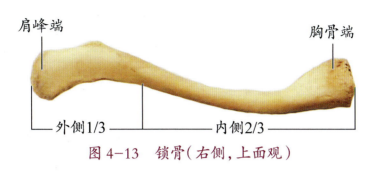

图 4-13　锁骨（右侧，上面观）

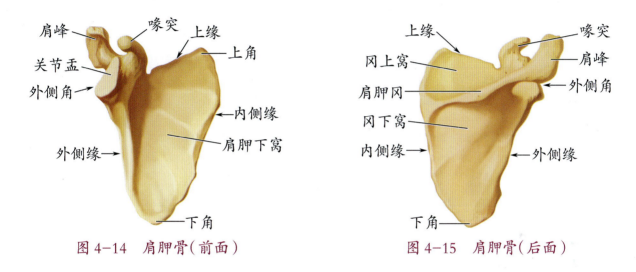

图 4-14　肩胛骨（前面）　　　　图 4-15　肩胛骨（后面）

　　3. 肱骨（humerus）　肱骨为臂部的长骨。上端有朝向上后内方的半球形**肱骨头**。肱骨头周围的环形浅沟为**解剖颈**，肱骨头外侧的隆起为**大结节**，前方的隆起为**小结节**，大、小结节之间的纵沟为**结节间沟**，内有肱二头肌长头腱通过。肱骨上端与体交界处稍细称为**外科颈**，是骨折的易发部位。肱骨体中部的外侧面有粗糙的三**角肌粗隆**，后面中份可见自内上斜向外下的**桡神经沟**，桡神经沿此沟经过，肱骨中段骨折时可能伤及桡神经。下端较扁，外侧份前面有半球状的**肱骨小头**，内侧份有呈滑车状的**肱骨滑车**，肱骨滑车后上方有鹰嘴窝。肱骨小头的外侧和滑车的内侧各有一个突起，分别称为**外上髁**和**内上髁**（图4-16）。内上髁后下方的浅沟为**尺神经沟**，尺神经由此经过。肱骨大结节和内、外上髁均可在体表摸到。

　　4. 桡骨（radius）　桡骨是位于前臂外侧的长骨。上端有圆盘状的**桡骨头**，头下方略细的部分为**桡骨颈**，颈下方的内侧有粗糙的**桡骨粗隆**。下端的内侧面有**尺切迹**，外侧份有向下突出的**桡骨茎突**，下面为腕关节面。桡骨茎突和桡骨头均可在体表摸到，桡骨茎突前面的内侧有桡动脉通过（图4-17）。

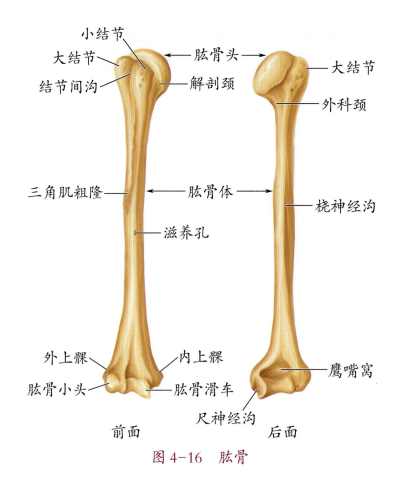

图 4-16　肱骨

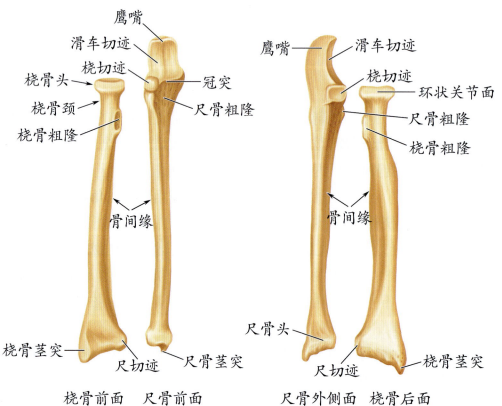

图 4-17　桡骨和尺骨

5. 尺骨（ulna） 尺骨是位于前臂内侧的长骨。上端较粗大，前面有一半月形深凹，称为**滑车切迹**。切迹后上方的突起为**鹰嘴**，前下方的突起为**冠突**。冠突外侧面有**桡切迹**，下端为**尺骨头**。尺骨头后内侧的锥状突起为**尺骨茎突**（图 4-17）。尺骨鹰嘴、尺骨后缘全长、尺骨头和茎突均可在体表摸到。

6. 手骨 手骨包括腕骨、掌骨和指骨 3 部分（图 4-18），共 27 块。

（1）腕骨：属于短骨，共 8 块，排成近、远两列。近侧列由桡侧向尺侧依次为**手舟骨**、**月骨**、**三角骨**和**豌豆骨**；远侧列为**大多角骨**、**小多角骨**、**头状骨**和**钩骨**。

（2）掌骨：共 5 块，由桡侧向尺侧分别称为第 1~5 掌骨。

（3）指骨：共 14 块。除拇指为 2 节指骨外，其余各指均为 3 节，由近侧向远侧依次为**近节指骨**、**中节指骨**和**远节指骨**。

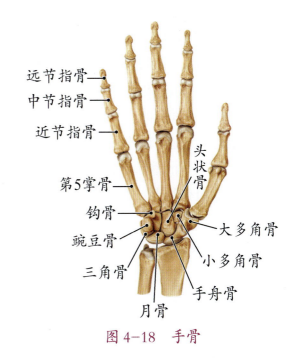

图 4-18 手骨

（二）下肢骨

下肢骨包括下肢带骨髋骨和自由下肢骨股骨、髌骨、胫骨、腓骨和足骨，每侧 31 块，共 62 块。

1. 髋骨（hip bone） 髋骨为一略扭转的不规则骨，由髂骨、坐骨和耻骨 3 块骨在 16 岁左右融合而成，融合处有一朝向下外的深窝，称为**髋臼**，其下部的大孔称为**闭孔**（图 4-19）。

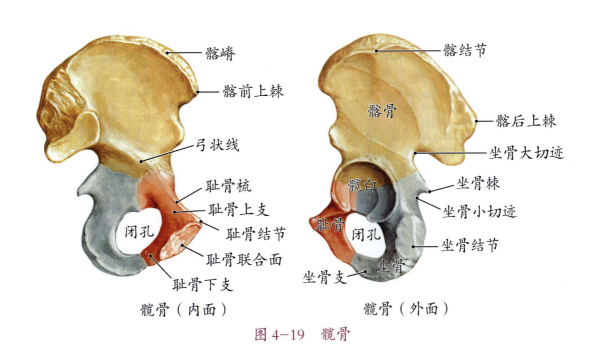

图 4-19 髋骨

（1）髂骨：构成髋骨的上部，上缘肥厚形成"～"形的**髂嵴**。两侧髂嵴最高点的连线约平对第4腰椎棘突，可作为腰椎穿刺的定位标志。髂嵴前端为**髂前上棘**，后端为**髂后上棘**。在髂前上棘上后方5～7cm处，髂嵴外唇向外突起，称为**髂结节**。髂骨内面前部为光滑而微凹的**髂窝**，其下界圆钝的骨嵴为**弓状线**。髂骨后下方有粗糙的耳状面。髂嵴、髂前上棘、髂后上棘和髂结节均可在体表摸到。

（2）坐骨：构成髋骨的后下部，髋臼后下方肥厚而粗糙的隆起为**坐骨结节**，为坐骨最低处，是重要的体表标志。坐骨结节后上方的三角形突起为**坐骨棘**，其上、下方的切迹分别称为**坐骨大切迹**和**坐骨小切迹**。

（3）耻骨：构成髋骨的前下部，弓状线向前延伸形成锐利的**耻骨梳**，耻骨梳向前终于圆形隆起的**耻骨结节**，是重要的体表标志。耻骨内侧面上有椭圆形的粗糙面，称为**耻骨联合面**。

2. 股骨（femur）　股骨位于大腿部，是人体最长、最结实的长骨，约占身高的1/4。上端有朝向内上方的球形**股骨头**。股骨头中央稍下的小凹为**股骨头凹**。股骨头下外侧的狭细部为**股骨颈**。股骨颈与体连接处上外侧的方形隆起为**大转子**，可在体表摸到，内下方的隆起为**小转子**。股骨体上端的后外侧面有**臀肌粗隆**。下端向后突出的两个膨大分别称为内侧髁和外侧髁（图4-20）。

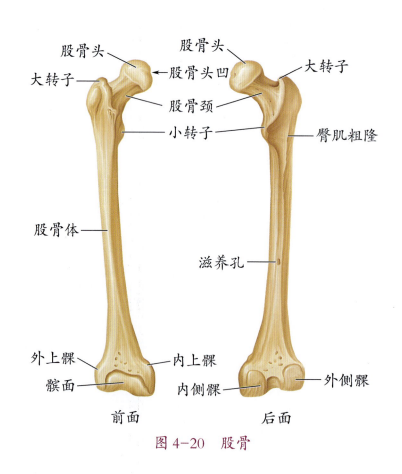

图4-20　股骨

3. 髌骨（patella） 髌骨是人体最大的籽骨，位于股四头肌腱内，上宽下尖，前面粗糙，后面有光滑的关节面与股骨的髌面相关节（图4-1）。髌骨可在体表摸到。

4. 胫骨（tibia） 胫骨是位于小腿内侧粗大承重的长骨。上端膨大向两侧突出，形成内侧髁和外侧髁。外侧髁后下方有腓关节面与腓骨头相关节。上端前面的 V 形粗糙隆起为**胫骨粗隆**。胫骨体呈三棱柱形，前缘锐利，内侧面平坦直接位于皮下。下端内侧伸向下方的突起为**内踝**（图4-21）。胫骨粗隆、胫骨前缘、胫骨内侧面和内踝均可在体表摸到。内踝前方有大隐静脉越过，在进行静脉注射或静脉切开时，内踝可作为寻找大隐静脉的重要标志。

5. 腓骨（fibula） 腓骨是位于小腿外侧的长骨。上端稍膨大为**腓骨头**，头下方的缩窄部分为**腓骨颈**。下端膨大形成**外踝**（图4-21）。腓骨头和外踝均可在体表摸到。

6. 足骨 足骨包括跗骨、跖骨和趾骨3部分，共26块（图4-22）。

（1）跗骨：属于短骨，共7块，分为前、中、后3列。后列包括位于上方的**距骨**和下方的**跟骨**，跟骨后端的粗大隆突为**跟骨结节**，可在体表摸到；中列是位于距骨前方的**足舟骨**；前列由内侧向外侧依次为**内侧楔骨**、**中间楔骨**、**外侧楔骨**和**骰骨**。

（2）跖骨：共5块，由内侧向外侧分别称为第1~5跖骨。

（3）趾骨：共14块。除了蹈趾为2节外，其余各趾均为3节，形态和命名与指骨相同。

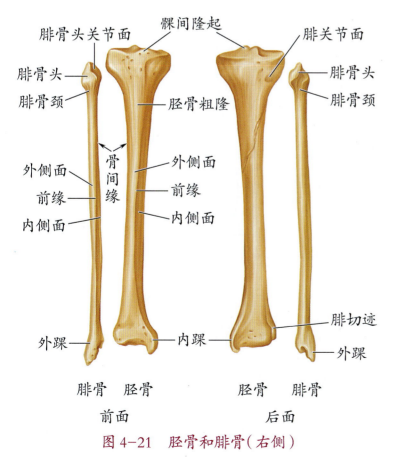

图 4-21 胫骨和腓骨（右侧）

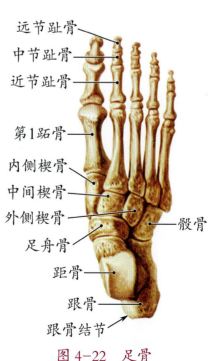

图 4-22 足骨

五、不同卧位易受压的骨性突起

卧位是指患者休息和适应医疗护理需要时所采取的卧床姿势，正确的卧位应符合人体的解剖生理特点。压疮多发生于经常受压和无肌肉包裹或肌肉较薄、缺乏脂肪组织保护的骨性突起处，故在临床护理工作中一定要重视易受压的骨性突起部位。临床上不同卧位易受压的骨性突起见图4-23。

1. 仰卧位　枕外隆凸、肩胛冈、尺骨鹰嘴、椎骨的棘突、骶骨、尾骨、髂后上棘和跟骨等处，最常发生于骶尾处。

2. 侧卧位　肩峰、肋骨、肱骨外上髁、髂结节、股骨大转子、股骨内外侧髁、腓骨头、内踝和外踝等处。

3. 俯卧位　额骨、下颌骨颏部、胸骨、肋骨、髂前上棘、髌骨和足尖等处。

4. 坐位　坐骨结节、足跟等处。

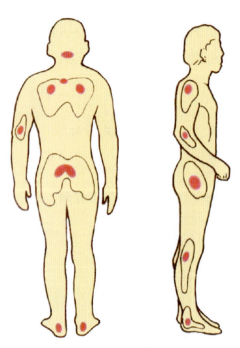

图4-23　仰卧位和侧卧位易受压部位(红色区)

第二节　骨　连　结

一、概　　述

骨与骨之间借致密结缔组织、软骨或骨相连，形成**骨连结**。根据连结方式不同可分为直接连结和间接连结两大类。

（一）直接连结

直接连结是指骨与骨之间借致密结缔组织、软骨或骨组织直接相连，相邻骨之间无间隙，不能活动或仅有少许活动。根据连结组织的不同，可分为**纤维连结**、**软骨连结**和**骨性结合**3种类型。

（二）间接连结

间接连结通常称为**关节**（joint），相邻两骨之间借膜性的结缔组织囊相连结，以相对骨面之间具有腔隙和充以滑液为其特点，因而具有较大的活动性。

1. 关节的基本结构　关节的基本结构包括关节面、关节囊和关节腔3部分（图4-24）。

（1）关节面：是构成关节各相关骨的接触面，表面覆有光滑的关节软骨，能缓冲、减少运动时的冲击和摩擦。

（2）关节囊：是指附着于关节面周缘及附近骨面上的结缔组织囊。外层为致密结缔组织构成的厚而坚韧的纤维膜；内层为疏松结缔组织构成的薄而光滑的滑膜，滑膜产生的滑液具有润滑和营养关节软骨的作用。

（3）关节腔：是由关节囊滑膜层与关节软骨共同围成的密闭腔隙。腔内含少量滑液，呈负压，对维持关节的稳定性有一定作用。

2. 关节的辅助结构　关节除了具备上述基本结构外，某些关节为适应其功能还形成了一些辅助结构，包括由致密结缔组织构成的**韧带**以及由纤维软骨形成的**关节盘**和**关节唇**等，以增加关节的稳固性或灵活性。

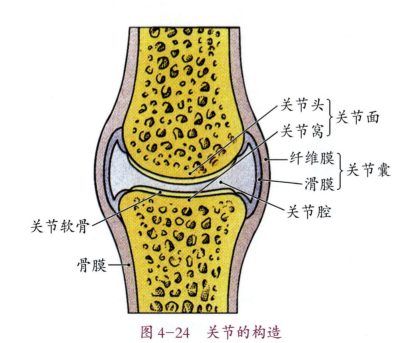

图4-24　关节的构造

3. 关节的运动　关节的运动形式是沿冠状轴、矢状轴和垂直轴的3组拮抗性运动。

（1）屈和伸：是关节沿冠状轴进行的运动。运动时，相关节的两骨之间角度变小称为屈；反之，角度增大则称为伸。

（2）收和展：是关节沿矢状轴进行的运动。运动时，骨向正中矢状面靠拢称为收或内收；反之，远离正中矢状面则称为展或外展。手指的收展是以中指为准的靠拢和散开运动，而足趾则是以第2趾为准的靠拢和散开运动。

（3）旋转：是关节沿垂直轴进行的运动。运动时，骨向前内侧旋转称为**旋内**；反之，向后外侧旋转则称为**旋外**。

（4）环转：运动骨的上端在原位转动，下端则作圆周运动，运动时全骨描绘出圆锥形轨迹。环转运动实际上是屈、展、伸、收依次结合的连续动作。

二、躯干骨的连结

（一）脊柱

脊柱（vertebral column）由24块椎骨、1块骶骨和1块尾骨借骨连结构成（图4-25），构成人体的中轴，上承托颅，下接髋骨，具有支持体重、保护脊髓和内脏以及运动等功能。

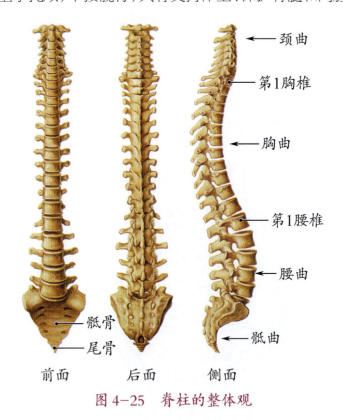

图4-25　脊柱的整体观

（颈曲　第1胸椎　胸曲　第1腰椎　腰曲　骶曲　骶骨　尾骨　前面　后面　侧面）

1. 椎骨间的连结　各椎骨之间借椎间盘、韧带和关节相连结。

（1）椎间盘（intervertebral disc）：是连结相邻两椎体之间的纤维软骨盘，共23个，由中央的髓核和周围的纤维环构成（图4-26）。**髓核**是柔软而富有弹性的胶状物质，**纤维环**由多层同心圆排列的纤维软骨环构成。椎间盘坚韧而富有弹性，具有连结椎体和"弹性垫"样缓冲震荡的作用。各部椎间盘厚薄不一，以中胸部最薄，颈部较厚，而腰部最厚，故脊柱颈、腰部的活动度较大。当纤维环破裂时，髓核易向后外侧突出，突入椎管或椎间孔，压迫脊髓或脊神经根,临床上称为椎间盘突出症。

（2）韧带:连结椎骨的韧带有长、短两类(图4-26)。

1）长韧带:有前纵韧带、后纵韧带和棘上韧带3条。**前纵韧带**和**后纵韧带**分别位于椎体、椎间盘的前面和后面,具有连结椎体、椎间盘和限制脊柱过度后伸、前屈的作用;**棘上韧带**为连结于椎骨各棘突尖之间的纵行韧带。在颈部,从颈椎棘突尖向后扩展成三角形板状的弹性膜,称为**项韧带**。

2）短韧带:包括连结相邻椎弓板之间的、由黄色弹性纤维构成的**黄韧带**和连结相邻棘突之间的**棘间韧带**。**棘间韧带**前接黄韧带,向后与棘上韧带相移行。临床上行腰椎穿刺时,穿刺针由浅入深依次穿经皮肤、皮下组织、棘上韧带、棘间韧带和黄韧带才能到达椎管。

（3）关节:包括关节突关节、寰枢关节和寰枕关节。**关节突关节**由相邻椎骨的上、下关节突构成。**寰枢关节**由寰椎和枢椎构成,寰椎以齿突为轴,使头连同寰椎进行旋转运动。**寰枕关节**是由寰椎两侧块的上关节凹与枕髁构成的联合关节。两侧关节同时活动,可使头作仰俯和侧屈运动。寰枕、寰枢关节的联合运动能使头作俯仰、侧屈和旋转运动。

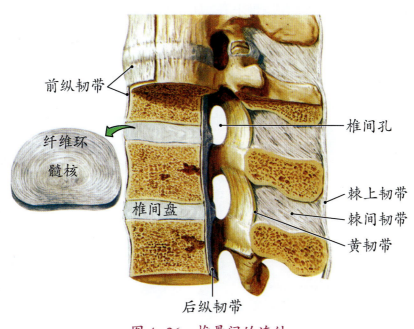

图4-26　椎骨间的连结

2. 脊柱的整体观(图4-25)

（1）前面观:可见椎体自上而下逐渐增大,但从骶骨耳状面以下又逐渐变小。

（2）后面观:可见所有椎骨棘突连贯形成纵嵴,其两侧有纵行的脊柱沟。颈椎棘突短而分叉,近水平位;胸椎棘突呈叠瓦状排列;腰椎棘突间距较宽。

（3）侧面观:可见脊柱有颈、胸、腰、骶4个生理性弯曲,其中**颈曲**和**腰曲**凸向前,**胸曲**和**骶曲**凸向后。当婴儿开始抬头时,出现颈曲;婴儿开始坐立和站立时,出现腰曲。脊柱的生理性弯曲增大了脊柱的弹性,对维持人体的重心稳定和减轻震荡具有重要意义。

3. 脊柱的运动　脊柱可作前屈、后伸、侧屈、旋转和环转等运动。由于脊柱颈、腰部的运动幅度较大,故损伤的机会也较多。

(二)胸廓

1. 胸廓的组成　**胸廓**(thorax)由 12 块胸椎、12 对肋、1 块胸骨和它们之间的骨连结共同构成(图 4-27)。肋的后端与胸椎体的上、下肋凹、横突肋凹构成微动的肋椎关节。第 1 肋软骨与胸骨柄形成软骨结合;第 2～7 肋软骨与胸骨的相应肋切迹构成微动的胸肋关节;第 8～10 肋软骨依次连于上位肋软骨,构成左、右**肋弓**;第 11、第 12 肋前端游离。肋弓可在体表摸到,是腹部触诊确定肝、脾、胆囊位置的重要标志。

2. 胸廓的整体观　成人胸廓为上窄下宽、前后略扁的圆锥形,有上、下两口。胸廓上口小而规则,由胸骨柄上缘、第 1 对肋和第 1 胸椎体围成(图 4-27)。胸廓下口大而不整齐,由第 12 胸椎、第 11 及 12 对肋前端、左右肋弓和剑突共同围成。相邻两肋之间的间隙称为**肋间隙**。两侧肋弓在中线处相交形成向下开放的**胸骨下角**。剑突又将胸骨下角分成了左剑肋角和右剑肋角,**左剑肋角**的顶是心包穿刺的常选部位。

3. 胸廓的运动　胸廓除具有保护和支持功能外,主要参与呼吸运动。吸气时,在肌的作用下,肋的前份抬高,并伴有胸骨上升,从而加大了胸廓的前后径和横径,使胸腔容积增大。呼气时与之相反。

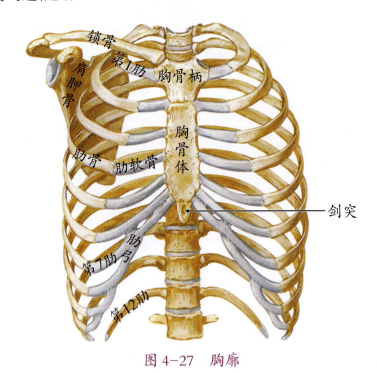

图 4-27　胸廓

三、颅骨的连结

各颅骨之间多数以缝、软骨或骨直接相连结,彼此之间的连结较为牢固,基本无法运动(图 4-8)。只在下颌骨与颞骨之间构成了唯一能活动的颞下颌关节。**颞下颌关节**又称下颌关节,由下颌骨的下颌头与颞骨的下颌窝和关节结节构成(图4-9)。关节囊松弛,关节囊内有关节盘。两侧的颞下颌关节同时运动,可使下颌骨作上提(闭口)与下降(张口)、前进与后退以及侧方运动。

四、四肢骨的连结

(一)上肢骨的连结

1. 肩关节(shoulder joint) 肩关节由肱骨头与肩胛骨关节盂构成(图4-28)。肩关节的结构特点:①肱骨头大,关节盂浅而小;②关节囊薄而松弛,内有肱二头肌长头腱通过;③关节囊的前、后壁及上壁有韧带和肌腱加强,唯下壁最为薄弱,故肩关节易发生前下方脱位。肩关节是全身最灵活的关节,可作屈、伸、收、展、旋内、旋外及环转运动。

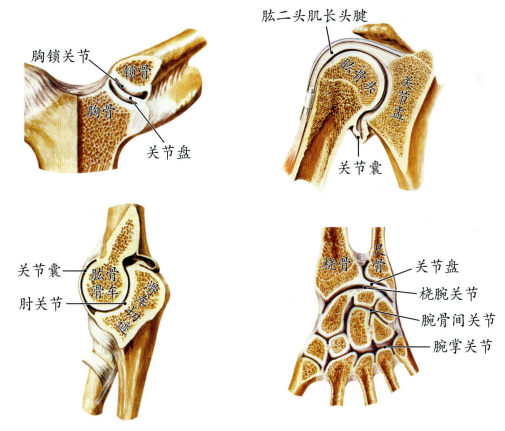

图4-28 上肢骨的连结

2. 肘关节(elbow joint) 肘关节由肱骨下端与尺、桡骨上端构成,包括3个关节,即由肱骨滑车与尺骨滑车切迹构成的**肱尺关节**(图4-28)、肱骨小头与桡骨头关节凹构成的**肱桡关节**、桡骨头环状关节面与尺骨桡切迹构成的**桡尺近侧关节**。上述3个关节包在一个关节囊内,关节囊前、后壁薄而松弛,两侧壁厚而紧张,内侧有**尺侧副韧带**加强,外侧有**桡侧副韧带**加强,在桡骨环状关节面周围有**桡骨环状韧带**包绕,可防止桡骨头脱出。

关节囊后壁最为薄弱,故临床上常见尺、桡两骨向后脱位。

肘关节的运动以肱尺关节为主,主要作屈、伸运动。当肘关节屈至90°时,肱骨内、外上髁和尺骨鹰嘴三点的连线构成一个尖朝下的等腰三角形,称为**肘后三角**。肘关节发生后脱位时,鹰嘴向后上移位,三点的位置关系会发生改变。当肘关节伸直时,肱骨内、外上髁和尺骨鹰嘴三点成一条直线。

3. 桡尺骨的连结 桡尺骨的连结包括桡尺近侧关节、前臂骨间膜和桡尺远侧关节。前臂骨间膜是连于桡骨与尺骨之间坚韧的致密结缔组织膜。桡尺远侧关节由尺骨头环状关节面与桡骨的尺切迹构成。桡尺近侧与远侧关节联合运动时,可使前臂作旋前、旋后运动,如挥扇等动作。

4. 手关节 手关节包括桡腕关节、腕骨间关节、腕掌关节、掌指关节和指骨间关节,各关节的名称均与构成关节各骨的名称相对应。**桡腕关节**又称**腕关节**(wrist joint),由桡骨下端的腕关节面、尺骨头下方的关节盘构成的关节窝,与手舟骨、月骨和三角骨的近侧关节面构成的关节头共同构成,可作屈、伸、收、展和环转运动(图4-28)。**拇指腕掌关节**由大多角骨与第1掌骨底构成,可作屈、伸、收、展、环转和对掌运动。**掌指关节**可作屈、伸、收、展及环转运动。**指骨间关节**只能作屈、伸运动。

（二）下肢骨的连结

1. 骨盆(pelvis) 骨盆是由左、右髋骨和骶、尾骨借骨连结构成的完整骨环(图4-29),具有传导重力、支持和保护盆腔脏器的作用,在女性骨盆又是胎儿娩出的产道。

（1）骨盆的连结:①**骶髂关节**,由骶骨和髂骨的耳状面构成,活动性极小;②**骶结节韧带**,是连于骶、尾骨侧缘与坐骨结节内侧缘之间的韧带;③**骶棘韧带**,位于骶结节韧带前方,是连于骶、尾骨侧缘与坐骨棘之间的韧带(图4-29);④**耻骨联合**,由两侧耻骨联合面借纤维软骨构成的耻骨间盘连结而成。女性的耻骨间盘较男性的厚。

（2）骨盆的分部:骨盆以界线为界,分为上方的大骨盆和下方的小骨盆。**界线**是由骶骨的岬向两侧经弓状线、耻骨梳、耻骨结节至耻骨联合上缘构成的环形线。**大骨盆**实际为腹腔的一部分,又称假骨盆。**小骨盆**又称真骨盆,其上口由界线围成,下口由尾骨尖、骶结节韧带、坐骨结节、坐骨支、耻骨下支和耻骨联合下缘围成,呈菱形。骨盆上、下口之间的腔称为**骨盆腔**。两侧坐骨支和耻骨下支连成耻骨弓,它们之间的夹角称为**耻骨下角**,男性为70°～75°,女性为90°～100°。

（3）骨盆的性别差异:是从青春期开始逐渐趋于明显的。女性骨盆主要具有如下特征(图4-29):骨盆外形短而宽;骨盆上口近似圆形,较宽大;骨盆腔呈桶状;骨盆下口和耻骨下角较大。女性骨盆的这些特点主要与妊娠和分娩有关。

2. 髋关节(hip joint) 髋关节由髋臼与股骨头构成(图4-30)。髋关节的结构特点:①髋臼周缘有髋臼唇增加其深度,股骨头几乎全部纳入髋臼内;②关节囊坚韧而致密,周围有多条韧带加强,股骨颈除后面外侧的1/3外,均包在关节囊内,故股骨颈骨折有囊内、囊外骨折之分;③关节囊内有连于股骨头凹与髋臼之间的**股骨头韧带**,内含营养股骨头的血管。髋关节可作屈、伸、收、展、旋内、旋外以及环转运动,但运动幅度和灵活性远不及肩关节。

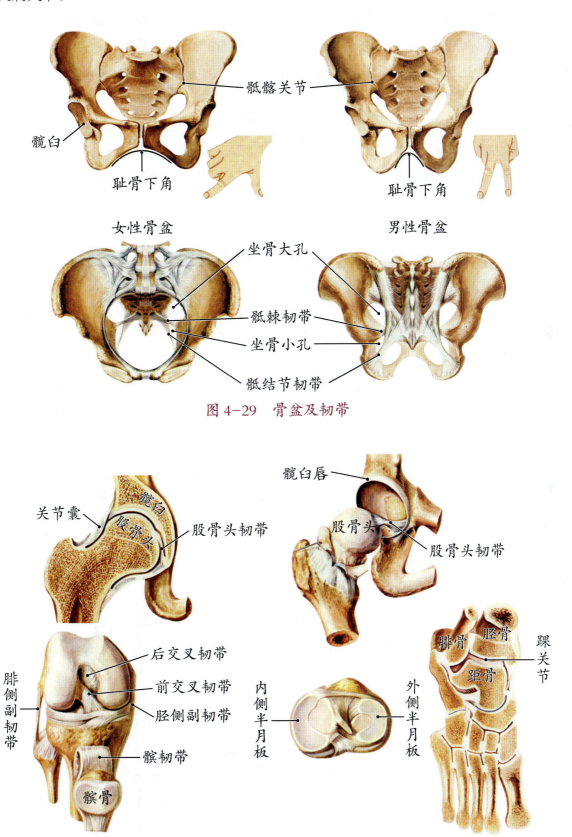

图 4-29　骨盆及韧带

髋臼

耻骨下角

骶髂关节

耻骨下角

女性骨盆

男性骨盆

坐骨大孔

骶棘韧带

坐骨小孔

骶结节韧带

髋臼唇

关节囊

髋臼

股骨头

股骨头韧带

股骨头

股骨头韧带

腓侧副韧带

后交叉韧带

前交叉韧带

胫侧副韧带

髌韧带

髌骨

内侧半月板

外侧半月板

腓骨　胫骨　踝关节

距骨

图 4-30　下肢骨的连结

3. 膝关节(knee joint) 膝关节是人体最大、最复杂的关节,由股骨下端、胫骨上端和髌骨构成(图4-30)。膝关节的结构特点:①关节囊薄而松弛,周围有韧带加强,前方为**髌韧带**、内侧为**胫侧副韧带**、外侧为**腓侧副韧带**;②关节囊内有连于股骨与胫骨之间的**前交叉韧带**和**后交叉韧带**,以及垫在股骨内、外侧髁与胫骨内、外侧髁关节面之间由纤维软骨构成的 C 形**内侧半月板**和 O 形**外侧半月板**。膝关节主要作屈、伸运动。在半屈位时,小腿尚可作轻度的旋转运动。

4. 胫腓骨的连结 胫、腓两骨之间连结紧密,上端由胫骨外侧髁的腓关节面与腓骨头构成微动的**胫腓关节**,胫、腓两骨干之间有坚韧的小腿骨间膜相连,下端借坚强的韧带连结,故小腿两骨间的活动度甚小。

5. 足关节 足关节包括距小腿关节、跗骨间关节、跗跖关节、跖趾关节和趾骨间关节,均由与关节名称相应的骨组成。**距小腿关节**又称**踝关节**(ankle joint),由胫、腓骨的下端与距骨滑车构成(图4-30)。关节囊的前、后壁薄而松弛,两侧有韧带加强,其中内侧的三角韧带强大,外侧韧带较为薄弱,故在足过度内翻时易损伤。踝关节可作背屈(伸)和跖屈(屈)运动。踝关节与跗骨间关节联合运动时,可使足内翻(足底转向内侧)和足外翻(足底转向外侧)。

6. 足弓 足弓是跗骨和跖骨借骨连结在纵横方向上形成凸向上方的弓形结构。站立时,足以后方的跟骨结节和前方的第1、5跖骨头三点着地,使足成为稳定而具有弹性的"三脚架",在行走或跳跃时发挥弹性和缓冲震荡的作用,同时还可保护足底的血管和神经免受压迫。

第三节 骨 骼 肌

一、概 述

运动系统的肌均为骨骼肌,共有600余块,约占体重的40%,根据分布部位可分为头肌、颈肌、躯干肌和四肢肌(图4-31)。每块肌都具有一定的位置、形态、结构和功能,并有丰富的血管、淋巴管和神经分布,故每块肌都可视为一个器官。

(一)肌的形态和构造

1. 肌的形态 肌的形态多种多样,按其外形可分为**长肌**、**短肌**、**扁肌**和**轮匝肌**4种(图4-32)。长肌呈梭形,多分布于四肢;短肌多分布于躯干深层;扁肌多分布于胸、腹壁;轮匝肌分布于孔裂的周围,收缩时可以关闭孔裂。

2. 肌的构造 肌一般由中间的肌腹和两端的肌腱构成。**肌腹**主要由骨骼肌纤维构成,色红而柔软,具有收缩能力。**肌腱**主要由平行致密的胶原纤维束构成,色白、坚韧而无收缩能力。长肌的肌腱多呈条索状,扁肌的腱性部分呈薄膜状,故称**腱膜**。

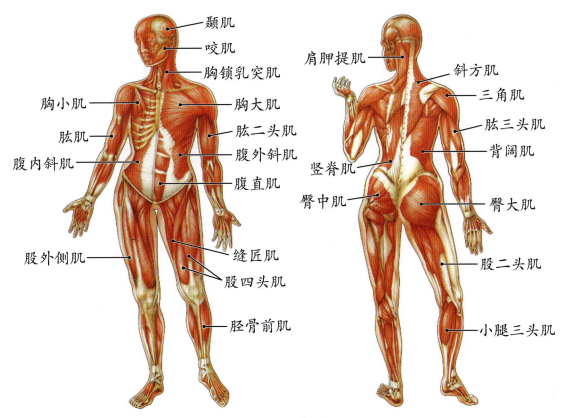

图 4-31　全身骨骼肌

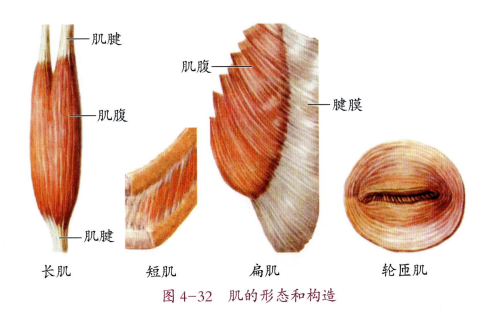

| 长肌 | 短肌 | 扁肌 | 轮匝肌 |

图 4-32　肌的形态和构造

（二）肌的起止和配布

1. 肌的起止　肌通常以两端附着于两块或两块以上的骨面上，中间跨过一个或多个关节。肌收缩时，一块骨的位置相对固定，而另一块骨因受肌的牵拉则相对移动。肌在固定骨上的附着点称为起点或定点，在移动骨上的附着点称为止点或动点（图4-33）。通常把接近躯干正中矢状面或四肢靠近侧端的附着点看作为肌的起点，把另一端则看作为肌的止点。

2. 肌的配布　在一个运动轴的相对侧至少配布有两组在作用上互相对抗的肌或肌群，称为拮抗肌；而在一个运动轴同侧配布并具有相同作用的两块肌或多块肌则称为协同肌。

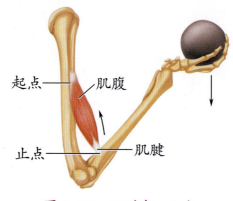

图 4-33　肌的起、止点

（三）肌的辅助装置

肌的周围有筋膜、滑膜囊和腱鞘等辅助装置，具有维持肌的位置、保护和协助肌活动的作用。

1. 筋膜　筋膜分为浅筋膜和深筋膜（图 4-34）。**浅筋膜**位于真皮之下，又称皮下筋膜或皮下组织，由富含脂肪的疏松结缔组织构成，但所含脂肪的量却因人而异。浅筋膜内还分布有浅动脉、皮下静脉、皮神经和浅淋巴管。**深筋膜**又称为固有筋膜，是位于浅筋膜深面的致密结缔组织，在四肢，深筋膜伸入肌群之间，并附着于骨而形成**肌间隔**。

2. 滑膜囊　滑膜囊为扁薄封闭而内有滑液的结缔组织囊，多位于肌腱与骨面相接触处，以减少运动时二者之间的摩擦。

3. 腱鞘　腱鞘是套在腕、踝、手指和足趾长肌腱表面的鞘管，有固定、约束肌腱和减少摩擦的作用。

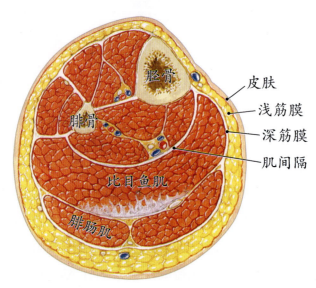

图 4-34　小腿中部水平切面（示筋膜）

二、头　肌

头肌分为面肌和咀嚼肌两部分。

1. 面肌　面肌为扁薄的皮肌，大多起自颅骨，止于面部皮肤，主要分布于颅顶、睑裂、口裂和鼻孔的周围，如枕额肌、眼轮匝肌、口轮匝肌、颊肌等（图4-35）。面肌收缩时可闭合或开大孔裂，同时牵动面部皮肤显示喜、怒、哀、乐等各种表情，故又称为**表情肌**。

2. 咀嚼肌　咀嚼肌包括咬肌、颞肌、翼内肌和翼外肌，配布于颞下颌关节周围，参与咀嚼运动。当牙咬紧时，在下颌角的前上方可摸到坚实的**咬肌**，在颧弓上方可摸到**颞肌**（图4-36）。

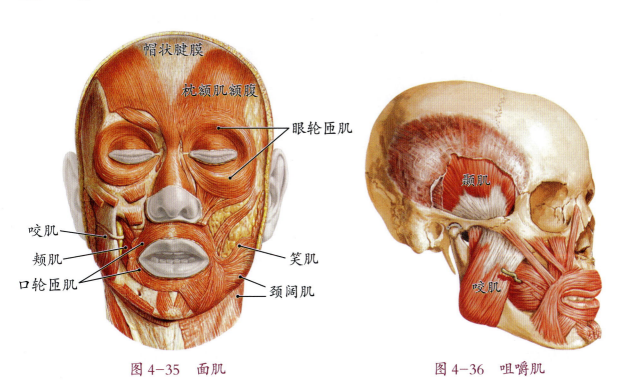

图 4-35　面肌　　　　　　　　　　　图 4-36　咀嚼肌

三、颈　肌

颈肌依其所在位置分为3群：

1. 颈浅肌与颈外侧肌　颈浅肌与颈外侧肌包括颈阔肌和胸锁乳突肌（图4-37）。**胸锁乳突肌**斜位于颈部两侧，在体表可见其轮廓。起自胸骨柄前面和锁骨的胸骨端，两头会合斜向后上，止于颞骨的乳突。一侧收缩使头向同侧倾斜，面转向对侧；两侧同时收缩可使头后仰。胸锁乳突肌后缘与锁骨形成的夹角处向外0.5～1.0cm处为锁骨下静脉锁骨上入路穿刺的进针点。

2. 颈前肌　颈前肌包括舌骨上肌群和舌骨下肌群。

3. 颈深肌 颈深肌内侧群位于脊柱颈段的前方,外侧群位于脊柱颈段两侧,由前向后依次为前斜角肌、中斜角肌和后斜角肌,均起自颈椎横突,前、中斜角肌止于第1肋,后斜角肌止于第2肋。前、中斜角肌与第1肋之间形成的三角形间隙,称为**斜角肌间隙**,有锁骨下动脉和臂丛通过(图4-37)。

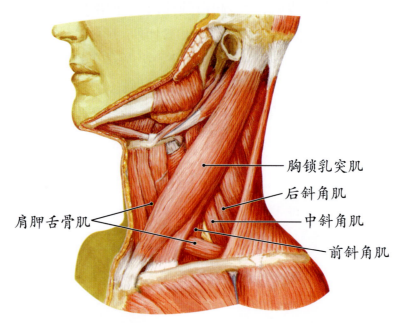

图 4-37　颈肌(左侧)

四、躯　干　肌

躯干肌可分为背肌、胸肌、膈肌、腹肌和会阴肌。
(一)背肌
背肌位于躯干的背面,分为浅、深两群。浅群主要有斜方肌和背阔肌,深群主要是竖脊肌(图4-31)。

1. 斜方肌 斜方肌位于项部和背上部,一侧呈三角形,两侧合在一起则呈斜方形。收缩时可使肩胛骨向脊柱靠拢。如肩胛骨固定,两侧同时收缩可使头后仰。斜方肌瘫痪时出现"塌肩",痉挛时易发生"落枕"。

2. 背阔肌 背阔肌位于背的下半部及胸的后外侧,收缩时使肩关节内收、旋内和后伸,即完成"背手"动作。当上肢上举固定时,可引体向上。

3. 竖脊肌 竖脊肌纵列于棘突两侧的深沟内,是维持人体直立姿势的重要肌。两侧同时收缩可使脊柱后伸和仰头,一侧收缩可使脊柱侧屈。
(二)胸肌
胸肌主要包括胸大肌、胸小肌、前锯肌、肋间外肌和肋间内肌(图4-31、图4-38)。

1. 胸大肌 胸大肌位置表浅,呈扇形覆盖于胸廓前壁的大部,收缩时使肩关节内收、旋内和前屈。当上肢固定时,可引体向上,也可提肋助吸气。

2. 胸小肌　胸小肌位于胸大肌的深面,当肩胛骨固定时,可提肋助吸气。

3. 前锯肌　前锯肌为贴附于胸廓侧壁的宽大扁肌,收缩时拉肩胛骨向前并使其紧贴胸廓。当肩胛骨固定时,可上提肋以助深吸气。前锯肌瘫痪时,肩胛下角离开胸廓而突出于皮下,称为"翼状肩"。

4. 肋间外肌　肋间外肌位于各肋间隙的浅层,收缩时可提肋助吸气。

5. 肋间内肌　肋间内肌位于肋间外肌的深面,收缩时可降肋助呼气。

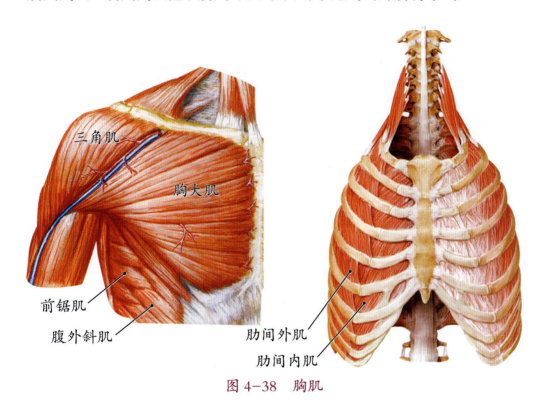

图 4-38　胸肌

(三) 膈肌

膈肌(diaphragm)位于胸、腹腔之间,为向上膨隆的穹窿状扁肌,构成胸腔的底和腹腔的顶(图4-39)。膈肌上有3个裂孔:**主动脉裂孔**位于第12胸椎前方,有主动脉和胸导管通过;**食管裂孔**位于主动脉裂孔的左前上方,约平第10胸椎水平,有食管和迷走神经通过;**腔静脉孔**位于食管裂孔右前上方的中心腱内,约平第8胸椎水平,有下腔静脉通过。

膈肌为主要的呼吸肌,收缩时,膈穹窿下降,胸腔容积扩大,以助吸气;舒张时,膈穹窿上升恢复原位,胸腔容积减小,以助呼气。若膈肌与腹肌同时收缩,则能增加腹压,以协助排便、呕吐和分娩等活动。

(四) 腹肌

腹肌位于胸廓下部与骨盆之间,按其部位分为前外侧群和后群。

1. 前外侧群　腹肌前外侧群构成腹腔的前外侧壁,包括腹直肌、腹外斜肌、腹内斜肌和腹横肌(图4-40)。

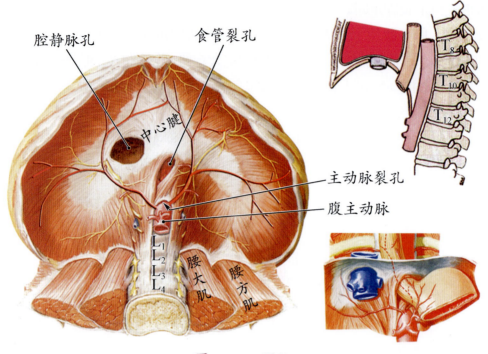

图 4-39 膈肌

（1）腹直肌：位于腹前壁正中线两侧的腹直肌鞘内,肌的全长被 3～4 条横行的**腱划**分成多个肌腹。

（2）腹外斜肌：为腹前外侧壁最浅层的扁肌,肌束至腹直肌外侧缘处移行为腱膜,参与构成腹直肌鞘的前层。腹外斜肌腱膜的下缘卷曲增厚,连于髂前上棘与耻骨结节之间,称为**腹股沟韧带**（图 4-40）。

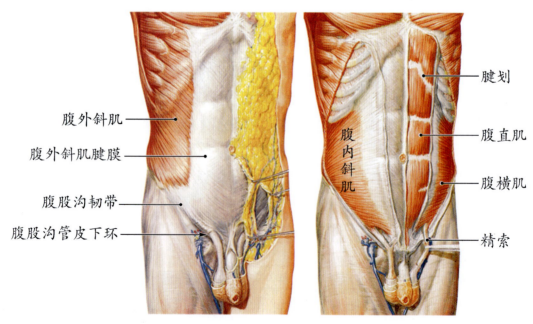

图 4-40 腹肌前外侧群

（3）腹内斜肌：位于腹外斜肌的深面，大部分肌束向前至腹直肌外侧缘处移行为腱膜，分前、后两层包裹腹直肌，参与构成腹直肌鞘的前层及后层（图4-41）。

（4）腹横肌：位于腹内斜肌的深面，肌束横行向前内侧至腹直肌外侧缘处移行为腱膜，参与构成腹直肌鞘的后层或前层。

腹肌前外侧群具有保护和支持腹腔器官的作用，收缩时增加腹压，协助排便、分娩、呕吐及咳嗽，还能使脊柱前屈、侧屈和旋转。

2. 后群　腹肌后群由腰方肌和腰大肌（见髋肌）组成（图4-39）。**腰方肌**位于腹后壁、腰大肌的外侧，收缩时可下降第12肋并使脊柱侧屈（图4-45）。

3. 腹肌的相关结构

（1）腹直肌鞘：由腹前外侧壁3块扁肌的腱膜包裹腹直肌形成的纤维性鞘（图4-40、图4-41），其前层由腹外斜肌腱膜与腹内斜肌腱膜的前层愈合而成，后层由腹内斜肌腱膜的后层与腹横肌腱膜愈合而成。在脐下4～5cm处，鞘的后层缺如，腹直肌后面直接与腹横筋膜相贴。

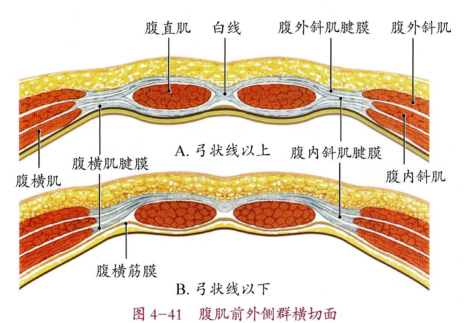

图4-41　腹肌前外侧群横切面

（2）白线：位于腹前壁正中线上，是由两侧腹直肌鞘的纤维彼此交织形成的腱性结构（图4-41）。白线中点处有脐环，是腹壁的薄弱点，若腹腔内容物由此膨出，则形成脐疝。

（3）腹股沟管：是位于腹股沟韧带内侧半上方约1.5cm处、由腹前外侧壁3块扁肌与筋膜间形成的一条斜行裂隙，长4～5cm，男性有精索、女性有子宫圆韧带通过。腹股沟管有两个口和4个壁。内口为腹股沟管深（腹）环，位于腹股沟韧带中点上方约1.5cm处，为腹横筋膜向外突形成的卵圆形孔；外口即腹股沟管浅（皮下）环，为腹外斜肌腱膜在耻骨结节外上方形成的三角形裂孔，精索或子宫圆韧带由此穿出（图4-40）。4个壁分别为前壁、后壁、上壁和下壁。腹股沟管是腹壁下部的薄弱区，是腹股沟斜疝的好发部位。

（4）腹股沟三角：又称**海氏三角**，位于腹前壁下部，是由腹直肌外侧缘、腹股沟韧带和腹壁下动脉围成的三角形区域。此区为腹壁下部的薄弱处，易发生腹股沟直疝。

（五）会阴肌

会阴肌是指封闭小骨盆下口诸肌的总称，主要有肛提肌、尾骨肌、肛门外括约肌、会阴浅横肌、会阴深横肌和尿道括约肌等。

五、四 肢 肌

（一）上肢肌

上肢肌按部位分为上肢带肌、臂肌、前臂肌和手肌。

1. 上肢带肌　上肢带肌配布于肩关节周围，均起自上肢带骨，止于肱骨，包括三角肌、冈上肌、冈下肌、小圆肌、大圆肌和肩胛下肌（图4-42），具有运动肩关节并增强其稳固性的作用。**三角肌**（deltoid）位于肩部外侧，呈三角形覆盖肱骨上端，形成肩部圆隆的外形（图4-31）。起自锁骨的外侧1/3、肩峰和肩胛冈，肌束从前面、外侧面、后面包绕肩关节，并向外下方止于肱骨的三角肌粗隆（图4-43）。三角形的主要作用是使肩关节外展。

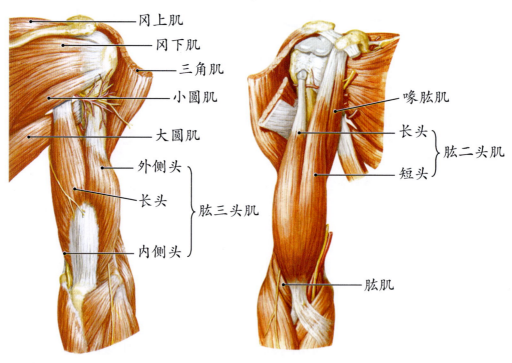

图4-42　肩肌和臂肌

2. 臂肌　臂肌覆盖肱骨，分为前、后两群。前群包括浅层的肱二头肌及深层的喙肱肌和肱肌；后群为肱三头肌（图4-42）。**肱二头肌**呈梭形，起端有两个头，长头以长腱起自肩胛骨关节盂的上方，通过肩关节囊，经结节间沟下行；短头起自肩胛骨的喙突。两头在臂中部合成一肌腹,向下移行为肌腱,经肘关节的前方止于桡骨粗隆,主要作用是屈肘关节,当前臂处于旋前位时能使前臂旋后。**肱三头肌**起端有 3 个头,长头起自肩胛骨关节盂的下方,外侧头与内侧头分别起自桡神经沟外上方和内下方的骨面,3 个头向下会合,以一扁腱止于尺骨鹰嘴,主要作用是伸肘关节。

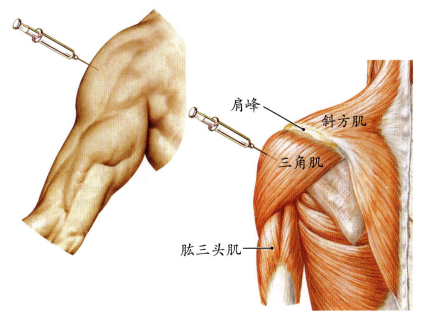

图 4-43　三角肌及注射

3. 前臂肌　前臂肌位于尺、桡骨的周围,共 19 块,分为前、后两群。前群主要是屈肌和旋前肌,后群主要是伸肌和旋后肌,肌的名称与肌的作用基本一致。

（1）前群:位于前臂的前面和内侧面,共 9 块,分深、浅两层（图 4-44）。浅层的 6 块由桡侧向尺侧依次为肱桡肌、旋前圆肌、桡侧腕屈肌、掌长肌、指浅屈肌和尺侧腕屈肌;深层的 3 块为拇长屈肌、指深屈肌和旋前方肌。使前臂旋前的肌是旋前圆肌和旋前方肌。当用力半握拳并屈腕时,在腕掌侧中份上方可见掌长肌腱。正中神经位于其桡侧,掌长肌腱是正中神经浸润麻醉的进针标志。

（2）后群:位于前臂的后面,共 10 块,分为浅、深两层（图 4-44）。浅层的 5 块由桡侧向尺侧依次为桡侧腕长伸肌、桡侧腕短伸肌、指伸肌、小指伸肌和尺侧腕伸肌;深层的 5 块自上而下,由桡侧向尺侧依次为旋后肌、拇长展肌、拇短伸肌、拇长伸肌和示指伸肌。使前臂旋后的肌是旋后肌和肱二头肌。

4. 手肌　手肌位于手的掌侧面,分为 3 群（图 4-44）。外侧群在手掌拇指侧形成一丰满的隆起,称为**鱼际**,有 4 块肌,浅层外侧为拇短展肌,内侧为拇短屈肌;深层外侧为拇对掌肌,内侧为拇收肌。各肌分别使拇指作外展、屈、对掌和内收等运动。内侧群在手掌小指侧形成一隆起,称为**小鱼际**,可使小指作外展、屈和对掌等运动。中间群位于掌心及各掌骨之间,运动第 2~5 指。

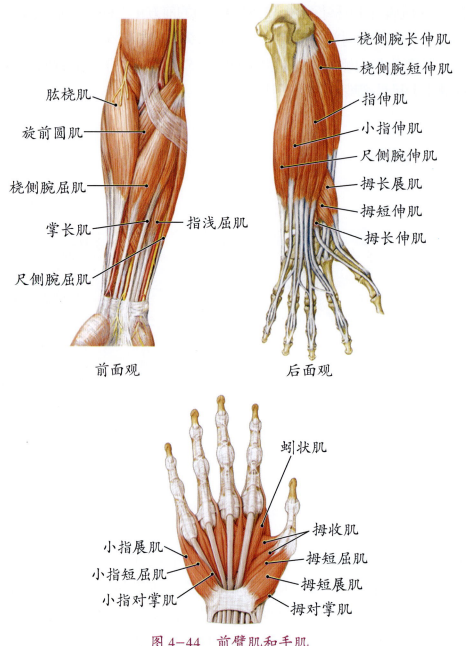

肱桡肌

旋前圆肌

桡侧腕屈肌

掌长肌

尺侧腕屈肌

指浅屈肌

桡侧腕长伸肌

桡侧腕短伸肌

指伸肌

小指伸肌

尺侧腕伸肌

拇长展肌

拇短伸肌

拇长伸肌

前面观

后面观

蚓状肌

小指展肌

小指短屈肌

小指对掌肌

拇收肌

拇短屈肌

拇短展肌

拇对掌肌

图 4-44　前臂肌和手肌

5. 上肢的局部结构

（1）腋窝：是位于臂上部内侧与胸外侧壁之间的锥体形腔隙。腋窝内除了有分布于上肢的血管和神经通过外，还有大量的脂肪组织及淋巴结、淋巴管等。腋窝是临床最常采用的测量体温的部位。

（2）肘窝：是位于肘关节前面的倒三角形凹窝。上界为肱骨内、外上髁之间的连线，下外侧界为肱桡肌，下内侧界为旋前圆肌（图 4-44）。肘窝内的主要结构由桡侧向尺侧依次有肱二头肌腱、肱动脉及其分支和正中神经。

（二）下肢肌

下肢肌按部位分为髋肌、大腿肌、小腿肌和足肌。

1. 髋肌　髋肌配布于髋关节周围,主要起自骨盆的内面和外面,止于股骨上部,主要运动髋关节。按其所在部位分为前、后两群。

（1）前群:主要为**髂腰肌**,由腰大肌和髂肌组成(图4-45)。**腰大肌**位于脊柱腰部两侧,起自腰椎体侧面和横突;**髂肌**位于腰大肌的外侧,起自髂窝。两肌向下会合后,经腹股沟韧带深面止于股骨小转子。收缩时可使髋关节前屈和旋外。当下肢固定时,可使躯干前屈,如仰卧起坐。

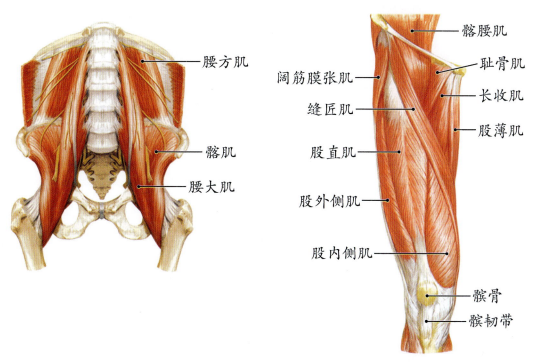

图4-45　髋肌前群和大腿肌前群、内侧群

（2）后群:主要位于臀部,故又称臀肌。浅层为臀大肌、中层自上而下为臀中肌和梨状肌等、深层为臀小肌等(图4-46)。**臀大肌**(gluteus maximus)位于臀部皮下,大而肥厚(1～3cm),与皮下脂肪共同形成臀部特有的膨隆外形。起自髂骨外面和骶骨背面,肌束斜向外下方,止于股骨的臀肌粗隆等,收缩时可使髋关节后伸和旋外。**臀中肌**位于臀部外上方,前上部位于皮下,后下部在臀大肌的深面,为臀大肌上缘与髂嵴之间的隆起部分。**臀小肌**位于臀中肌的深面,臀中肌与臀小肌的总厚度成人约为2.5cm,学龄前儿童约为1.5cm,两肌共同收缩可使髋关节外展。**梨状肌**位于臀中肌的下方,收缩可使髋关节外展和旋外。

2. 大腿肌　大腿肌位于股骨周围,共10块,分为前群、后群和内侧群。

（1）前群:为缝匠肌和股四头肌(图4-45)。**缝匠肌**呈扁带状,起自髂前上棘,经大腿前面斜向内下,止于胫骨上端的内侧面,收缩时可屈髋关节和膝关节。**股四头肌**(quadriceps femoris)是全身体积最大的肌,有**股直肌**、**股内侧肌**、**股外侧肌**和**股中间肌**4个头,4个头向下形成肌腱包绕髌骨的前面和两侧,向下延续为**髌韧带**,止于胫骨粗隆。

股四头肌可伸膝关节，股直肌还可屈髋关节。半屈膝时髌韧带最为明显，是临床上检查膝反射的叩击部位。

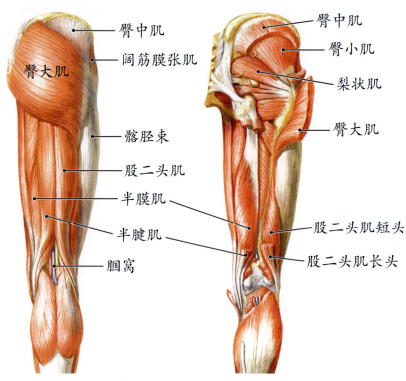

图 4-46　髋肌后群和大腿肌后群

 知识拓展

肌内注射部位的选择

肌内注射是将一定量无菌药液注入肌肉组织的方法。选择注射用的部位，必须具备操作方便、位置表浅、肌肉丰满且远离大血管和神经等。最常用的注射部位是臀大肌，其次为臀中肌与臀小肌、股外侧肌和三角肌。臀大肌注射常采用十字法定位，即从臀裂顶点向左或右划一条水平线，再从髂嵴最高点向下作一条垂线，两线十字交叉将臀部分为 4 个象限，其外上 1/4 象限避开内下角即为注射部位，注射针穿过皮肤、浅筋膜、深筋膜至臀大肌。

2 岁以下的婴幼儿因臀大肌发育不好，故不宜作臀大肌注射，一般选用臀中肌、臀小肌注射。股外侧肌只适用于因各种原因无法作臀大肌和三角肌注射的患者。三角肌虽然注射方便，但因肌肉较薄，故只限于作小剂量注射，注射部位在臂外侧、肩峰下 2～3 横指处（图 4-43），注射针穿过皮肤、浅筋膜、深筋膜至三角肌。

（2）内侧群：位于大腿的内侧，有 5 块，浅层由外上向内下依次为**耻骨肌**、**长收肌**和**股薄肌**，深层为**短收肌**和**大收肌**（图 4-45）。内侧群肌的主要作用是使髋关节内收。

（3）后群：位于大腿的后面，包括位于外侧的**股二头肌**和内侧的**半腱肌**、**半膜肌**，其主要作用是屈膝关节和伸髋关节（图4-46）。

3. 小腿肌　小腿肌位于胫、腓骨的周围，分为前群、外侧群和后群（图4-47）。

（1）前群：位于小腿前外侧，由胫侧向腓侧依次为**胫骨前肌**、**踇长伸肌**和**趾长伸肌**，收缩时可伸踝关节（背屈）和伸趾。

（2）外侧群：位于腓骨的外侧，包括浅层的**腓骨长肌**和深层的**腓骨短肌**，收缩时可屈踝关节（跖屈）和使足外翻。

（3）后群：位于小腿的后面，浅层为强大的小腿三头肌，深层由胫侧向腓侧依次为**趾长屈肌**、**胫骨后肌**和**踇长屈肌**，收缩时可屈踝关节和屈趾。**小腿三头肌**由浅层的**腓肠肌**和深层的**比目鱼肌**组成，在小腿上部形成膨隆的"小腿肚"。腓肠肌的内、外侧头分别起自股骨内、外侧髁的后面，比目鱼肌起自胫、腓骨后面的上部，3头会合后向下移行为粗大而强劲的**跟腱**（tendo calcaneus），止于跟骨结节。收缩时可上提足跟使足跖屈；站立时能固定膝关节和踝关节，防止身体前倾，维持人体的直立姿势。在踝部后面可触及跟腱，是临床上检查跟腱反射的叩击部位。

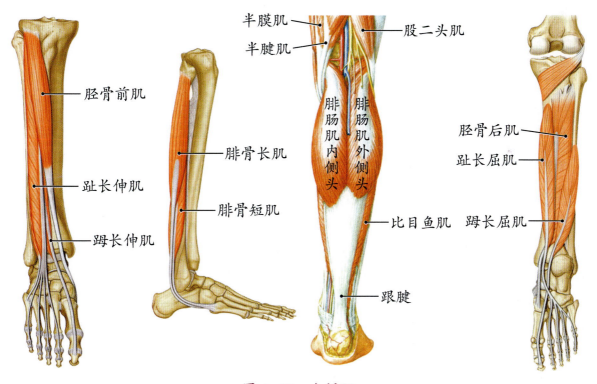

图4-47　小腿肌

4. 足肌　足肌分为足背肌和足底肌，主要起着运动足趾和维持足弓的作用。

5. 下肢的局部结构

（1）股三角：位于股前内侧上部，呈一底向上、尖向下的倒三角形凹陷。上界为腹股沟韧带，外下界为缝匠肌内侧缘，内下界为长收肌内侧缘（图4-45）。股三角内的结构由外侧向内侧依次为股神经、股动脉、股静脉及股深淋巴结和脂肪等。

（2）腘窝：是位于膝关节后方的菱形凹陷（图4-46）。上外侧界为股二头肌，上内侧界为半腱肌和半膜肌，下外侧界和下内侧界分别为腓肠肌的外侧头和内侧头。腘窝内的结构由浅入深依次为胫神经、腘静脉和腘动脉，其外上界还有腓总神经，血管周围还有脂肪和淋巴结等。

本章小结

本章的学习重点是运动系统的组成、全身重要骨性标志及其临床意义、临床上常用肌内注射部位。学习难点为颅的整体观、腹股沟管的结构。在学习过程中注意结合上、下肢功能的灵活性和稳定性来理解上下肢骨、关节和肌肉的形态结构特点，体会关节的运动形式与3种轴的关系，区别不同卧位易受压的骨性突起，理解"骨肉相连"的含义，注重从胸锁乳突肌、三角肌、肱二头肌、臀大肌、股四头肌等肌的起止点理解其作用，重视在活体上触摸常用骨性标志，提高运用运动系统知识分析、解决问题的能力。

（瞿学烨　谢玮铭）

思考与练习

1. 说出全身骨的名称和数目。
2. 在活体上，能摸到哪些重要的骨性标志？
3. 简述膝关节的组成、结构特点及运动形式。
4. 肌内注射时通常选择哪些部位进行注射？为什么？
5. 临床上行腰椎穿刺时，由浅入深依次穿经哪些结构才能到达椎管内？

第五章 | 消 化 系 统

05章 数字内容

学习目标

1. 具有应用消化系统理论知识分析、解释生活现象和临床问题的能力。
2. 掌握消化系统的组成；上、下消化道的概念；咽的分部及交通；咽峡的构成；食管的3处狭窄；胃的形态、位置和分部；小肠和大肠的分部；肝的形态和位置；阑尾根部和胆囊底的体表投影。
3. 熟悉牙的种类和排列；盲肠和结肠的特征性结构；肛管的黏膜结构；胰的位置及分部。
4. 了解口腔的分部及境界；大唾液腺的位置及腺管开口部位；胃、小肠、肝和胰的微细结构。
5. 学会在活体上画出胸部的标志线；确认唇红、口角、人中、咽峡、中切牙、舌尖、舌系带、舌下阜和舌下襞；指出阑尾根部和胆囊底的体表投影位置。

 导学

　　人体在生命活动过程中，不仅要通过呼吸从外界获得足够的氧，还必须不断地通过消化系统从外界摄取各种营养物质，以满足组织细胞更新与完成各种生命活动的物质和能量需要。那么，消化系统是由哪些器官组成的？各器官之间有何联系？各器官的形态结构有何特点？"肝胆相照"中的肝与胆有着怎样的联系？让我们带着这些神奇而有趣的问题一起来探究消化系统的奥秘。

第一节 概　　述

一、消化系统的组成

消化系统（alimentary system）由消化管和消化腺两部分组成（图5-1）。**消化管**又称消化道，是指从口腔至肛门的一条形态各异的连续性管道，依次为口腔、咽、食管、胃、小肠（十二指肠、空肠和回肠）和大肠（盲肠、阑尾、结肠、直肠和肛管）。临床上将从口腔至十二指肠的消化管称为**上消化道**，空肠及空肠以下的消化管称为**下消化道**。**消化腺**包括存在于消化管壁内的小消化腺和位于消化管壁之外独立存在的大消化腺。小消化腺有食管腺、胃腺和肠腺等，大消化腺包括大唾液腺、肝和胰。

消化系统的主要功能是摄取食物并进行物理性和化学性消化，吸收其中的营养物质，排出食物残渣。

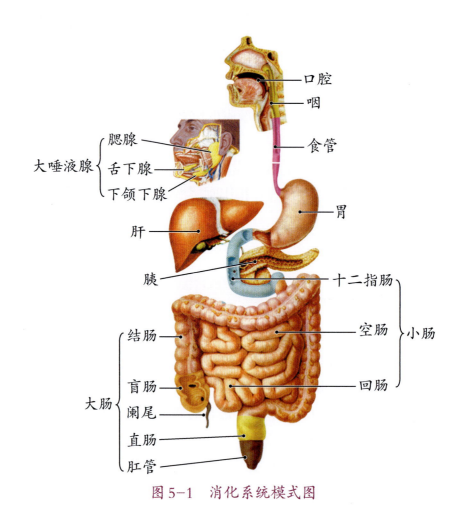

图5-1　消化系统模式图

二、消化管壁的一般结构

除口腔与咽外，消化管壁由内向外分为黏膜、黏膜下层、肌层和外膜4层(图5-2)。

1. 黏膜　黏膜由上皮、固有层和黏膜肌层组成，是消化管各段结构差异最大的部分。①上皮，衬在消化管的腔面，在口腔、咽、食管及肛门处为复层扁平上皮，以保护功能为主；其余部分为单层柱状上皮，以消化吸收功能为主；②固有层，为疏松结缔组织，胃、肠固有层内富含腺体和淋巴组织；③黏膜肌层，为薄层平滑肌，其收缩可促进固有层内腺体分泌物的排出和血液运行，有助于食物的消化和营养物质的吸收。

2. 黏膜下层　黏膜下层为富含血管和淋巴管的较致密的结缔组织。在食管及十二指肠的黏膜下层内分别有食管腺和十二指肠腺。在食管、胃、小肠和大肠，黏膜与黏膜下层共同向管腔面突起形成**皱襞**，具有扩大黏膜表面积的作用。

3. 肌层　除了口腔、咽、食管上段和肛门处肌层为骨骼肌外，其余大部分为平滑肌。肌层一般分为内环行、外纵行两层，两层之间有肌间神经丛，可调节肌层的运动。

4. 外膜　外膜位于消化管壁的最外层，咽、食管和直肠下段的外膜为疏松结缔组织构成的**纤维膜**，与周围的组织相连；胃、大部分小肠和大肠的外膜为浆膜。**浆膜**由薄层结缔组织及表面覆盖的间皮共同构成。浆膜表面光滑，可减少器官运动时的摩擦。

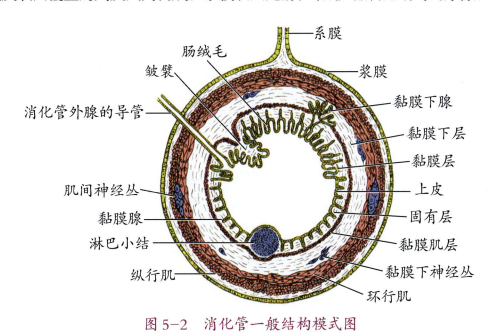

图5-2　消化管一般结构模式图

三、胸部的标志线和腹部的分区

为了便于确定和描述胸、腹腔内各器官的位置及其体表投影，通常在胸、腹部体表确定一些标志线，并将腹部分成若干区域，对临床检查和诊断具有重要意义(图5-3)。

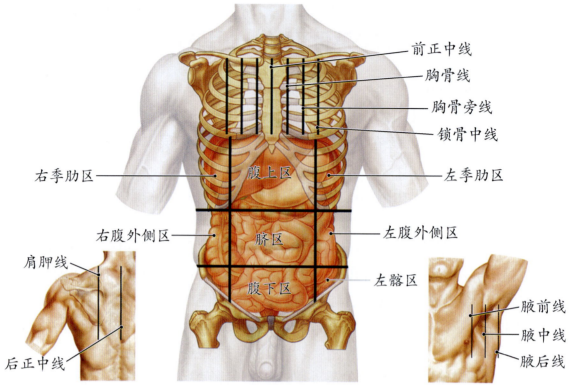

图 5-3 胸部标志线与腹部分区

1. 胸部的标志线 ①**前正中线**,指沿身体前面正中所作的垂直线;②**胸骨线**,指沿胸骨最宽处的外侧缘所作的垂直线;③**锁骨中线**,指经锁骨中点所作的垂直线;④**胸骨旁线**,指经胸骨线与锁骨中线之间连线的中点所作的垂直线;⑤**腋前线**,指沿腋前襞向下所作的垂直线;⑥**腋后线**,指沿腋后襞向下所作的垂直线;⑦**腋中线**,指经腋前线与腋后线之间连线的中点所作的垂直线;⑧**肩胛线**,指经肩胛骨下角所作的垂直线;⑨**后正中线**,指沿身体后面正中即沿各椎骨棘突所作的垂直线。

2. 腹部的分区 通常采用 9 区分法,即通过两侧肋弓最低点(第 10 肋最低点)所作的肋下平面和通过两侧髂结节所作的结节间平面将腹部分为上腹部、中腹部和下腹部,再由经两侧腹股沟韧带中点所作的两个矢状面,将腹部分为 9 个区域:上腹部的腹上区和左、右季肋区,中腹部的脐区和左、右腹外侧(腰)区,下腹部的腹下(耻)区和左、右髂(腹股沟)区(图 5-3)。临床上常用较为简单的 4 区分法,即通过脐各作一个水平面和矢状面,将腹部分为左上腹、右上腹、左下腹和右下腹 4 个区。

第二节 消 化 管

 案例分析

患者,男性,42 岁。既往有胃溃疡病史 6 年,今晚饮酒后突发上腹部持续刀割样剧痛,迅速波及到全腹,伴恶心、呕吐而急诊入院。查体:急性痛苦面容。腹部平坦,全腹压痛、反跳痛，腹肌紧张呈"板状"，叩诊肝浊音界缩小，听诊肠鸣音消失。X 线显示膈下有少量游离气体。临床诊断：急性胃穿孔。

请思考：

1. 临床上胃的触诊部位在何处？

2. 胃溃疡或胃癌最有可能发生在何处？

3. 胃通常分为哪几部分？萎缩性胃炎患者为何会引起内因子缺乏？

一、口　　腔

口腔（oral cavity）是消化管的起始部，其前壁为上、下唇，侧壁为颊，上壁为腭，下壁为口腔底。口腔向前经口裂通向外界，向后经咽峡与咽相通。口腔借上、下牙弓和牙龈分为前外侧部的**口腔前庭**和后内侧部的**固有口腔**。当上、下颌牙咬合时，二者之间经第 3 磨牙后方的间隙相交通。临床上，可通过此间隙对牙关紧闭的患者注入营养物质或药物。

（一）口唇

口唇（oral lips）分为上唇和下唇，上唇与下唇之间的裂隙称为**口裂**，口裂两侧的上、下唇结合处为**口角**。上唇两侧与颊部交界处的弧形浅沟称为**鼻唇沟**。在上唇外面正中线上有一纵行浅沟，称为**人中**，其中、上 1/3 交界处为人中穴，晕厥患者急救时常在此处进行指压或针刺。口唇的游离缘是皮肤与黏膜的移行部，内含丰富的毛细血管，色泽红润，故称为**唇红**。当缺氧时则呈绛紫色，临床上称为发绀。

（二）颊

颊（cheek）构成口腔的两侧壁，由皮肤、颊肌、颊脂体和黏膜构成。在上颌第 2 磨牙牙冠相对的颊黏膜处有腮腺管的开口。

（三）腭

腭（palate）构成口腔的上壁，分隔鼻腔与口腔。前 2/3 由骨腭被覆黏膜构成，称为**硬腭**，后 1/3 主要由骨骼肌和黏膜构成，称为**软腭**。软腭后部斜向后下方，称为**腭帆**。腭帆后缘游离，中部有一垂向下方的乳头状突起，称为**腭垂**或**悬雍垂**。自腭帆两侧向外下方各分出两条弓形黏膜皱襞，前方的一对向下延伸至舌根的外侧，称为**腭舌弓**；后方的一对向下延伸至咽侧壁，称为**腭咽弓**。两弓间的三角形隐窝称为**扁桃体窝**，窝内容纳腭扁桃体。腭垂、腭帆游离缘、两侧的腭舌弓及舌根共同围成**咽峡**，为口腔与咽的分界处（图 5-4）。

（四）牙

牙（teeth）是人体内最坚硬的器官，嵌于上、下颌骨的牙槽内，具有咀嚼食物和协助发音等作用。

1. 牙的种类和排列　人的一生中先后萌出两组牙。第 1 组为**乳牙**，一般在出生后 6 个月开始萌出，至 2~2.5 岁出齐，共 20 个，上、下颌的左半和右半各 5 个，依次为乳切牙

2 个、乳尖牙 1 个、乳磨牙 2 个（图 5-5）。第 2 组为**恒牙**，6 岁左右乳牙开始逐渐脱落，第 1 磨牙首先长出，大部分恒牙在 14 岁左右出齐。唯有第 3 磨牙萌出最迟，故又称为**迟牙**或**智牙**，第 3 磨牙终生不萌出者约占 30%。恒牙全部出齐共 32 个，上、下颌的左半和右半各 8 个，依次为切牙 2 个、尖牙 1 个、前磨牙 2 个、磨牙 3 个（图 5-6）。切牙主要用以咬切食物，尖牙可撕扯食物，磨牙和前磨牙则有研磨和粉碎食物的功能。

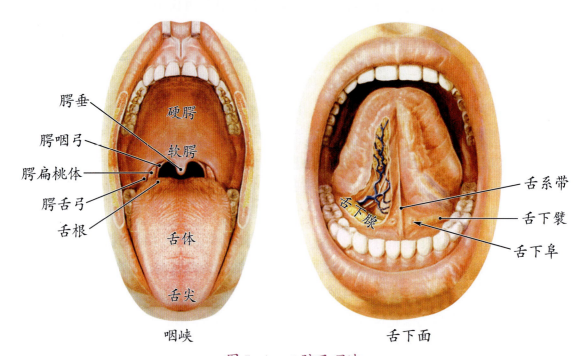

腭垂
腭咽弓
腭扁桃体
腭舌弓
舌根

硬腭
软腭

舌体
舌尖

咽峡

舌系带
舌下襞
舌下阜

舌下腺

舌下面

图 5-4　口腔及咽峡

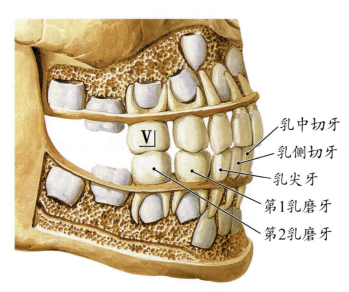

乳中切牙
乳侧切牙
乳尖牙
第 1 乳磨牙
第 2 乳磨牙

图 5-5　乳牙的名称及符号

　　临床上，为了迅速、准确而简便地记录牙的位置，常以被检查者的解剖方位为准，以"十"记号划分成上、下颌及左、右 4 个区，由正中线向两侧，按序号代表各牙。目前临床上最常用的是部位记录法，并以罗马数字 I～V 表示乳牙（图 5-5），用阿拉伯数字 1～8 表示恒牙（图 5-6），如"V̄"表示左下颌第 2 乳磨牙，"6̱"表示右上颌第 1 磨牙。

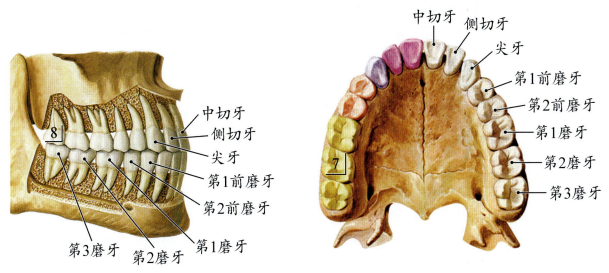

图 5-6　恒牙的名称及符号

2. 牙的形态　每个牙均可分为暴露于口腔内的**牙冠**、嵌入牙槽骨内的**牙根**和介于二者之间的**牙颈** 3 部分（图 5-7），牙颈通常被牙龈所包绕。牙内的空腔称为**牙腔**或髓腔，开口于牙根尖端的**根尖孔**，牙的血管和神经通过该孔进入牙腔。

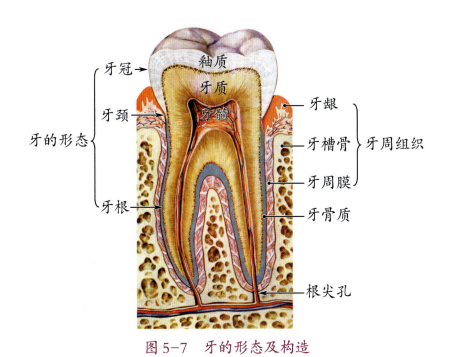

图 5-7　牙的形态及构造

3. 牙的构造　牙由牙质、釉质、牙骨质和牙髓构成（图 5-7）。**牙质**构成牙的主体，在牙冠部的牙质外面覆有色白而光滑的**釉质**，是人体内最坚硬的组织。在牙颈及牙根的牙质外面包有**牙骨质**。**牙髓**位于牙腔内，由疏松结缔组织、血管和神经共同构成。由于牙髓内含丰富的感觉神经末梢,故牙髓发炎时,常引起剧烈的疼痛。

4. 牙周组织　牙周组织包括牙周膜、牙槽骨和牙龈3部分(图5-7),对牙起固定、保护和支持作用。**牙周膜**是介于牙根与牙槽骨之间的致密结缔组织,有固定牙根和缓冲咀嚼时所产生的压力之作用。**牙龈**是口腔黏膜的一部分,紧贴于牙颈周围及邻近的牙槽骨上,血管丰富,呈淡红色,坚韧而有弹性。

（五）舌

舌(tongue)位于口腔底,为一运动灵活的肌性器官,由骨骼肌被覆黏膜而构成,具有协助咀嚼、吞咽食物、感受味觉和辅助发音等功能(图5-4)。

1. 舌的形态　舌在舌背以向前开放的 V 形界沟分为前 2/3 的**舌体**和后 1/3 的**舌根**两部分。舌体为舌可活动的游离部分,其前端为**舌尖**(图5-8)。

2. 舌黏膜　舌体背面的黏膜呈淡红色,表面的许多小突起统称为**舌乳头**。按其形态分为丝状乳头、菌状乳头、轮廓乳头和叶状乳头 4 种(图5-8)。丝状乳头数量最多,呈白色丝绒状,遍布于舌背的前 2/3,具有一般感觉的功能。菌状乳头、轮廓乳头、叶状乳头等处的上皮中含有味觉感受器即味蕾,能感受酸、甜、苦、咸等味觉功能。在舌根背面的黏膜内,有许多由淋巴组织构成的大小不等的突起,称为**舌扁桃体**。

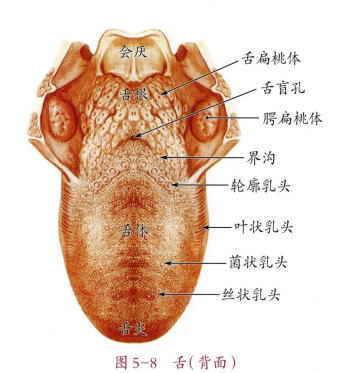

图5-8　舌(背面)

舌下面的正中线上有一条连于口腔底前部的纵行黏膜皱襞,称为**舌系带**(图5-4)。舌系带根部两侧各有一小圆形黏膜隆起,称为**舌下阜**。由舌下阜向后外侧延续的带状黏膜皱襞称为**舌下襞**。口腔底部的上皮菲薄,通透性高,有利于某些药物的吸收,如治疗心绞痛的硝酸甘油即可在舌下含化。

3. 舌肌　舌肌为骨骼肌,分为舌内肌和舌外肌。舌内肌构成舌的主体,肌束呈纵、横、垂直3个方向排列,收缩时可改变舌的形态(图5-9)。舌外肌起自舌外,止于舌内,收缩时可改变舌的位置。其中以**颏舌肌**在临床上较为重要,两侧颏舌肌同时收缩,拉舌向前下方,即伸舌。若一侧颏舌肌瘫痪,伸舌时,舌尖偏向瘫痪侧。

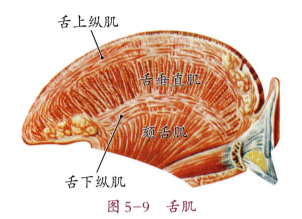

图5-9 舌肌

(六)唾液腺

唾液腺(salivary gland)分泌的唾液具有清洁、湿润口腔黏膜和分解淀粉等作用。唾液腺有大、小之分。小唾液腺数量众多,位于口腔各部的黏膜内,如唇腺、颊腺、腭腺和舌腺等。大唾液腺包括腮腺、下颌下腺和舌下腺3对(图5-10)。

1. 腮腺 腮腺是最大的一对唾液腺,呈不规则的三角形,位于耳郭前下方、下颌支与胸锁乳突肌之间的下颌后窝内。从腮腺前缘发出的腮腺管,在颧弓下方一横指处沿咬肌表面前行,至咬肌前缘处转向内穿过颊肌,开口于上颌第2磨牙牙冠平对的颊黏膜上。

2. 下颌下腺 下颌下腺位于下颌体的内面,其导管开口于舌下阜。

3. 舌下腺 舌下腺位于口腔底舌下襞的深面,其导管开口于舌下襞和舌下阜。

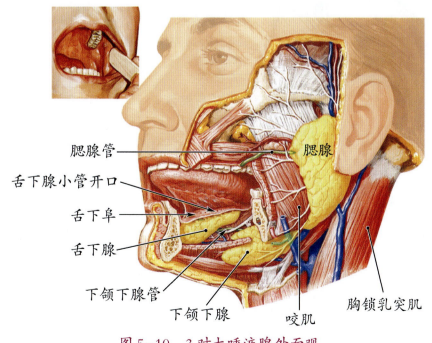

图5-10 3对大唾液腺外面观

二、咽

（一）咽的位置和形态

咽（pharynx）位于第 1~6 颈椎体的前方，为一前后略扁的漏斗状肌性管道，上起颅底，下至第 6 颈椎体下缘平面续于食管，长约 12cm。咽的前壁不完整，自上而下分别与鼻腔、口腔和喉腔相交通（图 5-11）。

（二）咽的分部

咽以腭帆游离缘和会厌上缘平面为界分为鼻咽、口咽和喉咽 3 部分（图 5-11），其中口咽和喉咽是消化道与呼吸道的共同通道。

1. 鼻咽　鼻咽位于鼻腔后方，介于颅底与腭帆游离缘平面之间，向前经鼻后孔通鼻腔。上壁后部黏膜内有丰富的淋巴组织称为**咽扁桃体**。在鼻咽部的两侧壁上，距下鼻甲后方约 1cm 处各有一**咽鼓管咽口**，咽腔经此口通过咽鼓管与中耳的鼓室相通。咽鼓管咽口前、上、后方的弧形隆起称为**咽鼓管圆枕**，是寻找咽鼓管咽口的标志。咽鼓管圆枕后方与咽后壁之间的纵行凹陷称为**咽隐窝**，是鼻咽癌的好发部位。

2. 口咽　口咽介于腭帆游离缘与会厌上缘平面之间，上续鼻咽，下通喉咽，向前经咽峡与口腔相通。口咽侧壁上可见扁椭圆形的**腭扁桃体**。咽扁桃体、腭扁桃体和舌扁桃体等共同围成**咽淋巴环**，对呼吸道和消化道具有防御与保护作用。

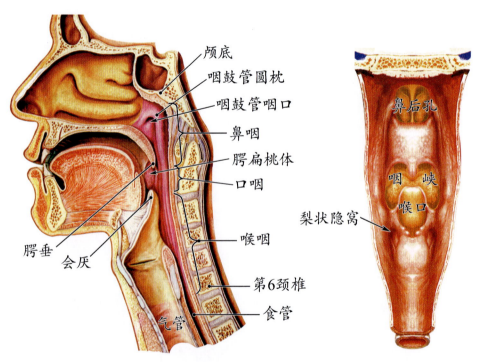

图 5-11　咽腔正中矢状切面和咽的后面观

3. 喉咽　喉咽位于会厌上缘与第6颈椎体下缘平面之间,向下与食管相续,向前经喉口与喉腔相通。在喉口的两侧各有一处深窝,称为**梨状隐窝**,常为异物(如鱼刺)易滞留之处。

三、食　管

1. 食管的位置和分部　**食管**(esophagus)为一前后略扁的肌性管道,上端在第6颈椎体下缘平面与咽相接,下行经胸廓上口入胸腔,穿膈的食管裂孔进入腹腔,下端约在第11胸椎体左侧与胃的贲门相连接,全长约25cm。按其行程可分为颈部、胸部和腹部3部(图5-12)。颈部长约5cm,介于第6颈椎体下缘与胸骨颈静脉切迹平面之间,前方与气管后壁相贴;胸部最长,长18~20cm,介于胸骨颈静脉切迹平面至膈的食管裂孔之间,前方自上而下依次与气管、左主支气管和心包相毗邻;腹部最短,仅1~2cm,自食管裂孔至胃的贲门。

2. 食管的狭窄部　食管最重要的特点是全长有3处生理性狭窄(图5-12):第1狭窄位于食管的起始处,距中切牙约15cm;第2狭窄位于食管与其前方的左主支气管交叉处,距中切牙约25cm;第3狭窄为食管穿膈的食管裂孔处,距中切牙约40cm。各狭窄处常是食管异物滞留或食管癌的好发部位。临床上进行食管插管时,需嘱咐受检者做吞咽动作,并要注意3处狭窄的位置,以免伤及狭窄处的黏膜。

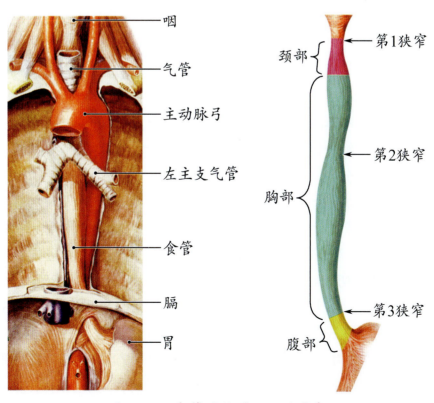

图5-12　食管的位置及三处狭窄

3. 食管壁的微细结构特点　食管腔面有 7 ~ 11 条纵行皱襞,当食物通过时,管腔扩大,皱襞消失。食管黏膜的上皮为未角化的复层扁平上皮(图 5-13),具有保护作用。食管下端的复层扁平上皮与胃贲门部的单层柱状上皮骤然相接,是食管癌的易发部位。黏膜下层的疏松结缔组织内含有黏液性的食管腺,其分泌的黏液涂布于食管表面,利于食物通过。肌层分内环行与外纵行两层,上 1/3 段为骨骼肌,下 1/3 段为平滑肌,中 1/3 段则由骨骼肌和平滑肌混合组成。食管两端的内环行肌稍厚,分别形成食管上、下括约肌。外膜为纤维膜。

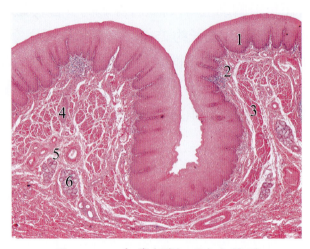

图 5-13　食管(横切面)光镜图

1. 上皮;2. 固有层;3. 黏膜肌层;4. 食管腺导管;
5. 黏膜下层;6. 食管腺腺泡。

四、胃

胃(stomach)是消化管中最膨大的部分,上连食管,下续十二指肠(图 5-1),成人胃容量约 1 500ml,具有容纳食物、分泌胃液和初步消化食物的功能。

(一)胃的形态和分部

胃的大小、形态和位置因其充盈程度、体型及体位不同而异。胃在完全空虚时呈管状,而高度充盈时可呈球囊状。胃分为前后两壁、大小两弯和出入两口(图 5-14)。胃前壁朝向前上方,后壁朝向后下方。**胃大弯**大部分凸向左下方;**胃小弯**凹向右上方,其最低点的明显转折处称为**角切迹**。胃的入口称**贲门**,与食管相续,距中切牙约 40cm;出口称**幽门**,与十二指肠相连。临床上行胃管插管时,插入胃管的长度为 45 ~ 55cm,即相当于从患者前发际点至剑突的长度或从鼻尖至耳垂再到剑突的长度。

胃通常分为贲门部、胃底、胃体和幽门部 4 部。贲门附近的部分为**贲门部**;贲门平面以上向左上方膨出的部分为**胃底**,临床上称**胃穹窿**;自胃底向下至角切迹处的中间大部分为**胃体**;胃体下界与幽门之间的部分为**幽门部**。在幽门部的大弯侧有一不甚明显的中间沟,将幽门部分为右侧的**幽门管**和左侧的**幽门窦**。幽门窦通常位于胃的最低部,胃溃疡和胃癌多发生于幽门窦近胃小弯处。

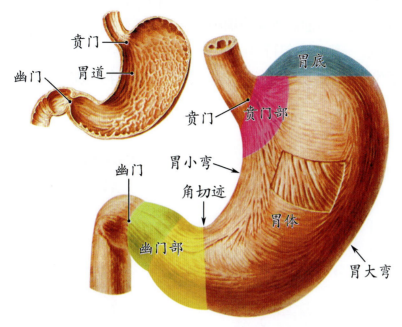

图 5-14　胃的形态和分部

（二）胃的位置与毗邻

胃在中等程度充盈时,大部分位于左季肋区,小部分位于腹上区(图 8-16)。胃前壁的右侧与肝左叶贴近,左侧与膈相邻,被左肋弓所掩盖,其中间部分位于剑突下方,直接与腹前壁相贴,为临床上胃的触诊部位。胃的后壁与胰、横结肠、左肾和左肾上腺相邻,胃底与膈和脾相邻。

（三）胃壁的微细结构特点

胃壁由黏膜、黏膜下层、肌层和浆膜构成(图 5-15),其结构特点主要体现在黏膜和肌层。

1. 黏膜　胃空虚时形成许多皱襞,充盈时变平坦。黏膜表面布满许多不规则形的小凹陷,称为**胃小凹**。每个胃小凹底部与3~5条腺体连通。在幽门处黏膜形成环形的皱襞称为**幽门瓣**。

（1）上皮:主要由呈单层柱状的**表面黏液细胞**组成。表面黏液细胞分泌的黏液覆盖于上皮表面,形成一层保护性的黏液膜,黏液膜与上皮细胞之间的紧密连接共同构成**胃黏膜屏障**,可防止高浓度盐酸与胃蛋白酶对黏膜的自身消化以及食物对上皮的磨损。

（2）固有层:内有排列紧密的大量管状胃腺,根据所在部位分为胃底腺、贲门腺和幽门腺(图 5-15)。贲门腺和幽门腺分别位于贲门部和幽门部的固有层内,能分泌黏液和溶菌酶。**胃底腺**又称泌酸腺,位于胃底和胃体固有层内,数量最多,功能最重要。胃底腺由主细胞、壁细胞、颈黏液细胞、干细胞和内分泌细胞组成。**主细胞**又称胃酶细胞,数量最多,细胞呈柱状,分泌**胃蛋白酶原**。**壁细胞**又称泌酸细胞,细胞体积大,能分泌**盐酸**和**内因子**。盐酸有杀菌和激活胃蛋白酶原的作用,内因子能促进回肠对维生素 B_{12} 的吸收。若内因子缺乏(如萎缩性胃炎或胃大部切除的患者),可因维生素 B_{12} 吸收障碍而影响红细胞生成,引起巨幼细胞贫血。**颈黏液细胞**分泌的酸性黏液对黏膜具有保护作用。

2. 肌层 较厚,一般由内斜行、中环行和外纵行 3 层平滑肌构成。环行肌在幽门处增厚形成**幽门括约肌**,有延缓胃内容物排空和防止肠内容物逆流至胃的作用。

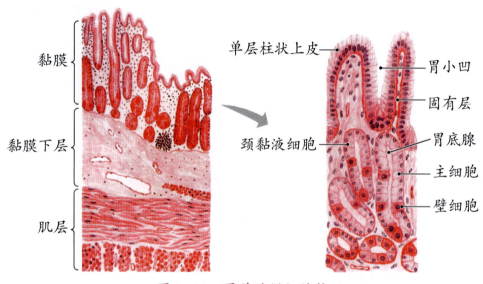

图 5-15 胃壁的微细结构

五、小　肠

小肠(small intestine)是消化管中最长的一段,成人长 5~7m,是消化和吸收营养物质的主要部位。小肠上起幽门,下接盲肠,分为十二指肠、空肠和回肠 3 部分(图 5-1)。

(一)十二指肠

十二指肠(duodenum)介于胃与空肠之间,长约 25cm,大部分紧贴腹后壁。十二指肠整体呈 C 形包绕胰头,可分为上部、降部、水平部和升部 4 部分(图 5-16)。上部接近幽门长约 2.5cm 的一段肠管,其管壁薄,管径大,黏膜面光滑无环状襞,临床上称此段为**十二指肠球**,是十二指肠溃疡及十二指肠穿孔的好发部位。降部沿第 1~3 腰椎体和胰头的右侧垂直下行,黏膜除有环状襞外,在其中份后内侧壁上有一条纵行皱襞,称为**十二指肠纵襞**,其下端的圆形隆起称为**十二指肠大乳头**,为肝胰壶腹的开口处,距中切牙约 75cm,是临床上寻找胆总管和胰管开口的标志。升部自水平部末端起始,斜向左上方至第 2 腰椎体左侧急转向前下移行为空肠。十二指肠与空肠转折处形成的弯曲称为**十二指肠空肠曲**,借十二指肠悬韧带(又称 Treitz 韧带)固定于腹后壁,**Treitz 韧带**是手术中确定空肠起始部的重要标志。

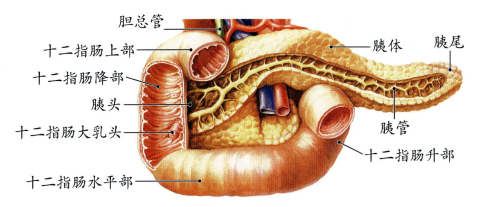

图 5-16　胰和十二指肠（前面观）

胆总管
十二指肠上部
十二指肠降部
胰头
十二指肠大乳头
十二指肠水平部
胰体
胰尾
胰管
十二指肠升部

（二）空肠与回肠

空肠（jejunum）始于十二指肠空肠曲，**回肠**（ileum）在右髂窝内接续盲肠，二者借肠系膜悬系于腹后壁，有较大的活动度。空肠与回肠之间无明显的解剖标志，通常将空、回肠全长的近侧 2/5 称为空肠（图 5-1），多位于左腰区和脐区，环状襞高而密（图 5-17）；远侧的 3/5 称为回肠，常位于脐区、右髂区和盆腔内，环状襞低而稀疏。

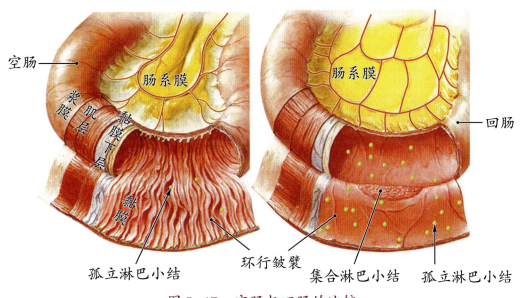

图 5-17　空肠与回肠的比较

空肠
肠系膜
浆膜
肌层
黏膜下层
黏膜
孤立淋巴小结
环行皱襞
肠系膜
回肠
集合淋巴小结
孤立淋巴小结

（三）小肠黏膜的微细结构特点

小肠黏膜的结构特点主要体现在两个方面：一是小肠腔面有许多环状襞和肠绒毛；二是固有层内含有大量的肠腺和丰富的淋巴组织。

1. 环状襞　环状襞是由黏膜和黏膜下层向肠腔面突起形成的皱襞，在十二指肠末段和空肠头段极发达（图 5-18），向下逐渐减少、变矮，至回肠中段以下基本消失。

2. 肠绒毛　肠绒毛是由上皮和固有层向肠腔内突起形成的许多细小突起（图 5-18），以十二指肠和空肠头段最发达。绒毛中轴的结缔组织内有 1～2 条以盲端起始的纵行毛细淋巴管，称为**中央乳糜管**（图 5-19），其周围有丰富的有孔毛细血管和散在的少量纵行平滑肌纤维,其收缩使肠绒毛变短,利于淋巴和血液运行。环状襞、肠绒毛和小肠吸收细胞游离面发达的微绒毛使小肠的吸收面积扩大了约600倍。

3. 肠腺　肠腺是上皮从绒毛根部陷入固有层内形成的管状腺(图5-18)。肠腺由吸收细胞、杯状细胞、帕内特细胞等组成。肠腺底部的**帕内特细胞**能分泌溶菌酶和防御素,溶菌酶有一定的灭菌作用。十二指肠腺位于黏膜下层内,分泌的碱性黏液可保护十二指肠黏膜免受胃酸的侵蚀。

4. 淋巴组织　小肠固有层内的淋巴组织丰富,是小肠重要的防御结构,在十二指肠和空肠多为**孤立淋巴小结**,在回肠则为众多淋巴小结聚集形成的**集合淋巴小结**(图5-18)。患肠伤寒时,细菌常侵入回肠的淋巴组织,引起局部溃疡,甚至肠穿孔。

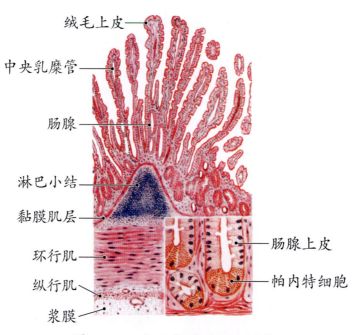

图 5-18　小肠黏膜的微细结构

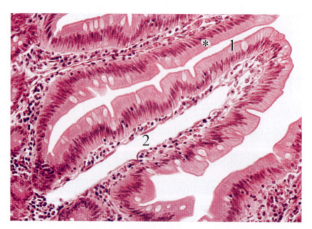

图 5-19　小肠绒毛光镜图

*杯状细胞;1.吸收细胞;2.中央乳糜管。

六、大　肠

大肠（large intestine）是消化管的下段，围绕在空、回肠的周围，全长约 1.5m，可分为盲肠、阑尾、结肠、直肠和肛管 5 部分（图 5-1、图 5-20）。大肠的主要功能是吸收水、无机盐和维生素，并将食物残渣形成粪便排出体外。

除阑尾、直肠和肛管外，盲肠和结肠具有结肠带、结肠袋和肠脂垂 3 种特征性结构（图 5-20）。①**结肠带**，由肠壁纵行肌增厚形成，沿肠的纵轴平行排列，3 条结肠带均汇集于阑尾根部；②**结肠袋**，是被横沟隔开向外膨出的囊袋状突起；③**肠脂垂**，是沿结肠带两侧分布的众多脂肪小突起。临床腹部手术时，鉴别结肠与小肠的主要依据是上述的 3 种特征性结构。

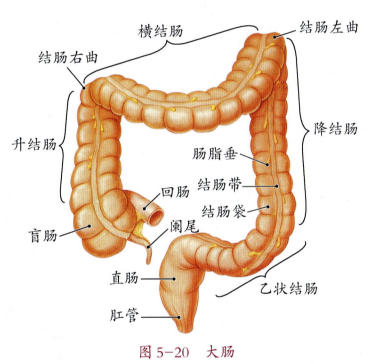

图 5-20　大肠

（一）盲肠

盲肠（caecum）是大肠的起始部，位于右髂窝内，长 6～8cm，其下端为盲端，上续升结肠，左侧与回肠末端相连接。回肠末端突向盲肠的回盲口处，由黏膜形成上、下两片半月形的皱襞，称为**回盲瓣**（图 5-21）。回盲瓣既可控制小肠内容物流入大肠的速度，使食物在小肠内充分消化吸收，又可防止盲肠内容物逆流回小肠。在回盲口下方约 2cm 处，有阑尾的开口。临床上常将回肠末端、盲肠和阑尾合称为**回盲部**。

（二）阑尾

阑尾（vermiform appendix）是连于盲肠后内侧壁的一条蚯蚓状盲管（图 5-21），多位于右髂窝内，长 5～7cm。因其末端游离，故位置变化较大，但其根部位置相对固定，3 条结肠带汇集于此，沿结肠带向下追踪，是手术中寻找阑尾的可靠方法，临床上有"顺着结肠带找阑尾"之说。阑尾根部的体表投影通常以脐与右髂前上棘连线的中、外 1/3 交点，即**麦氏点（McBurney 点）**为标志。急性阑尾炎时，投影点附近常有明显压痛或反跳痛。

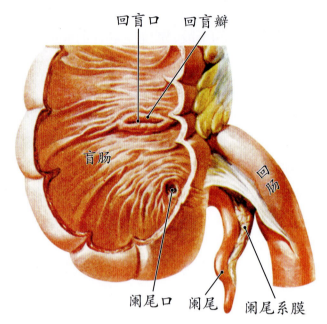

图 5-21 盲肠和阑尾

（三）结肠

结肠（colon）介于盲肠与直肠之间，整体呈 M 形围绕在空、回肠的周围。依据行程特点分为升结肠、横结肠、降结肠和乙状结肠 4 部分（图 5-20）。①**升结肠**，在右髂窝内续于盲肠，沿腹后壁右侧上升至肝右叶下方，向左转折形成结肠右曲（肝曲），移行为横结肠；②**横结肠**，起自结肠右曲，向左横行至脾下方转折向下形成结肠左曲（脾曲），向下续于降结肠；③**降结肠**，起自结肠左曲，沿腹后壁左侧下行，至左髂嵴处续于乙状结肠；④**乙状结肠**，在左髂嵴处起自降结肠，沿左髂窝转入盆腔内，至第 3 骶椎平面续于直肠。乙状结肠是肿瘤、憩室等疾病的多发部位。

临床护理工作中，为了缓解便秘，常按升结肠、横结肠、降结肠、乙状结肠的顺序帮助患者做腹部环形按摩，以刺激肠蠕动，增加腹内压力，从而促进排便。

结肠黏膜表面光滑，无肠绒毛，但在结肠袋之间的横沟处有半月形皱襞。上皮为单层柱状上皮，由吸收细胞和大量杯状细胞组成。吸收细胞主要吸收水和无机盐，以及大肠细菌产生的 B 族维生素和维生素 K。固有层内有稠密的大肠腺，分泌的黏液有润滑肠道以利粪便排出的作用。

（四）直肠

直肠（rectum）位于盆腔下份的后部，长 10~14cm。上端在第 3 骶椎前方续于乙状结肠，沿骶骨和尾骨的前面下行，穿过盆膈移行为肛管。男性直肠的前方有膀胱、前列腺、精囊和输精管壶腹，女性直肠的前方有子宫和阴道，直肠指诊时可触及上述器官。

直肠并不直，在矢状面上形成两个弯曲：**直肠骶曲**凸向后，与骶骨盆面的弯曲一致，距肛门7~9cm；**直肠会阴曲**绕过尾骨尖凸向前，距肛门3~5cm（图5-22）。

直肠下段肠腔显著膨大称为**直肠壶腹**，直肠内面有3个由黏膜和环行肌构成的**直肠横襞**。中间的直肠横襞大而明显，恒定地位于直肠右侧壁上，距肛门约7cm，常作为临床上直肠镜检的定位标志。临床上进行直肠镜或乙状结肠镜检查时，应注意上述弯曲和横襞，以免伤及肠壁。

（五）肛管

肛管（anal canal）是消化管的末端，长约4cm，上端在盆膈平面接续直肠，下端终于肛门（图5-22）。肛管内面有6~10条纵行的黏膜皱襞，称为**肛柱**。各肛柱下端之间彼此借半月形黏膜皱襞即**肛瓣**相连。每个肛瓣与其相邻的两个肛柱下端之间形成开口向上的陷窝，称为**肛窦**。各肛柱下端与肛瓣边缘共同连接成锯齿状的环行线，称为**齿状线**或**肛皮线**，是皮肤与黏膜的分界线。在齿状线下方有宽约1cm的环行带状区，称为**肛梳**或**痔环**。肛梳下缘有一不甚明显的环行浅沟，称为**白线**，是肛门内、外括约肌的分界线。肛柱的黏膜下层和肛梳皮下组织内的静脉丛发生扩大曲张所形成的柔软静脉团称为痔。

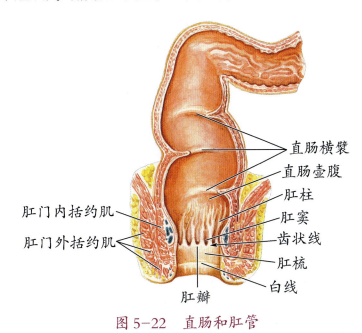

图5-22　直肠和肛管

 知识拓展

齿状线的临床意义

齿状线是重要的解剖结构，具有一定的临床意义：①齿状线是皮肤与黏膜的分界线，齿状线以上的上皮为单层柱状上皮，以下的为复层扁平上皮；②齿状线以上由内脏神经分布，以下由躯体神经分布；③齿状线是区分内、外痔的标志，齿状线以上的痔为内痔，以下的为外痔，而在其上、下方同时出现的则为混合痔。由于神经分布不同，所以内痔不疼，而外痔则常感疼痛；④齿状线是直肠动脉供应、静脉和淋巴回流的分界线。

肛门内括约肌由肛管的环行平滑肌增厚形成,由内脏运动神经支配,有协助排便的作用。**肛门外括约肌**是围绕在肛门内括约肌外下方的骨骼肌,由躯体运动神经支配,有较强的控制排便作用。肛门外括约肌依其所在部位分为皮下部、浅部和深部,浅部和深部是控制排便的重要肌束。

肛门是肛管的出口,为一前后纵行的裂孔,前后径 2~3cm。肛门周围富有色素,呈暗褐色,并有汗腺和丰富的皮脂腺。临床上行肛管排气时,插入肛门的合适深度为 15~18cm。

第三节 消化腺

一、肝

肝(liver)是人体内最大的腺体,血液供应十分丰富,故活体肝呈棕红色。肝的质地柔软而脆弱,受暴力冲击易破裂出血。肝的功能极为重要而复杂,肝不仅能分泌胆汁,参与脂类食物的消化,还具有代谢、解毒、防御、储存等功能,胚胎时期还有造血功能。

(一)肝的形态

肝呈不规则的楔形,可分为前、后两缘和上、下两面。肝的前缘薄而锐利,后缘钝圆,朝向脊柱。肝的上面隆凸,与膈相接触,故又称膈面,借矢状位的**镰状韧带**分为大而厚的**肝右叶**和小而薄的**肝左叶**(图 5-23)。膈面后部没有腹膜被覆的部分称为**肝裸区**。肝的下面朝向后下方,与腹腔脏器相邻,故又称脏面。脏面中部有略呈 H 形的 3 条沟,其中位于中间的横沟称为**肝门**,是肝左右管、肝固有动脉、肝门静脉以及神经和淋巴管出入肝的部位。左纵沟的前部有肝圆韧带通过,后部容纳静脉韧带。右侧纵沟的前部为胆囊窝,容纳胆囊;后部为腔静脉沟,有下腔静脉通过。肝的脏面借 H 形的沟分为肝左叶、肝右叶、方叶和尾状叶 4 个叶。

(二)肝的位置

肝大部分位于右季肋区和腹上区,小部分位于左季肋区(图 8-16)。肝的上界与膈穹窿一致,常用以下 3 点的连线来表示:即右锁骨中线与第 5 肋的交点,前正中线平胸骨体与剑突结合处,左锁骨中线与第 5 肋间隙的交点。肝下界与肝前缘一致,中部超出剑突下约 3cm 而直接与腹前壁相接触,右、左两侧均被肋弓掩盖,故触诊时,成人在右肋弓下不能触及肝。幼儿肝下界的位置较低,7 岁前可低于右肋弓下 1~2cm。

(三)肝的微细结构

肝表面被覆以致密结缔组织被膜,肝门处的结缔组织随肝固有动脉、肝门静脉和肝管伸入肝实质,将其分隔成许多肝小叶(图 5-24、图 5-25)。肝小叶之间各种管道密集的部位为门管区。

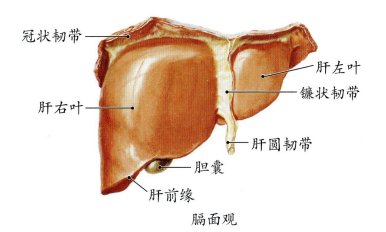

冠状韧带

肝左叶

镰状韧带

肝右叶

肝圆韧带

胆囊

肝前缘

膈面观

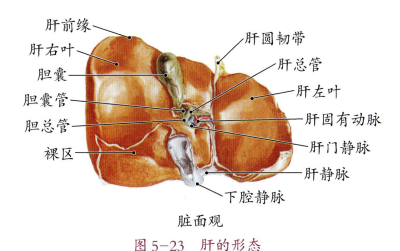

肝前缘

肝圆韧带

肝右叶

肝总管

胆囊

肝左叶

胆囊管

肝固有动脉

胆总管

肝门静脉

裸区

肝静脉

下腔静脉

脏面观

图 5-23　肝的形态

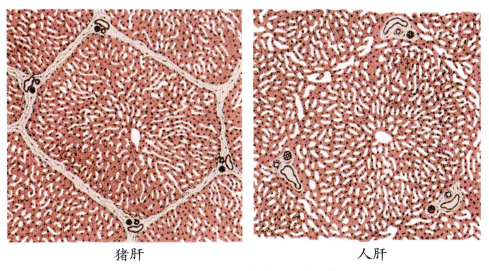

猪肝　　　　　　　　人肝

图 5-24　肝小叶 (横切面) 仿真图

　　1. 肝小叶　肝小叶是肝的基本结构单位, 呈多角棱柱体 (图 5-25), 成人有 50 万 ~ 100 万个**肝小叶**。人的肝小叶之间结缔组织很少, 故分界不清 (图 5-24)。肝小叶中央有一条沿其长轴走行的**中央静脉**, 周围是大致呈放射状排列的肝索和肝血窦。肝细胞单层排列成凹凸不平的板状结构称为**肝板**，相邻肝板互相吻合连接成网，其横切面呈索状，故又称**肝索**。相邻肝板之间腔大而不规则的间隙称为**肝血窦**，窦壁由一层有孔内皮细胞围成。肝血窦内定居有吞噬能力很强的**肝巨噬细胞**（又称库普弗细胞）（图5-26）。肝血窦内皮细胞与肝细胞之间的狭窄间隙称为**窦周隙**，是肝细胞与血液之间进行物质交换的场所，内有散在的一种形态不规则的**贮脂细胞**，有储存脂肪、维生素A和合成网状纤维等功能。

　　肝细胞体积较大，呈多面体形，核大而圆，双核细胞较多，胞质呈嗜酸性，内含多种细胞器以及糖原、脂滴等。相邻两个肝细胞之间局部细胞膜凹陷围成的微细管道称为**胆小管**，在肝板内连接成网。肝细胞分泌的胆汁直接流入胆小管，并循胆小管从肝小叶的中央流向周边，在门管区汇入小叶间胆管。

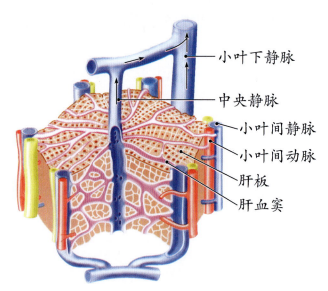

图5-25　肝小叶立体模式图

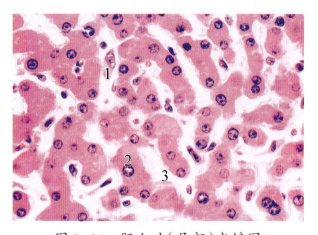

图5-26　肝小叶（局部）光镜图

1. 肝巨噬细胞；2. 肝细胞；3. 肝血窦。

神奇的肝细胞

肝细胞内的细胞器是实现肝复杂功能的结构基础。线粒体为肝细胞的功能活动提供能量；粗面内质网能合成多种重要的血浆蛋白；滑面内质网参与胆汁合成、脂类代谢、糖代谢、激素代谢等；高尔基复合体主要参与蛋白质的加工、包装和胆汁的分泌；溶酶体积极参与肝细胞的细胞内消化、胆红素的转运和铁的储存。肝细胞中的糖原是血糖的储备形式，受胰岛素和胰高血糖素的调节，进食后增多，饥饿时减少；正常时脂滴少，肝病时脂滴可增多。

2. 门管区　门管区为相邻肝小叶之间呈三角形或椭圆形的结缔组织小区，内有伴行的**小叶间静脉**、**小叶间动脉**和**小叶间胆管**通过（图 5-25）。每个肝小叶周围有 3～4 个门管区。

3. 肝内血液循环　肝由肝门静脉和肝固有动脉两套血管双重供血，故血供丰富。肝门静脉是肝的功能性血管，它将胃肠道吸收的营养物质和某些有毒物质运送入肝内进行代谢和加工处理。肝固有动脉是肝的营养性血管，为肝提供氧及其他器官的代谢产物。肝内血液循环途径如下所示：

肝门静脉（入肝）→小叶间静脉 ⎤
　　　　　　　　　　　　　　├→肝血窦→中央静脉→小叶下静脉→肝静脉→下腔静脉
肝固有动脉（入肝）→小叶间动脉 ⎦

（四）肝外胆道

肝外胆道是指肝细胞分泌的胆汁出肝门后排放到十二指肠所经过的器官和各级管道，由肝左管、肝右管、肝总管、胆囊和胆总管组成（图 5-27）。

1. 胆囊　位于右季肋区肝下面的胆囊窝内（图 5-23），是储存和浓缩胆汁的囊状器官。**胆囊**（gallbladder）呈梨形，长 8～12cm，宽 3～5cm，容量 40～60ml。胆囊分为**胆囊底**、**胆囊体**、**胆囊颈**和**胆囊管** 4 部分（图 5-27），胆囊底是胆囊前端的膨大部分，贴近腹前壁。胆囊底的体表投影位于右锁骨中线与右肋弓交点附近或右肋弓与右侧腹直肌外侧缘相交处，胆囊病变时此处常有压痛。

2. 肝左右管、肝总管和胆总管　肝内的胆小管汇合成小叶间胆管，小叶间胆管逐渐汇合成肝左、右管，两管出肝门后即汇合成**肝总管**（图 5-27），肝总管下行于肝十二指肠韧带内，其下端以锐角与胆囊管汇合成**胆总管**。由胆囊管、肝总管与肝的脏面围成的三角形区域称为**胆囊三角**（Calot 三角），三角内常有胆囊动脉经过，故胆囊三角是胆囊手术中寻找胆囊动脉的标志。

胆总管在肝十二指肠韧带内下行,经十二指肠上部的后方,至胰头与十二指肠降部之间与胰管汇合,形成略膨大的**肝胰壶腹**(或称 Vater 壶腹),开口于十二指肠大乳头。在肝胰壶腹的周围有**肝胰壶腹括约肌**(或称 Oddi 括约肌)包绕,可控制胆汁和胰液的排放。Oddi 括约肌平时保持收缩状态,肝细胞分泌的胆汁经胆小管、小叶间胆管、肝左右管、肝总管、胆囊管进入胆囊内储存;进食后,尤其是进食高脂肪食物后,在神经体液等因素调节下,胆囊收缩,Oddi 括约肌舒张,胆囊内的胆汁经胆囊管、胆总管、肝胰壶腹、十二指肠大乳头排入十二指肠腔内。

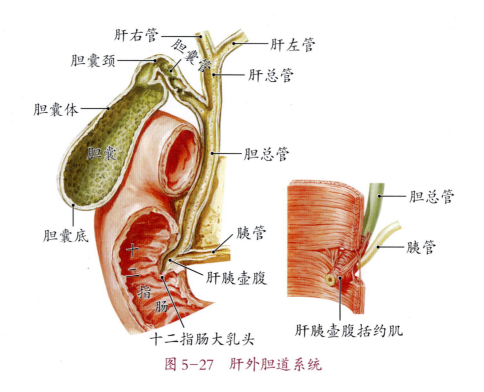

图 5-27　肝外胆道系统

二、胰

1. 胰的位置和形态　**胰**(pancreas)是人体内的第二大消化腺,位于胃的后方,是横置于第 1~2 腰椎体前方、紧贴腹后壁的一个狭长形腺体,质地柔软,呈灰红色。胰分为**胰头、胰颈、胰体**和**胰尾** 4 部分(图 5-16)。胰头为胰右端的膨大部分,被 C 形十二指肠所环抱,胰尾行向左上方抵达脾门。在胰的实质内,有一条沿胰的长轴从胰尾走向胰头横贯全长的胰管,约 85% 的人胰管与胆总管汇合形成"共同通道"——肝胰壶腹,开口于十二指肠大乳头。肝胰壶腹这种"共同通道"是胰腺疾病和胆道疾病互相关联的解剖学基础。

2. 胰的微细结构　胰表面覆有薄层结缔组织被膜,结缔组织伸入胰实质内将其分隔成许多小叶。胰实质由外分泌部和内分泌部组成(图 5-28)。

(1)外分泌部:由腺泡和各级导管组成,构成胰的大部分,是重要的消化腺。由腺泡细胞分泌的胰液(内含多种消化酶)经胰管、肝胰壶腹排入十二指肠,参与糖、蛋白质和脂肪等物质的消化。

（2）内分泌部:是散在分布于腺泡之间的、大小不等的球形内分泌细胞团,故称为**胰岛**。成人约有 100 万个胰岛,胰尾的胰岛较多。人胰岛主要有 A、B、D、PP4 种细胞。A 细胞分泌**胰高血糖素**,使血糖浓度升高。B 细胞分泌**胰岛素**(insulin),使血糖浓度降低。若胰岛发生病变,B 细胞退化,胰岛素分泌不足,可致血糖升高并从尿中排出,即为糖尿病。胰岛 B 细胞肿瘤或细胞功能亢进,则胰岛素分泌过多,可导致低血糖症。D 细胞散在分布于 A、B 细胞之间。D 细胞分泌**生长抑素**,以旁分泌的方式抑制邻近 A 细胞、B 细胞和 PP 细胞的分泌活动。PP 细胞分泌胰多肽,具有抑制胃肠运动、胰液分泌及胆囊收缩的作用。

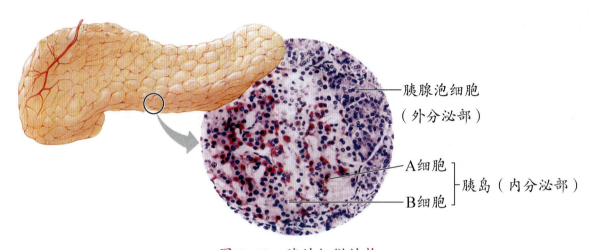

胰腺泡细胞（外分泌部）

A细胞
B细胞 }胰岛（内分泌部）

图 5-28 胰的细微结构

本章小结　　本章的学习重点是消化系统的组成、咽的分部及交通、胃和肝的形态与位置、盲肠和结肠的特征性结构。学习难点为肝和胰的微细结构。在学习过程中注意消化系统各器官之间的连通关系、食管 3 处狭窄的位置及距中切牙的距离以及阑尾根部和胆囊底的体表投影,用形态与功能相结合的观点分析胃和小肠的形态与结构,理解胃与胰、肝与胆囊的位置关系,重视咽、食管、小肠和大肠的走行特点、分部、狭窄、扩大,注重从结肠的行程特点理解为便秘患者做腹部环形按摩的意义,提高运用消化系统知识分析、解决问题的能力。

（闫卫民）

 思考与练习

1. 简述咽的分部及交通。

2. 简述进食后胆汁排入十二指肠的途径。
3. 临床上插胃管时,需要经过哪些器官和生理性狭窄才能到达胃内?
4. 怀疑阑尾炎或胆囊炎时,查体应触压体表的哪些部位? 为什么?

第六章 | 呼 吸 系 统

06章

06章 数字内容

学习目标

1. 具有应用呼吸系统理论知识分析、解释生活现象和临床问题的能力。
2. 掌握呼吸系统的组成；上、下呼吸道的概念；鼻旁窦的开口部位；喉腔的分部；气管与左、右主支气管的位置及形态特点；肺的位置和形态；胸膜腔的概念；肋膈隐窝的位置及临床意义。
3. 熟悉外鼻的形态及鼻黏膜的分部；喉的位置和喉软骨的特点；胸膜的分部；纵隔的概念。
4. 了解鼻腔的分部；肺的微细结构；胸膜下界与肺下界的体表投影；纵隔的境界及分部。
5. 学会在活体上确认鼻根、鼻背、鼻尖、鼻翼、鼻唇沟、鼻孔、喉结、环状软骨弓和气管颈部。

 导学

常言道："呼吸不停，生命不止"。机体在新陈代谢过程中，需要通过呼吸运动不断从外界摄取氧并排出机体产生的二氧化碳。那么，呼吸系统是由哪些器官组成的？各器官之间有着怎样的功能联系和形态结构特点？氧是经过哪些结构到达肺泡与血液之间气体进行交换的？让我们带着这些神奇而有趣的问题一起来探究呼吸系统的奥秘。

呼吸系统（respiratory system）由呼吸道和肺组成。呼吸道是传送气体的管道，包括鼻、咽、喉、气管和各级支气管。临床上通常把鼻、咽和喉称为**上呼吸道**，把气管和各级支气管称为**下呼吸道**（图 6-1）。肺是进行气体交换的器官。呼吸系统的主要功能是进行气体交换，即从外界吸入氧，呼出二氧化碳。

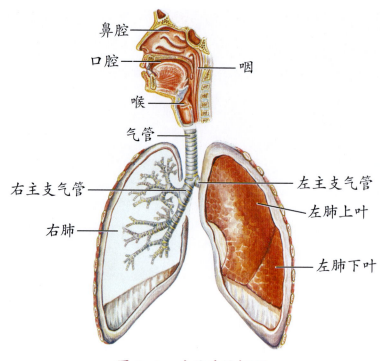

图 6-1 呼吸系统概观

标注文字：鼻腔、口腔、咽、喉、气管、右主支气管、右肺、左主支气管、左肺上叶、左肺下叶

第一节 呼 吸 道

 案例分析

患者,男性,78 岁,有近 60 年的吸烟史。因刺激性咳嗽伴痰中带血、体重下降 1 个月而来医院就诊。胸部 CT 显示:左肺门可见较大肿物,左侧胸膜腔可见弧形密度影。支气管镜下取材活检,病理诊断为鳞状上皮癌。临床诊断:肺癌,左侧胸膜腔积液。

请思考:

1. 支气管镜检查时,判断气管分叉的重要标志是什么?

2. 支气管镜检查时依次经过哪些结构才能到达左肺下叶支气管腔内?

3. 胸膜腔积液常聚集于何处?常选择在何处穿刺抽取胸膜腔积液?

一、鼻

鼻(nose)既是呼吸道的起始部,又是嗅觉器官,分为外鼻、鼻腔和鼻旁窦 3 部分。

(一)外鼻

外鼻位于面部中央,呈三棱锥体形,以鼻骨和鼻软骨为支架,外被皮肤和少量皮下组织(图 6-2)。外鼻上端位于两眼之间的部分称为**鼻根**,向下延续成**鼻背**,末端突出部分为**鼻尖**。鼻尖两侧向外下呈弧形隆突的部分为**鼻翼**,呼吸困难时可见鼻翼扇动。外鼻下方有一对**鼻孔**,是气体进出的门户。从鼻翼向外下方至口角的浅沟称为**鼻唇沟**。正常人的鼻唇沟左右对称,当面肌瘫痪时,瘫痪侧鼻唇沟变浅或消失。鼻尖和鼻翼处的皮肤因富含皮脂腺和汗腺而成为痤疮、酒渣鼻和疖肿的好发部位。

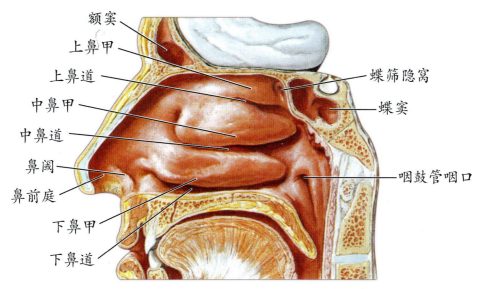

额窦
上鼻甲
上鼻道
中鼻甲
中鼻道
鼻阈
鼻前庭
下鼻甲
下鼻道

蝶筛隐窝
蝶窦

咽鼓管咽口

图 6-2　鼻腔外侧壁(右侧)

(二)鼻腔

鼻腔是以骨和软骨为支架,内衬黏膜和皮肤构成的腔。鼻腔被鼻中隔分为左、右两腔,向前经鼻孔通外界,向后经鼻后孔通向鼻咽部。每侧鼻腔又以鼻阈为界,分为前部的鼻前庭和后部的固有鼻腔(图 6-2)。

1. 鼻前庭　鼻前庭是鼻腔前下方鼻翼内面较宽大的部分,前界为鼻孔,后界为**鼻阈**(图 6-2)。鼻阈是皮肤与黏膜的分界标志。鼻前庭内面衬以皮肤,并生有鼻毛,具有滤过和净化吸入空气的作用。

2. 固有鼻腔　固有鼻腔常简称为**鼻腔**,由骨性鼻腔内衬黏膜而构成。内侧壁为鼻中隔,其前下部黏膜内的血管丰富且位置表浅,受外伤或干燥空气刺激时,血管易破裂出血,90% 左右的鼻出血均发生于此区,故称为**易出血区**。鼻腔外侧壁自上而下有上鼻甲、中鼻甲和下鼻甲,以及各鼻甲下方的上鼻道、中鼻道和下鼻道。下鼻道的前部有鼻泪管的开口。在上鼻甲后上方与鼻腔顶部之间的凹陷,称为**蝶筛隐窝**(图 6-2)。

鼻黏膜按其生理功能分为嗅区和呼吸区。**嗅区**是指覆盖于上鼻甲及其对应的鼻中隔以及二者上方鼻腔顶部的黏膜,活体呈苍白或淡黄色,内含嗅细胞,具有嗅觉功能。其余部分的鼻黏膜为**呼吸区**,活体呈粉红色,富含血管和黏液腺,对吸入的空气有加温、湿润和净化的作用。

鼻的趣闻

鼻不仅是呼吸系统的一个重要器官,还是人体心理活动的"晴雨表",在表达内心情感方面具有独到之处。当您高兴大笑时,两侧鼻翼会上扬;当您紧张恐惧时,鼻翼便会膨胀;当您呼吸困难时,会出现鼻翼扇动;当您失意不悦时,鼻翼则会缩小;当您十分傲慢或表示轻蔑时,鼻尖和鼻翼都会翘起来;当您感冒或发生过敏性鼻炎时,则会出现鼻塞、流涕、鼻痒、打喷嚏、嗅觉减退等不适症状,使其成为人体内的"气象台"或"警报器"。让我们像爱护别的器官那样,爱护自己的鼻吧。

(三)鼻旁窦

鼻旁窦由骨性鼻旁窦内衬黏膜构成,可协助鼻腔调节吸入空气的温度和湿度,对发音起共鸣作用。鼻旁窦有4对,分别是**上颌窦**、**额窦**、**蝶窦**和**筛窦**(图6-2)。上颌窦、额窦和前筛窦、中筛窦均开口于中鼻道,后筛窦开口于上鼻道,蝶窦开口于蝶筛隐窝。由于鼻旁窦黏膜与鼻腔黏膜相延续,故鼻腔黏膜的炎症易同时引起鼻旁窦炎。上颌窦是容积最大的一对鼻旁窦,因开口部位高于窦底,分泌物不易排出,易造成窦内积脓,故临床上上颌窦的慢性炎症较为多见。

二、咽

详见第五章消化系统。

三、喉

(一)喉的位置

喉(larynx)既是呼吸的管道,又是发音的器官。喉以软骨为支架,借关节、韧带和喉肌连结,内衬黏膜而构成。喉位于颈前部中份,与第3~6颈椎相对(图6-1)。上方借喉口通喉咽,向下与气管相续,后方紧邻喉咽,两侧为颈部的大血管、神经和甲状腺侧叶等。喉可随吞咽或发音而上、下移动。

(二)喉软骨及其连结

喉软骨包括不成对的甲状软骨、环状软骨、会厌软骨和成对的杓状软骨(图6-3)。

1. 甲状软骨 甲状软骨是最大的一块喉软骨,位于舌骨下方,形似盾牌,构成喉的前外侧壁。甲状软骨上缘中部向前突出,称为**喉结**,成年男性特别明显。甲状软骨上缘借甲状舌骨膜与舌骨相连,下缘借**环甲正中韧带**与环状软骨弓相连。急性喉阻塞时,可在环甲正中韧带处穿刺,以建立暂时性通气道。

2. 环状软骨 环状软骨位于甲状软骨下方,形似"戒指",由前部低窄的**环状软骨弓**和后部高宽的**环状软骨板**构成,是呼吸道软骨中唯一完整的软骨环,对保持呼吸道畅通有重要作用,损伤后易引起喉腔狭窄。环状软骨弓平对第6颈椎,是颈部的重要标志之一。

3. 会厌软骨 会厌软骨为弹性软骨,呈上宽下窄的树叶状,上缘游离呈弧形,下端缩细借韧带连于甲状软骨内面。会厌软骨被覆黏膜构成会厌,吞咽时喉上提,会厌关闭喉口,可防止食物误入喉腔。

4. 杓状软骨 杓状软骨位于环状软骨板的上方,是一对近似三棱锥体形的软骨,尖朝上,底朝下与环状软骨板上缘构成关节。杓状软骨底的前端与甲状软骨之间有一条**声韧带**相连。

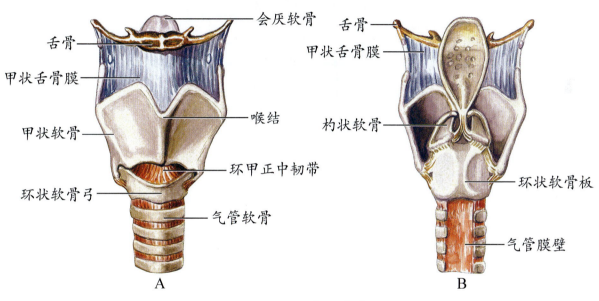

图 6-3 喉软骨及其连结

A. 前面观;B. 后面观。

(三)喉肌

喉肌为数块细小的附着于喉和邻近结构的骨骼肌,是发音的动力器官,具有紧张或松弛声带、开大或缩小声门裂等作用。

(四)喉腔

喉腔是喉内面一不规则的腔隙,向上经喉口与喉咽部相交通,向下与气管内腔相延续。喉腔黏膜与咽和气管的黏膜相延续。喉腔侧壁有上、下两对呈前后方向的黏膜皱襞,上方的一对称**前庭襞**,两侧前庭襞之间的裂隙称为**前庭裂**;下方的一对称**声襞**,两侧声襞之间的裂隙称为**声门裂**(图6-4),是喉腔最狭窄的部位。**声带**是指声襞以及由其覆盖的声韧带和声带肌三者组成的结构。

喉腔借前庭襞和声襞分为喉前庭、喉中间腔和声门下腔3部分。从喉口至前庭裂平面之间的部分为**喉前庭**；前庭裂与声门裂平面之间的部分为**喉中间腔**，其向两侧延伸至前庭襞与声襞之间的梭形隐窝称为**喉室**；声门裂平面与环状软骨下缘之间的部分为**声门下腔**，上窄下宽近似圆锥形。此区黏膜下组织疏松，炎症时易引起水肿。尤其是婴幼儿喉腔较窄小，喉水肿时易引起喉阻塞而导致呼吸困难。

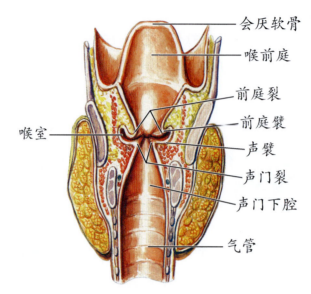

会厌软骨

喉前庭

前庭裂

前庭襞

声襞

声门裂

声门下腔

气管

喉室

图 6-4　喉腔冠状切面（后面观）

四、气管与主支气管

（一）气管

气管（trachea）上接环状软骨下缘，经颈部正中下行入胸腔，至胸骨角平面（平对第4胸椎体下缘）分为左、右主支气管，分叉处称为**气管杈**（图6-5）。气管杈内面有一向上隆凸并略偏向左侧的半月形嵴，称为**气管隆嵴**，是气管镜检查的定位标志。气管按行程及位置分为颈部和胸部。颈部较短且位置表浅，沿颈前正中线下行，在颈静脉切迹上方可触及。当肺或胸膜疾患时，气管颈部可发生偏移，临床上具有诊断价值。甲状腺峡多位于第2~4气管软骨环前方，气管切开术常在第3~5气管软骨环处施行。胸部较长，位于上纵隔内。

气管由14~17个C形透明软骨环以及连接各环之间的平滑肌和结缔组织构成。气管内面衬以黏膜，上皮为假复层纤毛柱状上皮，黏膜下层的疏松结缔组织内含较多的气管腺（图6-6）。外膜主要由C形透明软骨环、结缔组织和平滑肌构成，软骨环后面的缺口处由弹性纤维构成的韧带和平滑肌束封闭。咳嗽反射时平滑肌收缩，使气管腔缩小，有助于清除痰液。

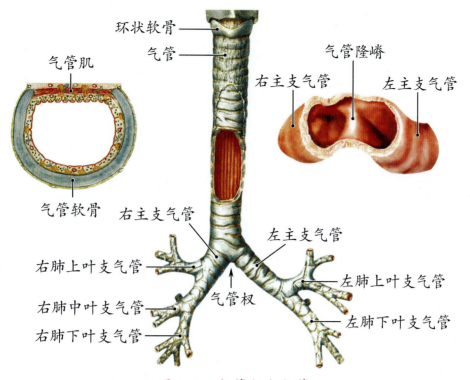

图 6-5　气管与支气管

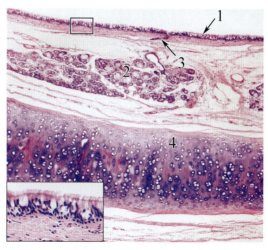

图 6-6　气管光镜图

1. 假复层纤毛柱状上皮；2. 混合性腺；3. 导管；4. 透明软骨。

（二）主支气管

支气管指由气管分出的各级分支。由气管分出的第一级分支称为左、右主支气管（图 6-5），行向下外，分别经左、右肺门入肺。**左主支气管**细长而走行倾斜，**右主支气管**粗短而走行陡直，故临床上气管内异物多坠入右主支气管。

第二节　肺

一、肺的位置

　　肺（lung）位于胸腔内，左、右两肺分居膈的上方和纵隔的两侧（图9-7）。幼儿肺呈淡红色，随着年龄的增长，由于吸入空气中尘埃的不断沉积，肺的颜色逐渐变为暗红色或深灰色，部分可呈棕黑色，吸烟者尤为明显。肺质软而轻，呈海绵状富有弹性，内含空气，比重小于1，故能浮于水中。胎儿和未曾呼吸过的新生儿肺内不含空气，质实而重，比重大于1，入水则下沉，这在法医鉴定上具有重要价值。

二、肺的形态

　　两肺外形不同，因受肝以及心位置偏左的影响，故右肺宽而短，左肺较狭长。肺形似圆锥形，具有一尖、一底、两面和三缘（图6-7）。**肺尖**钝圆，向上经胸廓上口突至颈根部，高出锁骨内侧1/3段上方2～3cm。**肺底**与膈相贴，又称膈面。外侧面隆凸，与肋和肋间肌相邻，又称**肋面**。内侧面与纵隔相邻，故又称**纵隔面**，其中部的椭圆形凹陷称为**肺门**，是主支气管、肺动脉、肺静脉、支气管动脉、支气管静脉、淋巴管和神经等出入肺之处（图6-8）。上述出入肺门的结构被结缔组织包绕构成**肺根**。肺的前缘和下缘薄锐，左肺前缘下部有**心切迹**。肺的后缘钝圆，与脊柱相邻。

　　左肺被自后上斜向前下的**斜裂**分为上叶和下叶。右肺除有斜裂外，还有一条近似水平位的**水平裂**，将右肺分为上叶、中叶和下叶（图6-7）。

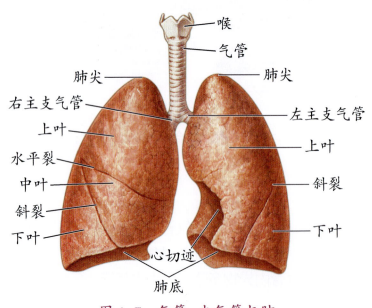

图6-7　气管、支气管与肺

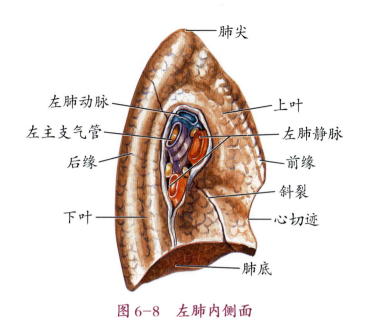

图 6-8　左肺内侧面

- 肺尖
- 左肺动脉
- 左主支气管
- 后缘
- 下叶
- 上叶
- 左肺静脉
- 前缘
- 斜裂
- 心切迹
- 肺底

三、肺内支气管和支气管肺段

主支气管进入肺门后,左主支气管分为上、下两支,右主支气管分为上、中、下 3 支,分别进入相应的肺叶,称为**肺叶支气管**(图 6-5)。肺叶支气管再分出数支**肺段支气管**。每一肺段支气管及其所属的肺组织,称为**支气管肺段**,简称**肺段**(图 6-9)。肺段呈底在肺的表面,尖端朝向肺门的圆锥形。通常左、右两肺各分为 10 个肺段。相邻肺段间有少量结缔组织分隔。由于肺段具有结构和功能的相对独立性,故临床上常以肺段为单位做病变的定位诊断或进行肺段切除术。

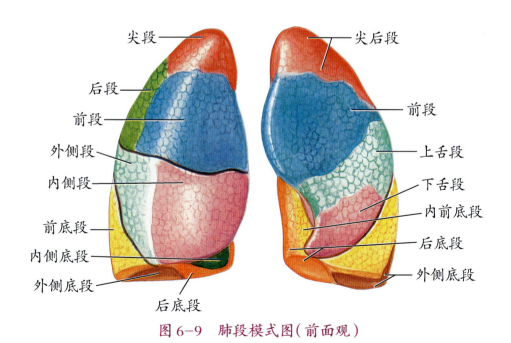

- 尖段
- 后段
- 前段
- 外侧段
- 内侧段
- 前底段
- 内侧底段
- 外侧底段
- 后底段
- 尖后段
- 前段
- 上舌段
- 下舌段
- 内前底段
- 后底段
- 外侧底段

图 6-9　肺段模式图(前面观)

四、肺的微细结构

肺表面被覆一层光滑的浆膜,即胸膜脏层。肺组织分为实质和间质两部分。肺间质是肺内各级支气管道之间的结缔组织、血管、淋巴管和神经。肺实质是指肺内支气管的各级分支及其终末的大量肺泡,约有24级分支,依次为肺叶支气管、肺段支气管、小支气管、细支气管、终末细支气管、呼吸性细支气管、肺泡管、肺泡囊和肺泡。因主支气管反复分支呈树枝状,形似一棵倒置的树,故称为**支气管树**。按功能不同,肺实质又可分为肺导气部和肺呼吸部两部分(图6-10)。

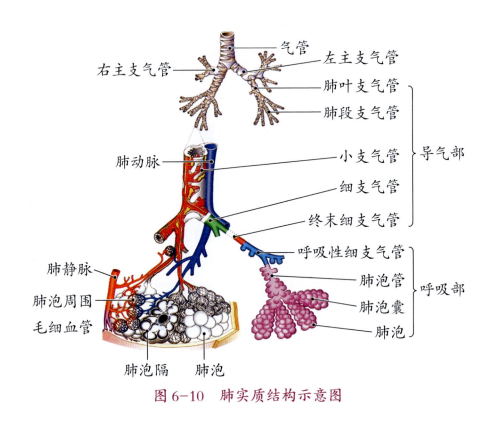

图6-10　肺实质结构示意图

(一)肺导气部

肺导气部包括肺叶支气管、肺段支气管、小支气管、细支气管和终末细支气管,只有输送气体的功能,不能进行气体交换。每一细支气管连同它的各级分支和肺泡组成一个**肺小叶**(pulmonary lobule),是肺的结构单位(图6-10)。临床上称仅累及若干肺小叶的炎症,称为小叶性肺炎。

肺导气部的各级支气管随着管径变细,管壁变薄,管壁的微细结构也发生了相应的变化,至终末细支气管,上皮为单层柱状上皮,杯状细胞、腺体和软骨全部消失,出现完整的环行平滑肌层。在发生过敏反应时,肺间质内的肥大细胞释放大量组胺,引起细支气管和终末细支气管平滑肌痉挛而导致哮喘发生。

（二）肺呼吸部

肺呼吸部包括呼吸性细支气管、肺泡管、肺泡囊和肺泡（图6-10、图6-11），其各部组织结构的共同特点是都不同程度地出现了肺泡，故各部均具有气体交换的功能。

肺泡（pulmonary alveolus）是支气管树的终末部分。肺泡为半球形小囊，开口于肺泡囊、肺泡管或呼吸性细支气管，是肺进行气体交换的部位。成人肺约有3亿～4亿个肺泡，吸气时总表面积可达140m²。肺泡壁很薄，由单层肺泡上皮构成。肺泡上皮由Ⅰ型肺泡细胞和Ⅱ型肺泡细胞组成（图6-12）：①**Ⅰ型肺泡细胞**，含核部略厚，其余胞质部分扁平菲薄，覆盖了肺泡约95%的表面积，是进行气体交换的部位，参与气-血屏障的构成。Ⅰ型肺泡细胞无增殖能力，损伤后由Ⅱ型肺泡细胞增殖分化补充。②**Ⅱ型肺泡细胞**，呈立方形或圆形，散在凸起于Ⅰ型肺泡细胞之间，覆盖了肺泡约5%的表面积。Ⅱ型肺泡细胞分泌的**表面活性物质**覆盖于肺泡上皮表面，有降低肺泡表面张力、稳定肺泡大小的重要作用。某些早产儿其Ⅱ型肺泡细胞尚未发育完善，不能产生表面活性物质，致使婴儿出生后肺泡不能扩张，引起呼吸困难，以致早夭。

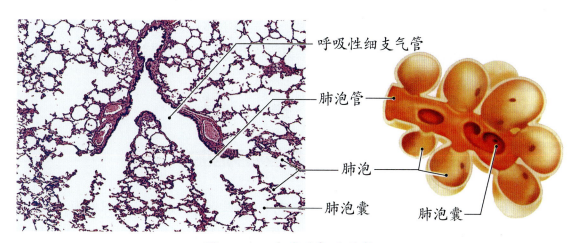

图6-11　肺呼吸部的结构

相邻肺泡之间气体流通的小孔称为**肺泡孔**，在肺部感染时，肺泡孔可成为炎症蔓延的途径（图6-12）。相邻肺泡之间的薄层结缔组织称为**肺泡隔**，即肺间质，其内有密集的毛细血管、丰富的弹性纤维以及散在分布的成纤维细胞、肺巨噬细胞和肥大细胞等，弹性纤维起回缩肺泡的作用。老年人的弹性纤维退化，吸烟可加速退化进程。**肺巨噬细胞**来源于血液中的单核细胞，广泛分布于肺间质内，也可游走进入肺泡腔，具有吞噬细菌和异物的能力。吞噬了较多尘粒的肺巨噬细胞称为**尘细胞**，可沉积在肺间质内，也可从肺泡腔经呼吸道随黏液咳出。

肺泡与血液之间气体进行交换所通过的结构，称为**气-血屏障**（blood-air barrier）或**呼吸膜**，由肺泡表面活性物质层、Ⅰ型肺泡细胞与基膜、薄层结缔组织、毛细血管基膜与连续内皮构成（图6-12）。

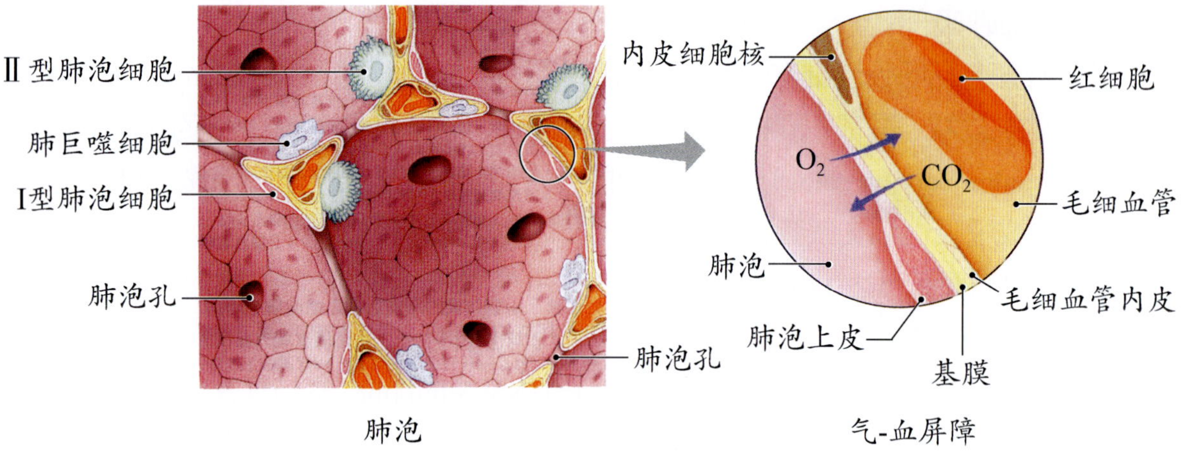
Ⅱ型肺泡细胞
肺巨噬细胞
Ⅰ型肺泡细胞
肺泡孔
肺泡孔
内皮细胞核
红细胞
O_2
CO_2
毛细血管
肺泡
毛细血管内皮
肺泡上皮
基膜
肺泡
气-血屏障

图 6-12 肺泡和气 – 血屏障结构模式图

五、肺的血管

肺有两套血管系统：一套是组成肺循环的肺动脉和肺静脉，因其承担在肺内进行气体交换的重任，故称为肺的功能性血管；另一套是属于体循环的支气管动脉和支气管静脉，其主要功能是向肺泡和各级支气管提供氧气和营养，故称为肺的营养性血管。

第三节 胸 膜

一、胸腔、胸膜和胸膜腔

胸腔是由胸廓和膈围成的腔。上界是胸廓上口，与颈根部连通，下界是膈，借此与腹腔分隔。**胸膜**是衬覆于胸壁内面、膈上面、纵隔侧面和肺表面的一层浆膜。依据被覆部位不同，可分为相互移行的脏胸膜和壁胸膜。**脏胸膜**紧贴于肺的表面，并伸入斜裂及水平裂内，又称肺胸膜。**壁胸膜**依其衬覆部位不同分为相互转折移行的 4 部分（图 6-13）：覆盖于肋骨与肋间肌内面的为**肋胸膜**；覆盖于膈上面的为**膈胸膜**；衬贴于纵隔两侧面的为**纵隔胸膜**；**胸膜顶**是肋胸膜与纵隔胸膜向上的延续，覆于肺尖的上方，高出锁骨内侧 1/3 段上方 2～3cm。在针灸或臂丛麻醉时，应特别注意胸膜顶的位置，以免伤及肺尖而造成气胸。

胸膜腔是由脏胸膜与壁胸膜在肺根处相互移行形成的一个潜在性密闭腔隙（图 6-13），呈负压，左右各一，互不相通，腔内仅有少量浆液，可减少呼吸时的摩擦。肋胸膜与膈胸膜转折处形成较深的半环形间隙，称为**肋膈隐窝**，是胸膜腔的最低部位，胸膜腔积液首先聚积于此处。临床上行胸膜腔穿刺抽取胸膜腔积液时常选择在患侧肩胛线或腋后线第 7、8 肋间隙，沿下位肋骨上缘进针，依次穿经皮肤、浅筋膜、深筋膜、胸壁肌、肋间隙（肋间肌）、胸内筋膜、肋胸膜至胸膜腔。

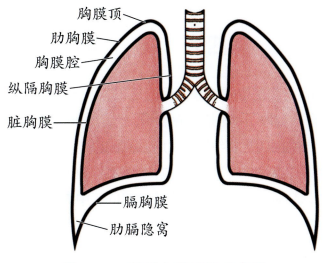

图6-13 胸膜与胸膜腔示意图

二、胸膜下界与肺下界的体表投影

胸膜的体表投影是指壁胸膜各部之间相互移行形成的反折线在体表的投影位置,标志着胸膜腔的范围,其中最有实用意义的是胸膜下界的体表投影。胸膜下界是肋胸膜与膈胸膜的反折线,在锁骨中线与第8肋相交,在腋中线与第10肋相交,在肩胛线与第11肋相交,在接近后正中线处平第12胸椎棘突的高度(图6-14)。肺下界的体表投影在各标志线处比胸膜下界高出约两个肋的距离,即在锁骨中线与第6肋相交,在腋中线与第8肋相交,在肩胛线与第10肋相交,在接近后正中线平第10胸椎棘突的高度。

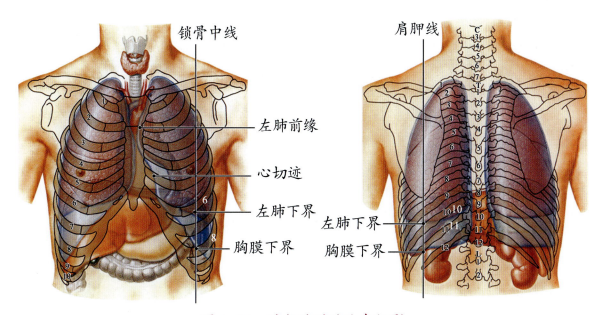

图6-14 肺与胸膜的体表投影

第四节　纵　　隔

　　纵隔(mediastinum)是两侧纵隔胸膜之间全部器官、结构和结缔组织的总称。纵隔的前界为胸骨，后界为脊柱胸段，两侧是纵隔胸膜，上界是胸廓上口，下界是膈。通常以胸骨角和第4胸椎体下缘平面为界将纵隔分为上纵隔和下纵隔。下纵隔又以心包为界分为前纵隔、中纵隔和后纵隔(图6-15)。**前纵隔**位于胸骨与心包前壁之间，内有胸腺的下部和部分纵隔前淋巴结，是胸腺瘤和淋巴瘤的好发部位。**中纵隔**位于前、后纵隔之间，内有心包、心和大血管根部、膈神经等，是心包囊肿的好发部位。**后纵隔**位于心包后壁与脊柱胸段之间，内有主支气管、食管、胸主动脉、迷走神经等，是支气管囊肿和主动脉瘤的好发部位。

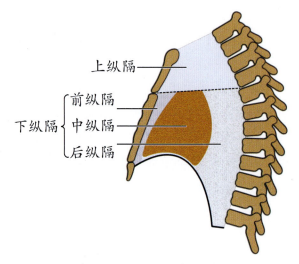

图6-15　纵隔分部示意图

本章小结

　　本章的学习重点是呼吸系统的组成、喉腔的分部、肺的位置和形态。学习难点为肺的微细结构。在学习过程中注意呼吸道各器官之间的连通关系、气管切开术的部位和肋膈隐窝的临床意义，理解上颌窦的开口部位与临床上慢性上颌窦炎较多见的关系，区别胸膜下界与肺下界的体表投影，注重从左、右主支气管的形态差异理解气管内异物多坠入右主支气管的原因，提高运用呼吸系统知识分析、解决问题的能力。

（张维烨）

思考与练习

1. 鼻旁窦有哪些? 各开口于何处?

2. 气管内异物多坠入哪一侧主支气管? 为什么?

3. 呼吸时吸入的氧经过哪些结构才能到达肺泡? 肺泡中的氧经过哪些结构才能进入血液循环?

第七章 | 泌 尿 系 统

07章 数字内容

学习目标

1. 具有应用泌尿系统理论知识分析、解释生活现象和临床问题的能力。
2. 掌握泌尿系统的组成；肾的位置、形态、剖面结构及功能；肾单位的组成；输尿管的3处狭窄及其临床意义；膀胱三角的位置及其临床意义。
3. 熟悉肾的微细结构；膀胱的位置及与腹膜的关系；女性尿道的结构特点及其临床意义。
4. 了解肾的被膜和肾的血液循环特点；输尿管的行程；膀胱壁的构造。
5. 学会在活体上确认肾门的体表投影和膀胱穿刺术的部位。

 导学

　　机体在新陈代谢过程中产生的代谢废物绝大部分经过血液循环到达肾，通过尿液及时排出体外。那么，泌尿系统是由哪些器官组成的？各器官之间具有怎样的联系和形态结构特点？尿液是如何产生并经哪些结构排出体外的？让我们带着这些神奇而有趣的问题一起来探究泌尿系统的奥秘。

　　泌尿系统（urinary system）由肾、输尿管、膀胱和尿道组成（图7-1）。肾是人体最重要的排泄器官，主要功能是生成尿液，以清除血液中的代谢废物（如尿素、尿酸等）和多余的水分，以保持机体内环境的相对稳定。尿生成后，经输尿管输送至膀胱暂时储存，当膀胱中尿液储存到一定量时，可经尿道排出体外。

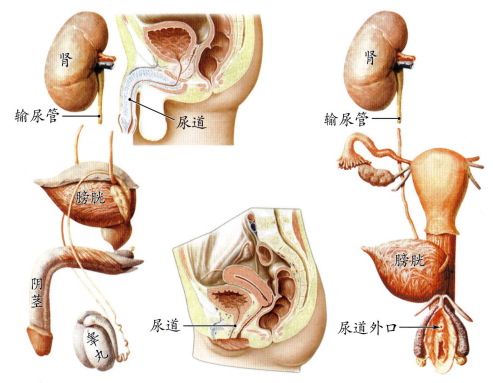

图 7-1　泌尿生殖系统模式图

第一节　肾

案例分析

患者,女性,25 岁,婚后 1 个月,因畏寒、高热、腰痛、尿频、尿急、尿痛而来医院就诊。查体:体温 39.3℃,右肾区叩击痛明显。血常规:WBC 12×10^9/L,中性粒细胞比例 88%。尿常规检查:尿白质(－),白细胞(＋＋＋),红细胞(＋)。临床诊断:急性肾盂肾炎。

请思考:

1. 肾门位于何处? 出入肾门的结构有哪些?

2. 何为肾区? 肾区叩击痛明显,提示何器官可能有病变?

3. 为什么女性易患肾盂肾炎? 感染途径可能是什么?

一、肾 的 形 态

肾(kidney)是实质性器官,左右各一,形似蚕豆,表面光滑,肾长约 10cm、宽约 6cm、厚约 4cm。肾分为上下两端、前后两面和内外侧两缘(图 7-2)。上端宽而薄,下端窄而厚。前面较凸,朝向前外侧;后面平坦,紧贴腹后壁。外侧缘隆凸,内侧缘中部凹陷称为**肾门**,是肾动脉、肾静脉、肾盂、神经和淋巴管出入肾的门户。出入肾门的各结构被结缔组织包裹称为**肾蒂**。肾门向肾实质内凹陷形成的腔隙称为**肾窦**，容纳肾小盏、肾大盏、肾盂、肾血管及脂肪组织(图7-6)。

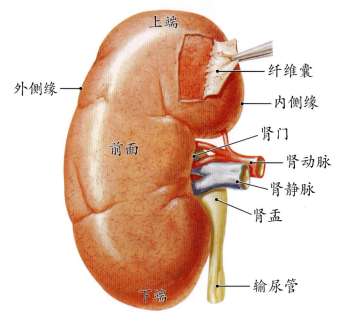

图7-2 右肾前面观

二、肾的位置

肾位于腹膜后脊柱的两侧，紧贴腹后壁上部，为腹膜外位器官(图7-3)。肾的高度：左肾在第11胸椎体下缘至第2~3腰椎椎间盘之间；受肝的影响，右肾在第12胸椎体上

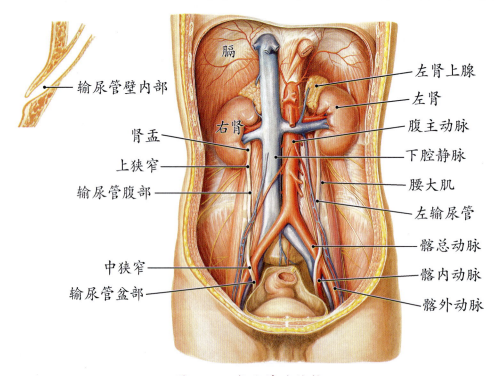

图7-3 腹后壁的结构

缘至第3腰椎体上缘之间。第12肋分别斜越左肾后面的中部和右肾后面的上部。肾门约在第1腰椎体平面。肾门的体表投影位于竖脊肌外侧缘与第12肋形成的夹角处，此区称为**肾区**，肾病患者触压或叩击此区可引起疼痛（图7-4）。

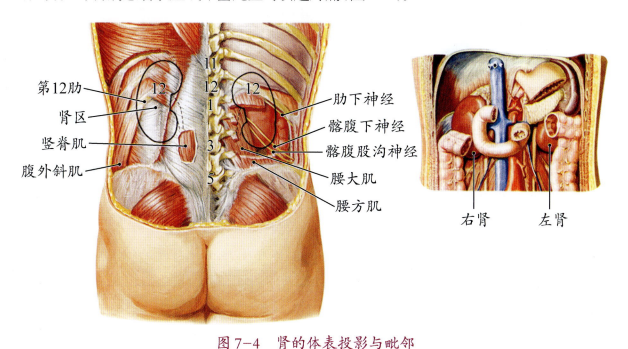

图7-4　肾的体表投影与毗邻

 知识拓展

肾的体表投影

在后正中线两侧2.5cm和7.5～8.5cm处各作两条垂线，通过第11胸椎和第3腰椎的棘突分别作一条水平线，两肾即位于上述纵、横标线所构成的两个四边形内。当肾发生病变时，多在此四边形区域内出现疼痛或异常表现。

三、肾 的 被 膜

肾的表面由内向外依次包有纤维囊、脂肪囊和肾筋膜3层被膜（图7-2、图7-5）。

1. 纤维囊为紧贴肾实质表面的一层薄而坚韧的致密结缔组织膜。肾破裂或部分切除时需要缝合纤维囊。

2. 脂肪囊为纤维囊外面的脂肪组织，经肾门延伸至肾窦内，对肾起着弹性垫样的保护作用。临床上进行肾囊封闭时，就是将药液经腹后壁注入脂肪囊内。

3. 肾筋膜位于脂肪囊外面，分前、后两层包被肾和肾上腺，其间有输尿管通过。肾的正常位置主要依赖于肾的被膜、肾血管、腹膜、腹内压及邻近器官等多种因素的维持。当肾的固定结构不健全时，可造成肾下垂或游走肾。

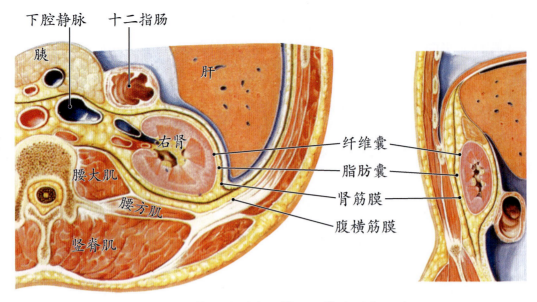

图7-5　肾的被膜（平第1腰椎水平切面）

四、肾的剖面结构

肾的冠状切面观，肾实质分为肾皮质和肾髓质两部分。**肾皮质**主要位于肾实质的浅层，富含血管，新鲜标本呈红褐色。**肾髓质**位于肾皮质的深层，呈淡红色，由15~20个圆锥形的肾锥体构成。肾皮质伸入到肾锥体之间的部分称为**肾柱**。**肾锥体**的底与皮质相连接，尖端钝圆突入肾小盏内，称为**肾乳头**。肾乳头上有许多乳头孔，肾生成的尿液经乳头孔流入肾小盏内。相邻的2~3个肾小盏合成一个**肾大盏**。肾大盏共有2~3个，彼此汇合成扁漏斗状的**肾盂**。**肾盂**出肾门后向下弯行，逐渐变细移行为输尿管（图7-6）。肾盂是炎症和结石的好发部位。

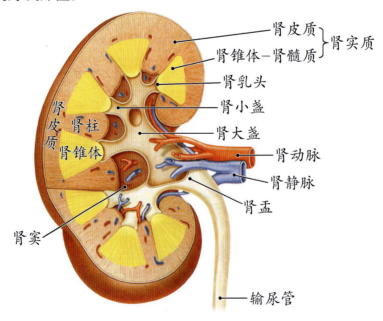

图7-6　右肾冠状切面

五、肾的微细结构

肾实质主要由大量肾单位和集合管构成，其间有少量结缔组织、血管和神经等构成的肾间质。**肾单位**由肾小体和肾小管构成，是尿液形成的结构和功能单位，每个肾约有150万个肾单位。肾小管汇入集合管，它们都是由单层上皮构成的管道，共同行使泌尿功能，故合称为**泌尿小管**（图7-7）。

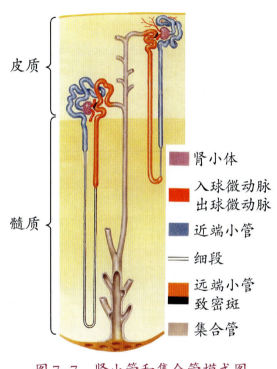

皮质

髓质

- 肾小体
- 入球微动脉 出球微动脉
- 近端小管
- 细段
- 远端小管 致密斑
- 集合管

图7-7　肾小管和集合管模式图

（一）肾单位

1. 肾小体　肾小体位于肾皮质内，呈球形，由血管球和肾小囊组成（图7-8、图7-9）。

（1）血管球：是位于入球微动脉与出球微动脉之间一团盘曲成球状的毛细血管，被肾小囊包裹。毛细血管壁由一层有孔的内皮细胞和基膜构成。由于入球微动脉管径较出球微动脉粗，使得毛细血管内血压较高。

（2）肾小囊：是肾小管的起始端膨大凹陷而成的杯状双层囊，分脏、壁两层，两层之间的狭窄腔隙为**肾小囊腔**，与近曲小管相通。壁层为单层扁平上皮，与近曲小管的上皮相延续。脏层由多突起的足细胞构成，在扫描电镜下，可见**足细胞**从胞体发出几支粗大的初级突起，初级突起再分出许多指状的次级突起，相邻次级突起相互嵌插成栅栏状，紧贴在毛细血管基膜的外面。相邻次级突起之间有宽约25nm的裂隙，称为**裂孔**，裂孔上覆盖一层极薄的**裂孔膜**（图7-10）。

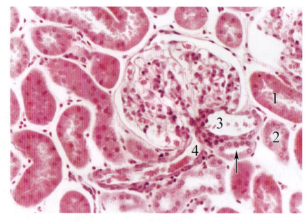

图 7-8　肾皮质的微细结构

1. 近曲小管；2. 远曲小管；3. 入球微动脉；4. 出球微动脉；↑致密斑。

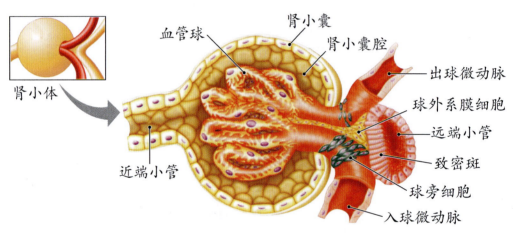

图 7-9　肾小体与球旁复合体模式图

（3）滤过屏障：肾小体犹如滤过器，当血液流经血管球的毛细血管时，由于毛细血管内血压较高，血浆内部分物质经有孔内皮、基膜和足细胞裂孔膜滤入肾小囊腔，这 3 层结构统称为**滤过屏障**或**滤过膜**（图 7-10）。滤入肾小囊腔的滤液称为原尿，其成分与血浆相似。成人一昼夜两肾可产生原尿约 180L。若滤过膜受损（如肾小球肾炎），则大分子血浆蛋白甚至血细胞均可通过滤过膜漏出，而出现蛋白尿或血尿。

2. 肾小管　肾小管与肾小囊腔相连通，是由单层上皮构成的细长而弯曲的管道，从近端至远端依次分为近端小管、细段和远端小管 3 部分，最后汇入集合管（图 7-7、图 7-8）。

（1）近端小管：是肾小管中最长、最粗的一段，分为近曲小管和近直小管两段。近曲小管与肾小囊腔相连通，管腔小而不规则，管壁上皮细胞呈立方形或锥体形，细胞分界不清，胞质呈嗜酸性，核圆形，位于近基底部，游离面的刷状缘为电镜下所见大量较长的微绒毛整齐排列构成。近端小管是重吸收原尿成分的主要场所。

（2）细段：管径细，管壁由单层扁平上皮构成。由于细段上皮薄，有利于水和离子通透。

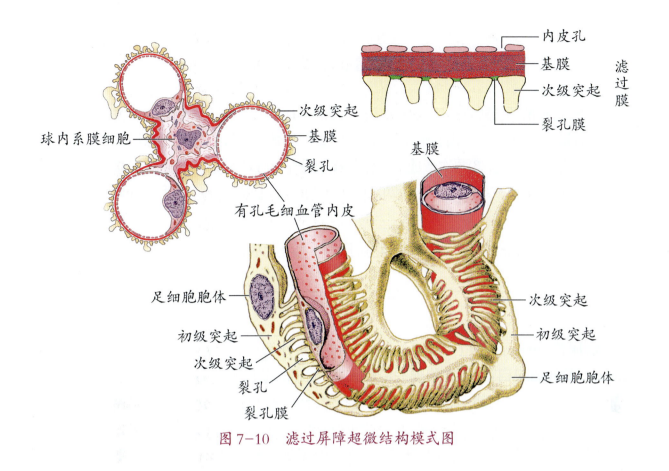

图 7-10　滤过屏障超微结构模式图

（3）远端小管：包括远直小管和远曲小管。管腔较大而规则，管壁上皮细胞呈立方形，细胞分界较清晰，游离面无刷状缘。远曲小管是离子交换的重要部位。

在肾髓质内，由近直小管、细段和远直小管三者构成的 U 形结构，称为**髓袢**或**肾单位袢**。其功能主要是减缓原尿在肾小管中的流速，有利于肾小管对水和部分离子的吸收。

（二）集合管

集合管分为弓形集合管、直集合管和乳头管 3 段（图 7-7）。**弓形集合管**连于远曲小管与直集合管之间，**直集合管**在肾皮质和肾锥体内下行，管径由细逐渐变粗，至肾乳头处改称**乳头管**，开口于肾小盏。集合管的功能与远端小管相似，受醛固酮和抗利尿激素的调节。

综上所述，由肾小体形成的原尿经过肾小管和集合管后，绝大部分水、营养物质和无机盐被重吸收入血，部分离子进行了交换，排出某些代谢产物，最后形成终尿排出体外。成人每天排出终尿 1～2L，仅占原尿的 1% 左右。

（三）球旁复合体

球旁复合体又称肾小球旁器，由球旁细胞、致密斑和球外系膜细胞组成（图 7-9）。①**球旁细胞**，是入球微动脉接近肾小体处，管壁中的平滑肌细胞分化而成的上皮样细胞。球旁细胞分泌**肾素**。②**致密斑**，为远端小管靠近肾小体侧的上皮细胞增高、变窄而形成的椭圆形斑。致密斑是一种离子感受器，能敏锐地感受远端小管内 Na^+ 的浓度变化。

六、肾的血液循环特点

肾的血液循环与肾功能密切相关，其主要特点是：①肾动脉直接发自腹主动脉，短而粗，血流量大，流速快，约占心输出量的 1/4；②入球微动脉较出球微动脉粗，使血管球内压较高，有利于滤过；③两次形成毛细血管网，即入球微动脉分支形成血管球，出球微动脉在肾小管周围形成球后毛细血管网。前者有利于滤过作用，后者有利于重吸收功能。

第二节　输尿管、膀胱和尿道

一、输　尿　管

输尿管（ureter）是位于腹膜外的一对细长肌性管道，长 20～30cm，管径为 0.5～1.0cm。输尿管起自肾盂，在腹膜后沿腰大肌的前面下行，至小骨盆入口处，左输尿管越过左髂总动脉末端的前方、右输尿管越过右髂外动脉起始部的前方进入盆腔（图 7-3），在膀胱底斜穿膀胱壁，开口于膀胱底内面的输尿管口（图 7-11）。

输尿管全程有 3 处狭窄：上狭窄位于肾盂与输尿管移行处；中狭窄位于小骨盆入口、输尿管跨越髂血管处；下狭窄位于输尿管斜穿膀胱壁处。狭窄处口径只有 0.2～0.3cm，是输尿管结石易滞留的部位。

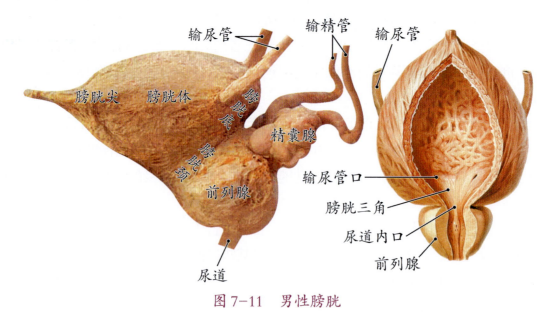

图 7-11　男性膀胱

二、膀　　胱

膀胱（urinary bladder）是储存尿液的肌性囊状器官（图 7-11），其形状、大小、位置、壁的厚度因年龄、性别及尿液的充盈程度不同而异。成人膀胱容量为350~500ml，最大容量可达800ml，新生儿的膀胱容量约为成人的1/10。

（一）膀胱的形态

空虚的膀胱呈三棱锥体形，可分为尖、体、底和颈4部分，**膀胱尖**朝向前上方，**膀胱底**呈三角形，朝向后下方。膀胱尖与底之间的部分为**膀胱体**。膀胱的最下部为**膀胱颈**，其下端有尿道内口通尿道（图7-11）。

（二）膀胱的位置与毗邻

成人膀胱位于盆腔的前部，其前方为耻骨联合。后方在男性邻接精囊、输精管末端和直肠，女性邻接子宫和阴道（图7-1）。膀胱颈在男性邻接前列腺，女性邻接尿生殖膈。膀胱空虚时全部位于盆腔内，充盈时膀胱腹膜反折线可上移至耻骨联合上方，使膀胱前下壁直接与腹前壁相贴。此时，可在耻骨联合上方行膀胱穿刺术，既不经过腹膜腔，也不会伤及腹膜和污染腹膜腔，穿刺针依次穿经皮肤、浅筋膜、腹白线、腹横筋膜、膀胱前壁而达膀胱腔。

（三）膀胱壁的构造

膀胱壁由内向外由黏膜、肌层和外膜构成。黏膜上皮为变移上皮。膀胱空虚时黏膜形成许多皱襞，膀胱充盈时皱襞减少或消失。在膀胱底的内面，位于两侧输尿管口与尿道内口之间的三角形区域，称为**膀胱三角**（trigone of bladder）（图7-11）。此区域黏膜与肌层紧密相连，无论膀胱充盈或空虚时，黏膜始终平滑无皱襞。膀胱三角是肿瘤、结核和炎症的好发部位，也是膀胱镜检查的重点区域。两侧输尿管口之间黏膜形成的横形皱襞称为**输尿管间襞**，膀胱镜下所见为一苍白带，是膀胱镜检查时寻找输尿管口的标志。肌层较厚，由内纵行、中环行和外纵行3层平滑肌组成，各层肌纤维互相交织，分界不清。中层环行肌在尿道内口处增厚为内括约肌。

三、尿　　道

男性尿道见男性生殖系统。女性尿道长3~5cm，直径约0.6cm，仅有排尿功能，起自膀胱的尿道内口，经阴道前方行向前下，与阴道前壁紧密相邻，穿过尿生殖膈处有骨骼肌形成的尿道阴道括约肌环绕，以尿道外口开口于阴道前庭（图7-1）。由于女性尿道较男性尿道短、宽而直，且尿道外口距阴道口和肛门较近，故易引起尿路逆行性感染。临床上为女性患者插导尿管时，要注意尿道外口的位置，尿管插入尿道的深度为4~6cm。

本章小结　　本章的学习重点是泌尿系统的组成、肾的位置、形态和结构。学习难点为肾的微细结构。在学习过程中注意泌尿系统各器官之间的连通关系，比较膀胱不同充盈程度时的位置变化，理解肾3层被膜的位置关系，重视输尿管的 3 处狭窄与膀胱三角的位置及临床意义，区别肾门与肾窦内的结构，注重从女性尿道的解剖特点理解女性易引起尿路逆行性感染的原因，提高运用泌尿系统知识分析、解决问题的能力。

（杨成竹）

 思考与练习

1. 简述女性尿道的特点及临床意义。
2. 肾小囊腔内的尿液经过哪些结构排出体外（用箭头表示）？
3. 何为膀胱三角？有何临床意义？膀胱镜下寻找输尿管口的标志是什么？

第八章 | 生 殖 系 统

08章

08章 数字内容

1. 具有应用男、女性生殖系统和腹膜的理论知识分析、解释生活现象和临床问题的能力。
2. 掌握男、女性生殖系统的组成;前列腺的位置;男性尿道的分部、狭窄和弯曲及其临床意义;输卵管的位置和分部;卵巢和子宫的形态、位置及固定装置;腹膜形成的陷凹。
3. 熟悉睾丸的位置;阴道的位置及毗邻;乳房的结构特点;腹膜腔、产科会阴的概念。
4. 了解男、女性外生殖器的组成;睾丸、卵巢和子宫的微细结构;腹膜形成的主要结构。
5. 学会在活体上确认女性乳房的乳头、乳晕和输乳管的开口。

 导学

　　人类的生殖充满着无穷的奥秘,它是经过男、女性生殖系统的共同活动来实现的。那么,男、女性生殖系统是如何组成的? 生殖细胞由何器官产生? 性激素由哪些细胞分泌? 参与生殖的器官具有怎样的形态结构特点? 分别扮演着什么样的角色? 让我们带着这些神奇而有趣的问题一起来探究生殖系统的奥秘。

　　生殖系统(reproductive system)分男性生殖系统和女性生殖系统,其主要功能是繁殖后代、分泌性激素和维持和谐的性生活。男、女性生殖系统都可分为内生殖器和外生殖器两部分。内生殖器多数位于盆腔内,包括产生生殖细胞和分泌性激素的生殖腺、输送生殖细胞的生殖管道和附属腺;外生殖器则显露于体表。

第一节　男性生殖系统

　　男性内生殖器由生殖腺（睾丸）、输精管道（附睾、输精管、射精管及男性尿道）和附属腺（精囊、前列腺和尿道球腺）组成，外生殖器为阴囊和阴茎（图8-1）。睾丸是产生精子和分泌雄激素的器官。睾丸产生的精子先储存于附睾内，射精时经输精管、射精管和尿道排出体外。

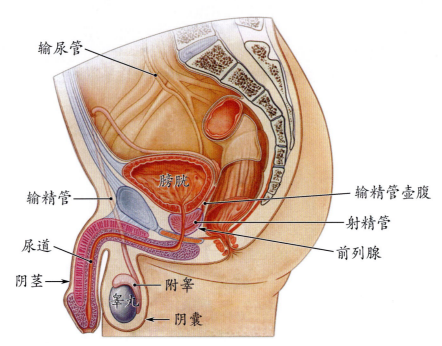

图8-1　男性生殖器模式图

一、男性内生殖器

（一）睾丸

　　1. 睾丸的位置和形态　**睾丸**（testis）位于阴囊内，左右各一，呈扁椭圆形，表面光滑，可分为上下两端、前后两缘和内外侧面。上端被附睾包裹，下端游离。后缘与附睾相接并有睾丸输出小管、血管、神经和淋巴管出入。睾丸除后缘外都被覆有鞘膜，鞘膜分脏、壁两层，二者在睾丸后缘处相互移行形成一个密闭的腔隙，称为**鞘膜腔**（图8-2），内有少量浆液。炎症时液体增多，形成鞘膜积液。

　　2. 睾丸的微细结构　睾丸表面覆以浆膜，即鞘膜脏层，其深部为致密结缔组织构成的坚韧白膜。在睾丸后缘处白膜增厚并伸入睾丸实质内形成**睾丸纵隔**。睾丸纵隔又发出许多放射状的睾丸小隔，将睾丸实质分成约250个锥形**睾丸小叶**。每个小叶内有1~4条细长而弯曲的生精小管。生精小管在接近睾丸纵隔处变为短而直的直精小管，它们进入睾丸纵隔并相互交织形成睾丸网。由睾丸网发出12～15条睾丸输出小管,经睾丸后缘上部进入附睾(图8-3)。

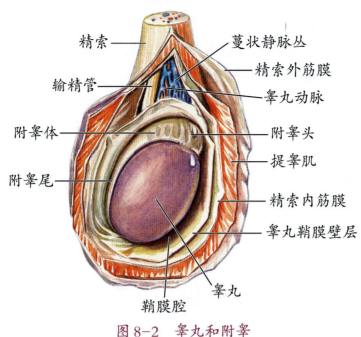

图8-2 睾丸和附睾

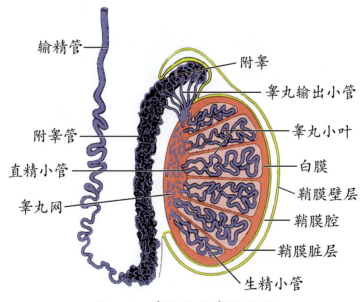

图8-3 睾丸与附睾模式图

（1）生精小管:由生精上皮构成,是产生精子的部位。生精上皮由支持细胞和5～8层生精细胞组成。从青春期开始,生精小管管壁内可见不同发育阶段的**生精细胞**,自生精小管基底部至腔面,依次为精原细胞、初级精母细胞、次级精母细胞、精子细胞和精子(图8-4)。从精原细胞发育成为精子的过程称为**精子发生**,人需要(64±4.5)天方可完成。从青春期开始,在垂体分泌的促性腺激素刺激下,精原细胞不断地分裂增殖,一部分作为干细胞继续存在，另一部分经过数次分裂后分化为初级精母细胞。**初级精母细胞**进行第一次减数分裂，形成两个次级精母细胞。**次级精母细胞**迅速进入第二次减数分裂，产生两个精子细胞，核型为 23，X 或 23，Y。**精子细胞**不再分裂，经过复杂的形态变化，由圆形逐渐转变为蝌蚪状的精子，这一过程称为**精子形成**。精子（spermatozoon）分为头、尾两部分。头部主要为高度浓缩的细胞核，其前 2/3 有顶体覆盖，内含多种水解酶，在受精过程中发挥重要作用。尾部是精子运动的主要装置。

　　支持细胞呈不规则长锥体形，基底部紧贴基膜，顶部伸至腔面（图 8-4）。因其侧面镶嵌着各级生精细胞，故光镜下细胞轮廓不清。支持细胞对生精细胞起支持和营养作用。

　　（2）睾丸间质：位于生精小管之间，为富含血管和淋巴管的疏松结缔组织，内含成群分布的**睾丸间质细胞**。睾丸间质细胞呈圆形或多边形，核圆形，胞质呈嗜酸性（图 8-4）。从青春期开始，睾丸间质细胞在垂体分泌的黄体生成素刺激下，分泌**雄激素**。雄激素可启动和维持精子发生、促进男性生殖器官的发育以及维持第二性征和性功能。

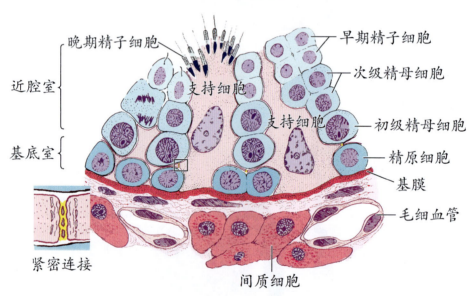

图 8-4　生精细胞与支持细胞关系模式图

（二）附睾

　　附睾（epididymis）呈新月形，贴附于睾丸的上端和后缘。附睾的上端膨大为**附睾头**，由睾丸输出小管弯曲盘绕而成，其末端汇合成一条盘曲的附睾管，形成**附睾体**和**附睾尾**（图 8-2）。附睾向内上弯曲移行为输精管。附睾可暂时储存精子，分泌附睾液营养精子，并促进精子进一步成熟。

（三）输精管和射精管

　　输精管（ductus deferens）是附睾管的直接延续，为一对壁厚腔小的肌性管道（图 8-1）。沿睾丸后缘上行至睾丸上端，穿过腹股沟管入盆腔，经输尿管末端的前方绕至膀胱底的后面，在精囊内侧膨大形成输精管壶腹，其末端变细与精囊的输出管汇合成射精管（图 8-5）。**射精管**（ejaculatory duct）长约 2cm，向前下斜穿前列腺实质，开口于尿道的前列腺部。输精管在睾丸上端至腹股沟管皮下环之间位置表浅，活体触摸呈坚实的圆索状，是输精管结扎的理想部位。

精索（spermatic cord）是位于睾丸上端延伸至腹股沟管腹环之间的一对柔软的圆索状结构，由输精管、睾丸动脉、蔓状静脉丛、神经和淋巴管等结构外包3层被膜构成（图8-2）。

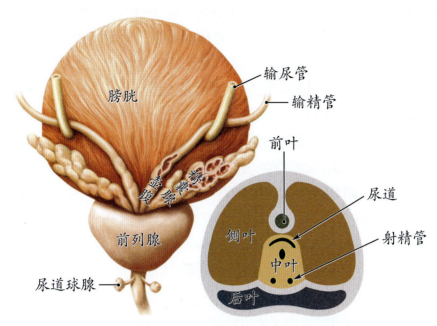

图8-5　前列腺、精囊和尿道球腺（后面观）

（四）精囊

精囊（seminal vesicle）为一对长椭圆形囊状腺体，位于膀胱底后方输精管末端的外侧，其输出管与输精管壶腹末端汇合成射精管（图8-5）。

（五）前列腺

前列腺（prostate）是由腺组织、结缔组织和平滑肌构成的实质性器官，位于膀胱颈与尿生殖膈之间，中央有尿道穿过（图8-1、图8-5）。前列腺呈前后略扁的栗子形，上端宽大为前列腺底，下端尖细为前列腺尖，底与尖之间的部分为前列腺体。体后面平坦，中线上有一纵行浅沟，称为**前列腺沟**，其后面与直肠相邻，活体直肠指检时可扪及此沟，前列腺肥大时此沟变浅或消失。

小儿前列腺较小，青春期前列腺迅速生长发育成熟，老年人腺组织逐渐退化，结缔组织增生易发生前列腺肥大，严重时可压迫尿道引起排尿困难甚至尿潴留。

（六）尿道球腺

尿道球腺（bulbourethral gland）为一对豌豆大小的球形腺体，埋藏在尿生殖膈内，其输出管开口于尿道球部（图8-5）。

精液是由输精管道和附属腺的分泌物与精子共同组成的弱碱性、乳白色混合体。健康成年男性一次射精2~5ml，含有精子3亿~5亿个。精子数量过少或活力不强将影响生育。

二、男性外生殖器

1. 阴囊（scrotum） 是位于阴茎后下方的皮肤囊袋，由皮肤和肉膜构成（图8-1）。皮肤薄而柔软，颜色深暗，多皱褶且生有稀疏的阴毛。肉膜为阴囊的浅筋膜，内无脂肪组织，富含平滑肌纤维，其随体内、外温度的变化而舒缩，以调节阴囊内部的温度，使其低于体温1～2℃，有利于精子的发育和生存。肉膜在中线处向内伸入形成阴囊中隔，将阴囊分为左、右两腔，分别容纳两侧的睾丸、附睾和精索等。

2. 阴茎（penis） 为男性的性交器官，分为阴茎头、阴茎体和阴茎根3部分（图8-6）。后端为**阴茎根**，附着于耻骨弓和尿生殖膈。中部为呈圆柱形的**阴茎体**，悬垂于耻骨联合的前下方。前端膨大为**阴茎头**，尖端有矢状位的**尿道外口**。阴茎头后较细的部分为阴茎颈。

阴茎由背侧的两条**阴茎海绵体**和腹侧的一条尿道海绵体外包筋膜和皮肤而构成。**尿道海绵体**内有尿道纵行穿过，其前端膨大为阴茎头，后端膨大为**尿道球**。海绵体内部由许多海绵体小梁和与血管相通的间隙构成。当腔隙充血时，阴茎即变粗变硬而勃起。

阴茎的皮肤薄而富有伸展性，在阴茎颈前端皮肤反折形成包绕阴茎头的双层皮肤皱襞，称为**阴茎包皮**（图8-6）。包皮与阴茎头之间的腔隙为包皮腔，腔内常有包皮垢。在阴茎腹侧中线处，包皮与阴茎头相连的皮肤皱襞，称为**包皮系带**。行包皮环切术时，应注意勿伤及包皮系带，以免影响阴茎的勃起功能。

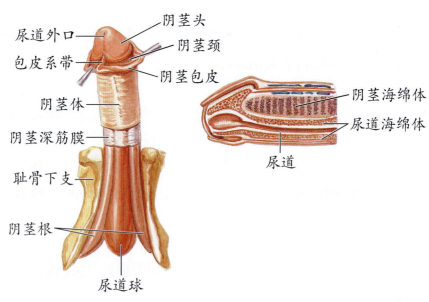

图8-6　阴茎的构造

三、男 性 尿 道

男性尿道（male urethra）兼有排尿和排精的双重功能，起自膀胱的尿道内口，终于阴茎头的尿道外口(图8-7),成人尿道长16～22cm,管径5～7mm,可分为前列腺部、膜部和海绵体部3部。临床上常把尿道前列腺部和膜部合称为**后尿道**,海绵体部称为**前尿道**。

1. 前列腺部　前列腺部为尿道穿过前列腺的部分,长约3cm,管腔较为宽阔,后壁上有射精管和前列腺输出管的开口。

2. 膜部　膜部为尿道穿过尿生殖膈的部分,长约1.5cm,周围有骨骼肌形成的尿道外括约肌环绕,有控制排尿的作用。膜部位置比较固定,当骨盆骨折或会阴骑跨伤时易损伤此部。

3. 海绵体部　海绵体部为尿道穿过尿道海绵体的部分,长12～17cm。尿道球内的尿道最宽,称为**尿道球部**。阴茎头内的尿道扩大成**尿道舟状窝**。

男性尿道有三个狭窄和两个弯曲。三个狭窄分别位于尿道内口、尿道膜部和尿道外口,其中以尿道外口最为狭窄(图8-7)。尿道结石常易嵌顿于上述狭窄处。两个弯曲是耻骨下弯和耻骨前弯。**耻骨下弯**位于耻骨联合下方,是由尿道前列腺部、膜部和海绵体部的起始段形成凸向后下方的弯曲。**耻骨前弯**位于耻骨联合前下方,是由阴茎根、体内的尿道形成凸向前上方的弯曲。耻骨下弯是恒定的,耻骨前弯在阴茎勃起或将阴茎向上提时即可变直而消失。

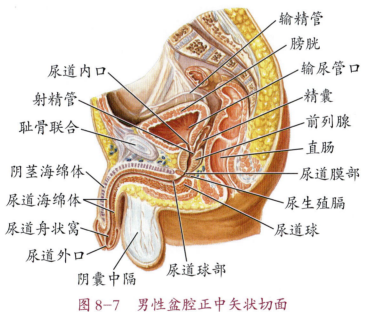

图8-7　男性盆腔正中矢状切面

 知识拓展

男性导尿术

临床上为男性患者插导尿管时,将阴茎向上提起与腹前壁成60°角,耻骨前弯即可变直而消失。此时,尿道形成一个凹向上的大弯曲,将导尿管轻轻缓慢从尿道外口插入,依次穿经尿道海绵体部、膜部、前列腺部和尿道内口,当插入20～22cm时见有尿液流出后,再继续插入 2cm 即可。给男性患者导尿或行膀胱镜检查时，应注意尿道的三个狭窄和两个弯曲，以免损伤尿道。

第二节　女性生殖系统

女性内生殖器由生殖腺（卵巢）、输送管道（输卵管、子宫、阴道）和附属腺体（前庭大腺）组成（图 8-8）。外生殖器即女阴。卵巢是产生卵子和分泌雌激素、孕激素的器官。发育成熟的卵泡将卵子排入腹膜腔，经输卵管腹腔口进入输卵管，在输卵管内受精后移至子宫腔内，植入子宫内膜发育成胎儿。成熟的胎儿在分娩时离开子宫经阴道娩出。

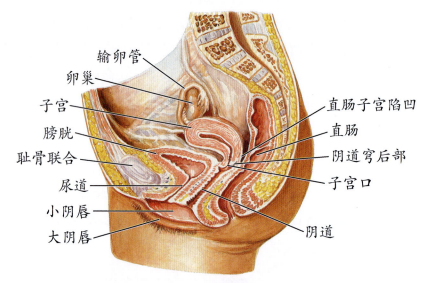

图 8-8　女性盆腔正中矢状切面

一、女性内生殖器

（一）卵巢

1. 卵巢的位置和形态　卵巢（ovary）左右各一，位于子宫两侧，盆腔侧壁髂内、外动脉分叉处的卵巢窝内（图 8-8）。卵巢呈扁卵圆形，分为内外侧两面、前后两缘和上下两端。前缘借卵巢系膜连于子宫阔韧带，其中部血管、神经等出入之处称为**卵巢门**。上端与输卵管伞相接触，并借**卵巢悬韧带**（又称骨盆漏斗韧带）悬附于小骨盆侧缘，内有卵巢的血管、神经和淋巴管等，是手术时寻找卵巢血管的标志。下端借**卵巢固有韧带**连于子宫底的两侧（图 8-9）。卵巢的正常位置主要依靠上述韧带的维持。

2. 卵巢的年龄变化　卵巢的形态和大小随年龄而变化。幼女的卵巢较小，表面光滑。性成熟期卵巢最大，成年女性的卵巢约为 4cm×3cm×1cm 大小。由于多次排卵，表面出现瘢痕而变得凹凸不平。35～40 岁卵巢开始缩小，50 岁左右逐渐萎缩，月经随之停止。

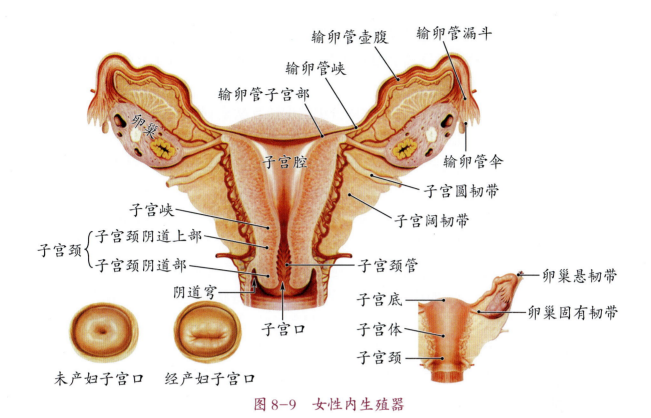

图 8-9　女性内生殖器

3. 卵巢的微细结构　卵巢表面覆有单层扁平或单层立方形的表面上皮,上皮深部为薄层致密结缔组织构成的白膜。卵巢实质分为周围的皮质和中央的髓质。皮质由不同发育阶段的卵泡、黄体和结缔组织等构成;髓质为富含血管、淋巴管和神经的疏松结缔组织(图 8-10)。

(1)卵泡的发育与成熟:卵泡的发育是一个连续的动态变化过程,经历了原始卵泡、初级卵泡、次级卵泡和成熟卵泡 4 个阶段,其中初级卵泡和次级卵泡又称为生长卵泡(图 8-10)。

卵和卵泡的发育阶段

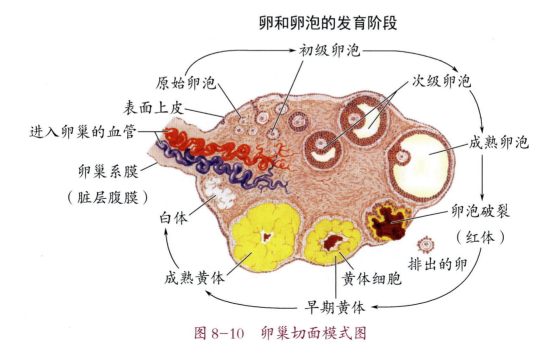

图 8-10　卵巢切面模式图

1）原始卵泡：位于皮质的浅层，数量多，体积小，是处于静止状态的卵泡，由中央的一个初级卵母细胞和周围一层扁平卵泡细胞构成。青春期开始约有4万个原始卵泡，至40～50岁时仅剩几百个。

2）初级卵泡：从青春期开始，在垂体分泌的促性腺激素刺激下，部分原始卵泡开始生长发育，形成初级卵泡。其主要结构变化是：①初级卵母细胞体积增大；②卵泡细胞由单层分化为多层；③在初级卵母细胞与卵泡细胞之间出现一层由两者共同分泌形成的嗜酸性膜，称为**透明带**；④卵泡周围的结缔组织形成卵泡膜。

3）次级卵泡：由初级卵泡发育而来，当卵泡细胞间出现液腔时则称为次级卵泡。其结构的主要特点是：①卵泡细胞之间出现卵泡腔是显著特点，腔内充满卵泡液；②随着卵泡液的增多及卵泡腔的扩大，初级卵母细胞、透明带和周围的卵泡细胞被挤到卵泡腔的一侧，形成突入卵泡腔内的**卵丘**；③紧贴透明带的一层高柱状卵泡细胞呈放射状排列，故名**放射冠**；④构成卵泡壁的卵泡细胞排列密集呈颗粒状，故又称为**颗粒层**，卵泡细胞改称**颗粒细胞**；⑤卵泡膜分化为内、外两层，内层的膜细胞具有内分泌功能。

4）成熟卵泡：是次级卵泡发育的最后阶段。由于卵泡液的急剧增多，使成熟卵泡体积显著增大，直径可达2cm，卵泡壁变薄，并向卵巢表面突出。在排卵前36～48小时，初级卵母细胞完成第一次减数分裂，形成一个大的次级卵母细胞和一个小的第一极体。次级卵母细胞迅速进入第二次减数分裂，并停滞在分裂中期。

次级卵泡与成熟卵泡具有内分泌功能，主要是膜细胞和颗粒细胞在垂体分泌的促性腺激素刺激下协同合成分泌雌激素。

（2）排卵：随着成熟卵泡的卵泡液剧增，突向卵巢表面的部分卵泡壁、白膜及上皮逐渐变薄，最终破裂，从卵泡壁脱落的次级卵母细胞连同透明带、放射冠与卵泡液一起从卵巢排出到腹膜腔的过程，称为**排卵**（图8-10）。从青春期至更年期，卵巢在垂体分泌的促性腺激素刺激下，每28天有15～20个原始卵泡生长发育，一般只有一个优势卵泡能发育成熟并排卵。正常女性一生中约排卵400余个，其余大部分均在不同的发育阶段退化为闭锁卵泡。排卵一般发生在月经周期的第14天左右，两侧卵巢交替排卵，一般一次只排一个卵。

（3）黄体的形成与退化：成熟卵泡排卵后，残留的卵泡壁连同卵泡膜及其血管一起向卵泡腔内塌陷，在垂体分泌的黄体生成素刺激下，逐渐发育成一个体积较大而又富有血管的内分泌细胞团，新鲜时呈黄色，故称为**黄体**（corpus luteum）（图8-10）。黄体可分泌孕激素和雌激素。

黄体的发育结局取决于排出的卵是否受精。若未受精，黄体仅维持14天左右即退化，称为**月经黄体**。若受精，黄体可维持6个月，甚至更长时间，称为**妊娠黄体**。两种黄体最终都要退化消失，逐渐被增生的结缔组织取代，变成白色瘢痕，称为**白体**。

（二）输卵管

输卵管（uterine tube）是一对输送卵子的细长而弯曲的肌性管道，长10～14cm，连于子宫底两侧，位于子宫阔韧带上缘内。临床上常把卵巢和输卵管统称为子宫附件。

输卵管由内侧向外侧分为4部分（图8-9）：①**输卵管子宫部**，为潜行于子宫壁内的部分，管腔最窄，以输卵管子宫口通子宫腔。②**输卵管峡**，是子宫部向外延伸短直而狭窄的一段，是输卵管结扎术的常选部位；③**输卵管壶腹**，约占输卵管全长的2/3，粗而弯曲，卵子常在此部受精；④**输卵管漏斗**，为输卵管外侧端呈漏斗状的膨大部分，漏斗末端中央有输卵管腹腔口，开口于腹膜腔。输卵管漏斗的周缘有许多细长的指状突起，称为**输卵管伞**，有"拾卵"作用，也是手术时识别输卵管的标志。

（三）子宫

1. 子宫的形态和分部　**子宫**（uterus）为壁厚、腔小的肌性器官，是孕育胎儿和产生月经的场所。成人未孕子宫呈前后略扁、倒置的梨形，长7～8cm，宽4～5cm，厚2～3cm，容量约5ml（图8-8）。子宫分为底、体和颈3部分（图8-9）。**子宫底**为两侧输卵管子宫口以上向上隆凸的部分。下端狭窄呈圆柱状的部分为**子宫颈**，其下端突入阴道的部分称为**子宫颈阴道部**，是子宫颈癌的好发部位；在阴道以上的部分称为**子宫颈阴道上部**。**子宫体**为子宫底与子宫颈之间的部分。子宫体与子宫颈阴道上部间稍狭细的部分称为**子宫峡**，长约1cm。在妊娠期，子宫峡可延长到7～10cm，形成"子宫下段"，是剖宫产术常用的切口部位。

子宫内腔较狭窄，分为两部：上部在子宫体内，称为**子宫腔**，呈前后略扁的倒置三角形腔隙，腔底两端通输卵管。下部位于子宫颈内，称为**子宫颈管**，呈梭形，上口通子宫腔，下口通阴道，称为**子宫口**。未产妇子宫口呈圆形，经产妇呈横裂状（图8-9）。

2. 子宫的位置　子宫位于盆腔的中央，在膀胱与直肠之间，下端接阴道，两侧连有输卵管和卵巢（图8-8）。当膀胱空虚时，成年人子宫的正常位置呈轻度前倾前屈位。前倾是指子宫长轴与阴道长轴形成向前开放的钝角，略大于90°；前屈是指子宫体长轴与子宫颈长轴之间形成向前开放的钝角，约为170°。子宫的位置可随膀胱、直肠充盈程度的变化而改变。

3. 子宫的固定装置　子宫依靠盆底肌的承托和子宫韧带的牵拉固定维持其正常位置，固定子宫的韧带有4对（图8-11）：①**子宫阔韧带**，为覆盖于子宫前、后面的腹膜自子宫两侧缘延伸至盆腔侧壁的双层腹膜皱襞，可限制子宫向两侧移动；②**子宫圆韧带**，是由平滑肌和结缔组织构成的圆索状结构，起自输卵管与子宫连接处的前下方，向前外侧弯行穿经腹股沟管，止于阴阜和大阴唇的皮下，是维持子宫前倾的主要结构；③**子宫主韧带**，位于子宫阔韧带下部的两层腹膜之间，是连于子宫颈两侧缘与盆腔侧壁之间的结缔组织和平滑肌，是维持子宫颈正常位置、防止子宫向下脱垂的重要结构；④**子宫骶韧带**，起自子宫颈后面，向后绕过直肠的两侧，止于骶骨前面。子宫骶韧带向后上方牵引子宫颈，与子宫圆韧带协同，维持子宫前屈。

4. 子宫壁的微细结构　子宫壁由内向外分为内膜、肌层和外膜3层（图8-12）。①内膜，由单层柱状上皮和固有层组成。固有层较厚，由增生能力较强的结缔组织以及螺旋动脉和管状的子宫腺等构成。子宫底部和体部的内膜根据结构和功能的不同，可分为浅部的功能层和深部的基底层。功能层较厚，自青春期起在卵巢激素的作用下发生周期性脱落。基底层较薄，紧邻肌层，无周期性脱落变化，有修复内膜、产生新的功能层的作用。②肌层，最厚，由纵横交错的平滑肌束和束间结缔组织构成。肌层大致分为黏膜下层、中间层和浆膜下层。肌层的收缩活动有助于经血的排出以及胎儿的娩出。③外膜，大部分子宫底部和体部为浆膜，子宫颈处为纤维膜。

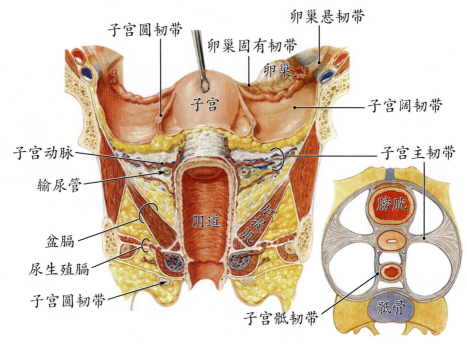

图 8-11　子宫的固定装置

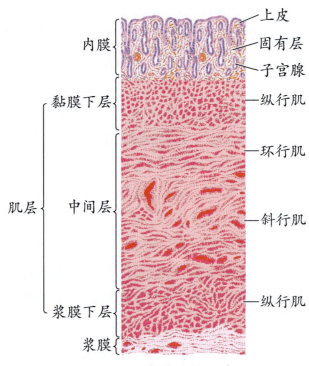

图 8-12　子宫壁结构仿真图

5. 子宫内膜的周期性变化 从青春期开始,子宫内膜(子宫颈除外)的功能层在卵巢分泌的雌激素和孕激素周期性作用下发生周期性变化,即每隔28天左右发生一次内膜剥脱、出血、修复和增生过程,称为**月经周期**。每个月经周期是从月经第1天起至下次月经来潮前1天止,可分为**月经期**、**增生期**和**分泌期**3个时期(图8-13、表8-1)。

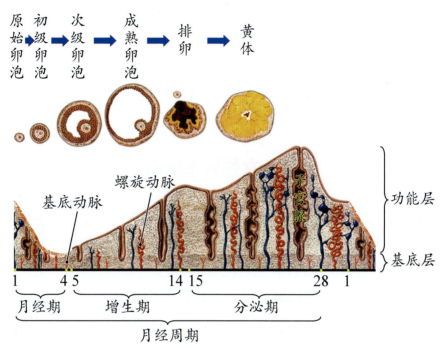

图8-13 子宫内膜周期性变化与卵巢周期性变化关系示意图

表8-1 子宫内膜周期性变化与卵巢周期性变化的关系

月经周期	增生期(第5~14天)	分泌期(第15~28天)	月经期(第1~4天)
卵巢的变化	若干卵泡开始生长发育,向成熟卵泡发育,雌激素分泌逐渐增多	黄体形成,分泌孕激素和雌激素	黄体退化,雌激素和孕激素骤然下降
子宫内膜的变化	子宫内膜功能层修复、增厚,子宫腺和螺旋动脉随之增长,并出现弯曲	子宫内膜进一步增厚,子宫腺腔内充满分泌物,螺旋动脉弯曲、充血	螺旋动脉痉挛性收缩,内膜功能层坏死、脱落,螺旋动脉破裂出血,形成月经

(四)阴道

1. 阴道的位置和形态 **阴道**(vagina)是连接子宫与外生殖器之间富有伸展性的肌性管道,是女性的交接器官,也是排出月经和娩出胎儿的通道。阴道位于小骨盆下部中央,前壁与膀胱和尿道相邻,后壁与直肠贴近。阴道上端宽阔,包绕子宫颈阴道部,二者之间形成向上的环形凹陷称为**阴道穹**,可分为前部、后部和左右侧部(图8-8、图8-9)。**阴道**

后穹最深,与其后上方的直肠子宫陷凹紧密相邻。阴道下部较窄,以阴道口开口于阴道前庭,处女的阴道口周围有处女膜附着(图8-14)。

2. 阴道黏膜的结构特点　阴道黏膜形成许多横行皱襞,上皮为未角化的复层扁平上皮。在雌激素作用下,上皮细胞内聚集大量糖原,浅层细胞脱落后,糖原被乳酸杆菌分解为乳酸,使阴道呈酸性环境,能抑制细菌生长并防止病菌侵入子宫。

(五)前庭大腺

前庭大腺(greater vestibular gland)位于**大阴唇**后部、前庭球后端深面,形如黄豆大小,左右各一(图8-14)。其导管向内侧开口于阴道前庭的阴道口与小阴唇之间的沟内,分泌物有润滑阴道口的作用。

二、女性外生殖器

女性外生殖器即**女阴**,临床上称为**外阴**,包括以下结构(图8-14):①**阴阜**,为耻骨联合前面的皮肤隆起,皮下脂肪丰富,性成熟后生有阴毛。②**大阴唇**,是一对从阴阜向后延伸至会阴的纵行隆起的皮肤皱襞,有色素沉着和阴毛。大阴唇的皮下组织较疏松,血管丰富,外伤后易形成血肿。③**小阴唇**,是位于大阴唇内侧的一对较薄而光滑的皮肤皱襞。④**阴道前庭**,是位于两侧小阴唇之间的裂隙,其前部有尿道外口,后部有阴道口。阴道口两侧有前庭大腺导管的开口。⑤**阴蒂**,位于尿道外口的前上方,露出阴蒂包皮的阴蒂头富有感觉神经末梢,故感觉敏锐。⑥**前庭球**,呈蹄铁形,位于阴道两侧的大阴唇皮下。

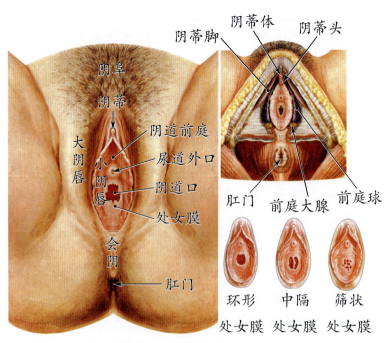

图8-14　女性外生殖器

第三节 腹 膜

案例分析

患者,男性,35 岁。消化道溃疡病史 3 年,近期上腹部疼痛频繁发作,晚上聚餐后突发右上腹剧痛,并迅速蔓延至全腹而急诊入院。查体:腹式呼吸消失,腹肌紧张,全腹压痛、反跳痛,叩诊移动性浊音(+),肝浊音界缩小。血常规:白细胞 $12 \times 10^9/L$,中性粒细胞 90%。临床诊断:急性化脓性腹膜炎。

请思考:

1. 白细胞总数增多和中性粒细胞比例升高说明什么?

2. 该患者应采取什么样的护理体位?为什么?

3. 半卧位时腹膜腔积液通常聚集在何处?应在何处穿刺抽取腹膜腔积液?

一、概 述

腹膜(peritoneum)是覆盖于腹、盆壁内表面和腹、盆腔器官表面的一层薄而光滑的浆膜。其中衬于腹、盆壁内表面的腹膜称为**壁腹膜**,覆盖于腹、盆腔器官表面的腹膜称为**脏腹膜**。壁腹膜与脏腹膜相互延续、移行,共同围成不规则的潜在性腔隙,称为**腹膜腔**,腔内仅有少量浆液(图 8-15)。男性的腹膜腔为封闭的腔隙,女性的腹膜腔则借输卵管腹腔

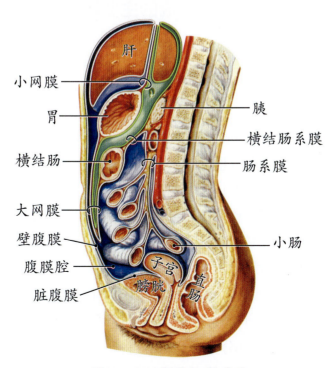

图 8-15 腹膜与腹膜腔

口经输卵管腔、子宫腔和阴道与外界相通。

腹腔与腹膜腔在解剖学上是两个不同的概念。腹腔是指膈以下、小骨盆上口以上,由腹壁围成的腔,广义的腹腔包括小骨盆腔在内。腹腔器官均位于腹腔之内、腹膜腔之外。

腹膜具有分泌、吸收、保护、修复、支持等功能。腹膜分泌少量浆液,起润滑和减少器官间摩擦的作用。腹膜能吸收腹膜腔内的液体和气体。一般认为,上腹部腹膜的吸收能力强于下腹部,故腹膜炎或腹部手术后的患者多采取半卧位,使有害液体流至下腹部,以减缓腹膜对有害物质的吸收。

二、腹膜与腹、盆腔器官的关系

根据器官被腹膜覆盖的情况,可将腹、盆腔器官分为3种类型(图8-15、图8-16):①**腹膜内位器官**为表面几乎全被腹膜包裹的器官,如胃、十二指肠上部、空肠、回肠、盲肠、阑尾、横结肠、乙状结肠、脾、卵巢和输卵管等;②**腹膜间位器官**为表面大部分由腹膜覆盖的器官,如肝、胆囊、升结肠、降结肠、直肠上段、子宫和充盈的膀胱等;③**腹膜外位器官**为仅一面被腹膜覆盖的器官,如肾、肾上腺、输尿管、空虚的膀胱、十二指肠降部和水平部、直肠中下段和胰等。

了解器官与腹膜的关系有重要的临床意义。如腹膜内位器官的手术,必须通过腹膜腔才能进行;而对腹膜外位器官的肾、输尿管或腹膜间位器官的膀胱施行手术,可不经腹膜腔而在腹膜外进行,以避免腹膜腔感染和术后器官间粘连。

三、腹膜形成的主要结构

在壁腹膜与脏腹膜之间或脏腹膜之间相互反折移行的过程中,形成了网膜、系膜、韧带和陷凹等结构,对器官起着连接和固定作用。

(一)网膜

网膜是与胃小弯和胃大弯相连的双层腹膜结构,两层腹膜间有血管、神经、淋巴管和结缔组织等,包括小网膜和大网膜(图8-16)。

1. 小网膜   小网膜是连于肝门与胃小弯和十二指肠上部之间的双层腹膜结构。其左侧部从肝门连于胃小弯的部分称为**肝胃韧带**;右侧部从肝门连于十二指肠上部的部分称为**肝十二指肠韧带**,内有胆总管、肝固有动脉和肝门静脉通过。小网膜右缘游离,其后方为**网膜孔**,经此孔可进入网膜囊。

2. 大网膜   大网膜是连于胃大弯与横结肠之间的4层腹膜结构,形似围裙状覆盖于空、回肠和横结肠的前面,内含丰富的脂肪组织、血管和巨噬细胞等,具有重要的防御功能。活体状态下,大网膜的下垂部分常可移动位置,当腹膜腔内有炎症时,可向病变处移动并包裹病灶,限制炎症扩散。小儿的大网膜较短,故当阑尾炎或下腹部炎症时,病灶难以被大网膜包裹,常造成弥漫性腹膜炎。

3. 网膜囊　网膜囊是位于小网膜、胃后壁与腹后壁腹膜之间的一个扁窄间隙,属于腹膜腔的一部分,又称**小腹膜腔**。网膜囊位置较深,胃后壁穿孔时,胃内容物常积聚在网膜囊内,给早期诊断带来一定的困难。

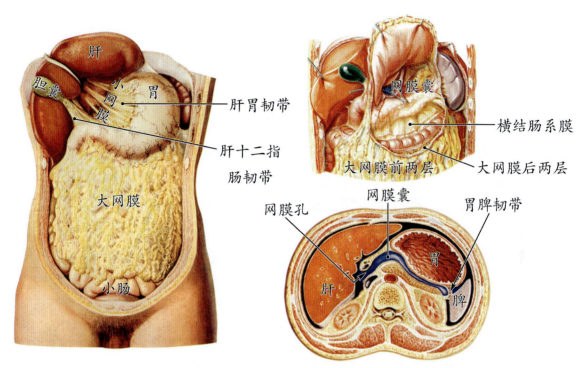

图 8-16　网膜与网膜囊

（二）系膜

系膜是指将肠管固定于腹后壁的双层腹膜结构,内含出入该器官的血管、神经、淋巴管和淋巴结等。系膜包括肠系膜、阑尾系膜、横结肠系膜和乙状结肠系膜等(图 8-15)。因肠系膜和乙状结肠系膜较长,故空、回肠和乙状结肠的活动度较大,易发生肠扭转。

（三）韧带

韧带是连于腹、盆壁与器官之间或连接相邻器官之间的腹膜结构,对器官有固定作用,重要的韧带有肝镰状韧带、冠状韧带、胃脾韧带和脾肾韧带(图 8-16)。

（四）腹膜陷凹

腹膜陷凹主要位于盆腔内,由腹膜在盆腔器官之间移行反折形成。男性在膀胱与直肠之间有**直肠膀胱陷凹**。女性在膀胱与子宫之间有**膀胱子宫陷凹**,在直肠与子宫之间有**直肠子宫陷凹**(又称 Douglas 腔),与阴道后穹之间仅隔以阴道后壁和一层脏腹膜(图 8-15)。站位或半卧位时,男性的直肠膀胱陷凹和女性的直肠子宫陷凹是腹膜腔的最低部位,故腹膜腔积液多聚集于此,临床上可经男性直肠穿刺或女性阴道后穹穿刺以进行诊断和治疗。

【附1】 女性乳房

乳房（mamma，breast）为人类和哺乳动物特有的腺体。男性乳房不发达，女性乳房在青春期后受雌激素的影响开始发育，妊娠期和哺乳期有分泌活动。

一、乳房的位置和形态

乳房位于胸前部、胸大肌及其筋膜的表面（图8-17）。成年未产妇乳房呈半球形，紧张而富有弹性。乳房表面中央有**乳头**，乳头顶端有输乳管的开口。乳头周围颜色较深的皮肤环状区称为**乳晕**。乳头和乳晕的皮肤较薄，易受损伤而感染。

二、乳房的结构

乳房由皮肤、致密结缔组织、脂肪组织和乳腺构成。**乳腺**被致密结缔组织分隔成15～20个**乳腺叶**。每个乳腺叶内有一条排泄乳汁的输乳管（图8-17）。乳腺叶和输乳管均以乳头为中心呈放射状排列，故乳房手术时应尽量采用放射状切口，以减少对输乳管和乳腺叶的损伤。在乳腺与皮肤和胸肌筋膜之间，连有许多结缔组织纤维束，称为**乳房悬韧带**或**Cooper韧带**，对乳房起支持和固定作用。

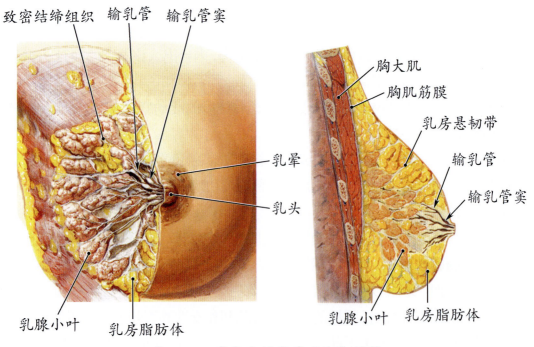

图8-17　成年女性乳房形态与结构

【附2】 会阴

会阴（perineum）有广义与狭义之分。广义的会阴是指封闭小骨盆下口的所有软组织，呈菱形，前起自耻骨联合下缘，后至尾骨尖，两侧为耻骨下支、坐骨支、坐骨结节和骶结节韧带。通常以两侧坐骨结节之间的连线为界，将会阴分为前方的三角区**尿生殖区**和后方的三角区**肛区**（图8-18）。尿生殖区男性有尿道通过，女性有尿道和阴道通过；肛区有肛管通过。狭义的会阴又称为**产科会阴**，是指位于阴道口和肛门之间的楔形软组织，由浅入深依次为皮肤、皮下组织、筋膜、部分肛提肌和会阴中心腱。分娩时需要保护会阴，以避免发生会阴撕裂。

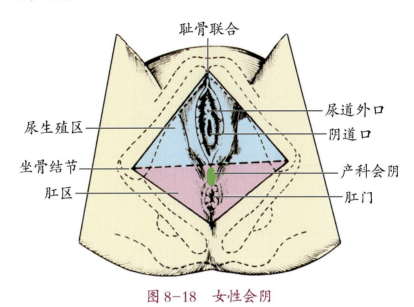

耻骨联合

尿生殖区

坐骨结节

肛区

尿道外口

阴道口

产科会阴

肛门

图8-18 女性会阴

本章小结

　　本章的学习重点是男、女性生殖系统的组成，男性尿道的分部、狭窄和弯曲，输卵管、子宫的位置、形态及分部。学习难点为睾丸、卵巢和子宫的微细结构。在学习过程中注意生殖管道之间的连通关系及附属腺的开口部位，理解睾丸与附睾、子宫与输卵管的位置关系以及腹膜与腹、盆腔器官的关系，区别小网膜与大网膜，注重从腹膜的吸收特点理解腹膜炎或腹部手术后的患者应采取半卧位的原因，提高运用生殖系统和腹膜知识分析、解决问题的能力。

（金　哨　吴俊霞）

❓ 思考与练习

1. 简述精子的产生部位及排出体外的途径。

2. 输卵管分为哪几部分？受精和结扎的部位分别在何处？

3. 简述子宫的位置、形态、分部及固定子宫的韧带。

4. 腹膜形成的陷凹有哪些？有何临床意义？

5. 临床上为男性患者插导尿管时，依次经过哪些狭窄才能到达膀胱腔内？

第九章 | 脉 管 系 统

09章 数字内容

1. 具有应用脉管系统理论知识分析、解释生活现象和临床问题的能力。
2. 掌握心血管系统的组成；体循环和肺循环的途径；心的位置、外形和心腔的结构；主动脉的分部；上下肢浅静脉的行径；肝门静脉的组成、收集范围及其与上下腔静脉系之间的交通途径。
3. 熟悉心的血管和心传导系；肺循环的血管；体循环的动脉和静脉；脾的位置和形态。
4. 了解淋巴系统的组成；淋巴管道的组成；心、动脉、毛细血管、淋巴结和脾的微细结构。
5. 学会在活体上确认心尖搏动的部位、心内注射部位、诊脉部位和测量血压的听诊部位；触摸常用动脉压迫止血点；寻认临床上常用的穿刺血管；画出心在胸前壁的体表投影；指出危险三角的区域。

 导学

　　血液循环是维持生命的基本条件。生命不息，循环不止。机体内的血液通过周而复始的循环，保证了新陈代谢的正常进行。那么，脉管系统是如何组成的？各结构之间有着怎样的连通关系和形态特点？让我们带着这些神奇而有趣的问题一起来探究脉管系统的奥秘。

　　脉管系统（circulatory system）是人体内一套连续而封闭的管道系统，包括心血管系统和淋巴系统两部分，管道内分别流动着血液和淋巴液。脉管系统的主要功能是物质运输，即不断地将消化管吸收的营养物质、肺吸收的氧以及内分泌系统分泌的激素等运送到全身各个器官的组织和细胞,同时又将组织和细胞的代谢产物及二氧化碳等运送至肾、肺和皮肤排出体外,从而保证机体新陈代谢的正常进行、内环境理化性质的相对稳定,以实现机体的体液调节。

第一节　心血管系统概述

一、心血管系统的组成

心血管系统(cardiovascular system)由心、动脉、毛细血管和静脉组成。

1. **心**　**心**(heart)是中空的肌性器官,是连接动、静脉的枢纽和血液循环的动力器官,且具有内分泌功能(图9-1)。心借房间隔和室间隔分成互不相通的左半心和右半心,每半心又分为心房和心室,故心有左心房、左心室、右心房和右心室4个腔。同侧的心房与心室之间借房室口相交通,心房接纳静脉,心室发出动脉。

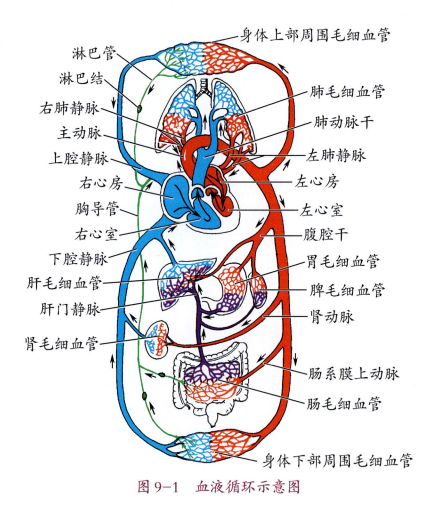

图9-1　血液循环示意图

2. **动脉**　**动脉**(artery)是运送血液离心的血管(图9-1),在行程中不断分支,依次分为大动脉、中动脉、小动脉(0.3~1mm)和微动脉,最后移行为毛细血管。动脉管壁较厚,管腔呈圆形,并随心的舒缩而搏动,故某些表浅动脉常被作为临床上测量脉搏、中医诊脉和压迫止血的部位。

动脉管壁从内向外分为内膜、中膜和外膜3层(图9-2):①内膜,最薄,由内皮、内皮下层和内弹性膜构成,内皮是衬贴于腔面的单层扁平上皮。②中膜,由弹性膜、平滑肌纤维和胶原纤维等构成,大动脉中膜以弹性纤维为主,故又称**弹性动脉**,包括主动脉、肺动脉、头臂干、颈总动脉、锁骨下动脉等;中动脉和小动脉的中膜以环行平滑肌纤维为主,故又称**肌性动脉**(图9-3)。除大动脉外,凡有解剖学名称的动脉多数为中动脉。③外膜,由疏松结缔组织构成,含有弹性纤维和胶原纤维。

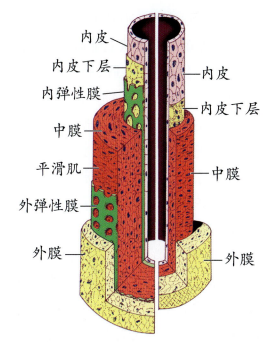

图9-2 动脉和静脉管壁的一般结构模式图

3. 毛细血管 **毛细血管**(capillary)是连于微动脉与微静脉之间、管径最细、分布最广的血管,其分支相互吻合成网(图9-6),管径一般为6~8μm,管壁主要由内皮细胞和基膜构成,是血液与组织细胞进行物质交换的场所。

根据电镜下内皮细胞和基膜的结构特征,可将毛细血管分为3类(图9-4):①**连续毛细血管**,主要分布于肌组织、肺和中枢神经系统等处,参与气-血屏障、血-脑屏障等结构的构成;②**有孔毛细血管**,内皮细胞不含核的部分有许多贯穿细胞全层的窗孔,内皮窗

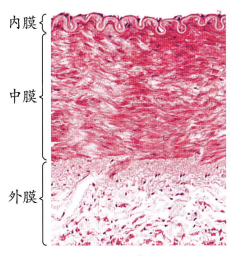

图9-3 中动脉管壁光镜图

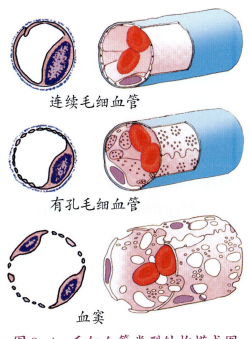

连续毛细血管

有孔毛细血管

血窦

图9-4 毛细血管类型结构模式图

孔有利于血管内外中、小分子物质的交换,主要分布于胃肠黏膜、某些内分泌腺和肾血管球等处;③**血窦**或称**窦状毛细血管**,内皮细胞之间的间隙较大,有利于大分子物质或血细胞出入血管,主要分布于肝、脾、骨髓和某些内分泌腺。

4. 静脉 **静脉**(vein)是引导血液回心的血管(图9-1)。由微静脉起自毛细血管,在向心回流的过程中逐渐汇合成小静脉、中静脉和大静脉,最后注入心房。**大静脉**为靠近心的静脉,包括上腔静脉、下腔静脉、头臂静脉和颈内、外静脉等。除大静脉外,凡有解剖学名称的静脉多数为**中静脉**。静脉管壁的3层结构分界不如动脉明显,外膜常比中膜厚,中膜的平滑肌纤维和弹性组织均较少,结缔组织较多,故静脉常呈塌陷状。与伴行的动脉比较,静脉数量多,管壁薄,管腔扁或不规则。

二、血液循环

血液由心室射出,依次流经动脉、毛细血管和静脉,最后又返回心房,这种周而复始、循环不止的流动,称为**血液循环**。依据循环途径的不同,可分为相互衔接且同时进行的体循环和肺循环(图9-1)。

1. 体循环 当心室收缩时,富含营养物质和氧的动脉血由左心室射入主动脉,经主动脉及其分支到达全身毛细血管,血液在此与周围的组织和细胞进行物质交换和气体交换之后,成为富含代谢产物和二氧化碳的静脉血,经各级静脉属支向心流动,最后经上、下腔静脉和冠状窦返回右心房。体循环的特点是路程长、流经范围广,故又称为**大循环**。

2. 肺循环 当心室收缩时,由右心室射出的静脉血,经肺动脉干及其各级分支到达肺泡的毛细血管网,在此进行气体交换之后,使静脉血变成含氧丰富的动脉血,经肺静脉返回左心房。肺循环的特点是路程短、只流经肺,主要是进行气体交换,故又称为**小循环**。

三、血管吻合及其功能意义

1. 血管吻合 人体的血管除经动脉—毛细血管—静脉吻合之外,在动脉与动脉之间、静脉与静脉之间甚至动脉与静脉之间,可借吻合支或交通支彼此相连分别形成**动脉间吻合**、**静脉间吻合**和**动静脉吻合**(图9-5)。血管吻合具有缩短循环时间、调节血流量、改善局部血液循环和调节局部体温等作用。

发自动脉主干不同高度的侧副管彼此吻合,形成**侧支吻合**(图9-5)。通过侧支吻合重新建立的循环称为**侧支循环**。侧支循环的建立,对于保证器官在病理状态下的血液供应具有重要意义。

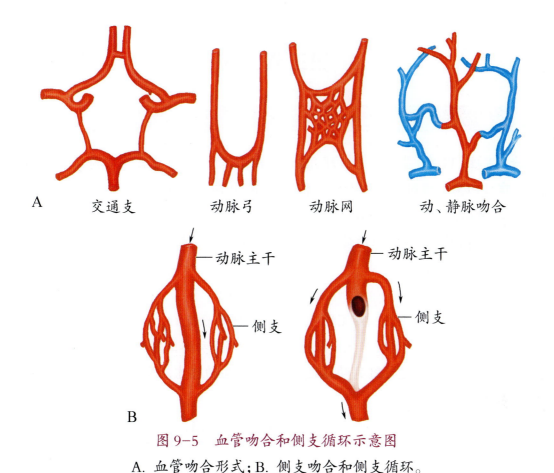

图 9-5　血管吻合和侧支循环示意图

A. 血管吻合形式；B. 侧支吻合和侧支循环。

2. 微循环　是指微动脉与微静脉之间的血液循环，其基本功能是进行血液与组织液之间的物质交换。不同组织中微循环血管的组成各有特点，但一般都由微动脉、中间微动脉（后微动脉）、真毛细血管（即通常所称的毛细血管）、通血毛细血管、动静脉吻合和微静脉组成（图 9-6）。

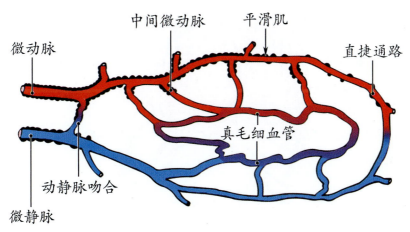

图 9-6　微循环血管模式图

第二节 心

案例分析

患者，男性，38 岁，某公司总经理，自诉近期工作繁忙，反复出现心前区憋闷不适，未予重视，昨日回家上楼时突感心前区压榨性疼痛，并向左肩部放射，经休息和含服硝酸甘油后不能缓解而急诊入院。查体：脉搏 98 次 /min，血压 120/60mmHg。心电图：$V_1 \sim V_5$ 导联 ST 段弓背向上抬高。肌钙蛋白 T：2.08ng/ml（正常值＜0.05ng/ml）。临床诊断：急性广泛前壁心肌梗死。

请思考：

1. 营养心的动脉有哪些？前室间支是哪条动脉的分支？

2. 心电图显示，左室前壁广泛心肌梗死，是由哪条动脉阻塞所致？

3. 从右桡动脉插管进行冠状动脉造影，途经哪些动脉才能到达升主动脉根部？

一、心的位置和毗邻

心位于胸腔的中纵隔内，约 2/3 在身体正中矢状面的左侧，1/3 在右侧（图 9-7）。心的前方对向胸骨体和第 2~6 肋软骨；后方平对第 5~8 胸椎，并与食管、迷走神经和胸主动脉等相邻；上方连有出入心的大血管；下方邻膈；两侧隔胸膜腔与肺相邻。

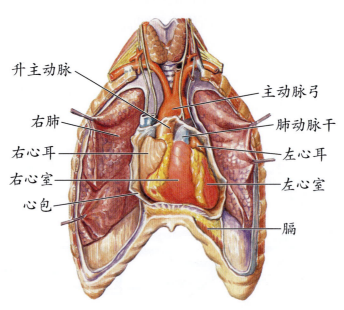

图 9-7 心的位置和外形

二、心 的 外 形

　　心似一倒置的、前后略扁的圆锥体，大致与本人的拳头相当。心可分为一尖、一底、两面和三缘（图9-8、图9-9）。**心尖**朝向左前下方，在左侧第5肋间隙、左锁骨中线内侧1～2cm处，在活体此处可触及心尖搏动。**心底**朝向右后上方，与出入心的大血管相连。

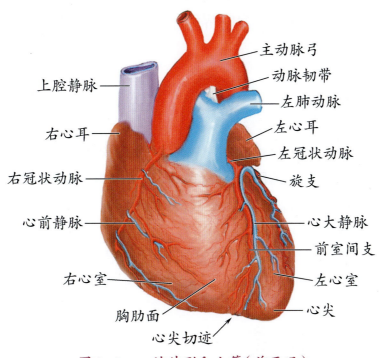

图9-8　心的外形和血管（前面观）

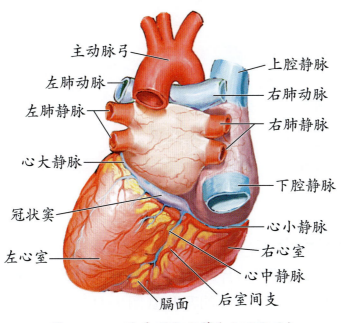

图9-9　心的外形和血管（后下面观）

胸肋面（前面）朝向前上方，大部分隔心包被胸膜和肺遮盖，只有左肺心切迹内侧部分与胸骨体下部左半及左侧第4~6肋软骨相邻，故临床上心内注射多在靠近胸骨左缘的第4肋间隙处进针，可不伤及胸膜和肺。膈面（下面）朝向后下方，与膈相邻。心的右缘由右心房构成；左缘绝大部分由左心室构成；下缘介于膈面与胸肋面之间，由右心室和心尖构成。

心的表面在近心底处有一条几乎呈环形的**冠状沟**，是心房与心室在心表面的分界标志。在心的胸肋面和膈面各有一条自冠状沟向心尖右侧延伸的浅沟，分别称为**前室间沟**和**后室间沟**，是左、右心室在心表面的分界标志。前、后室间沟在心尖右侧的会合处稍凹陷，称为**心尖切迹**。

三、心　腔

1. 右心房　右心房位于心的右上部，它向左前方的突出部分称为**右心耳**，其内面有许多近似平行的肌性隆起，称为**梳状肌**（图9-10）。右心房的后内侧壁主要由房间隔形成，在房间隔右侧面的中下部有一卵圆形浅窝，称为**卵圆窝**，是胚胎时期卵圆孔闭锁后的遗迹，此处薄弱，是房间隔缺损的好发部位。右心房有3个入口：上方有上腔静脉口，下方有下腔静脉口，在下腔静脉口与右房室口之间有冠状窦口。右心房的出口为**右房室口**，位于右心房的前下部，通向右心室。

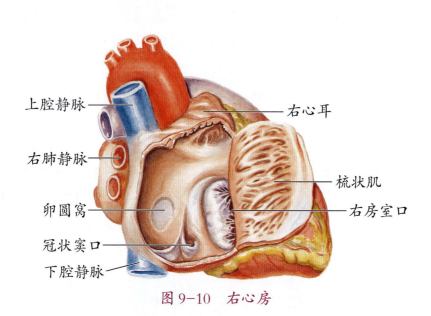

图9-10　右心房

2. 右心室　右心室位于右心房的左前下方，其入口为右房室口，右房室口周缘由致密结缔组织构成的**纤维环**上附有3片近似三角形的瓣膜，称为**三尖瓣**或**右房室瓣**，瓣膜的游离缘借细丝状的**腱索**连于心室壁上的**乳头肌**（图9-11），可以保证血液的单向流动，其中任何一种结构损伤，都可以导致三尖瓣关闭不全。右心室的上端经**肺动脉口**通肺动脉

150

干。肺动脉口周缘的纤维环上附有3个袋口向上的半月形瓣膜,称为**肺动脉瓣**(图9-12)。

3. 左心房　左心房位于右心房的左后方,构成心底的大部分,其前部向右前方突出的部分为**左心耳**,内有与右心耳相似的梳状肌。左心房后部两侧有左肺上、下静脉和右肺上、下静脉4个入口。左心房前下部有**左房室口**,向下通左心室(图9-13)。

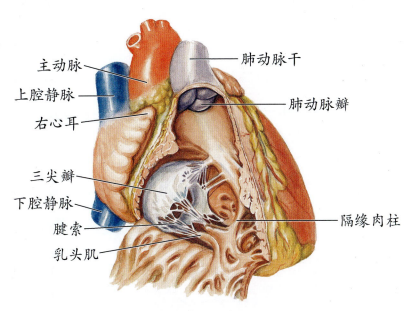

图9-11　右心室

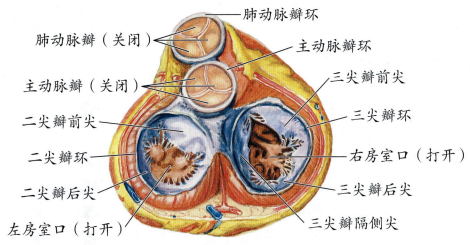

图9-12　心瓣膜和纤维环(心室舒张期)

4. 左心室　左心室位于右心室的左后方,构成心尖及心的左缘。左心室的入口为左房室口,口周缘的纤维环上附有两片近似三角形的瓣膜,称为**二尖瓣**或**左房室瓣**(图9-13)。瓣膜的游离缘借腱索与室壁上的乳头肌相连,可以保证血液的单向流动。左心室经左房室口右前方的**主动脉口**通主动脉,口周围的纤维环上也附着3个袋口向上的半月形瓣膜,称为**主动脉瓣**(图9-12)。

心似一个血泵,心瓣膜(二尖瓣、三尖瓣、肺动脉瓣、主动脉瓣)犹如泵的阀门,当血液顺流时开放,逆流时关闭,保证心腔内血液的定向流动。左右心房或左右心室的收缩与舒张是同步的,心室收缩时,二尖瓣和三尖瓣关闭,主动脉瓣和肺动脉瓣开放,血液分别射入主动脉和肺动脉;心室舒张时,二尖瓣和三尖瓣开放,主动脉瓣和肺动脉瓣关闭(图9-12),血液由心房射入心室。

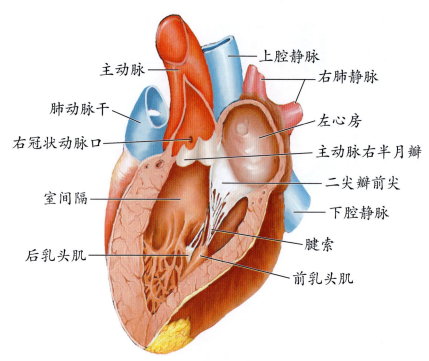

图9-13 左心房和左心室的内部结构

四、心壁的构造

心壁从内向外由心内膜、心肌膜和心外膜构成(图9-14)。①**心内膜**,由内皮和内皮下层构成。内皮与出入心的血管内皮相延续。内皮下层的外层靠近心肌膜,称为心内膜下层。在心室的心内膜下层含有心传导系的分支即浦肯野纤维。②**心肌膜**,构成心壁的主体,主要由心肌纤维构成。心室肌较心房肌厚,左心室肌最厚。心房肌与心室肌并不相连,分别附着在由致密结缔组织构成的纤维环上,故心房肌和心室肌可以分别收缩与舒张。室间隔位于左、右心室之间(图9-13),其下方的大部分由心室肌纤维和两侧的心内膜构成,称为**肌部**;上部中份薄而缺乏心肌的部分称为**膜部**,是室间隔缺损的好发部位。③**心外膜**,为被覆于心肌膜表面的浆膜,即浆膜心包的脏层。

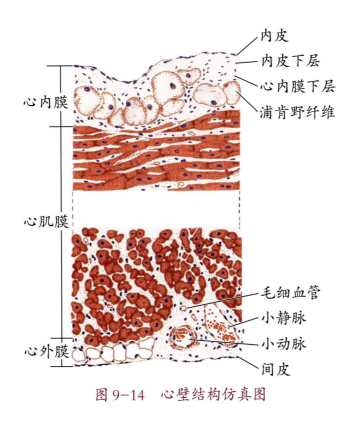

图9-14　心壁结构仿真图

五、心传导系

心传导系由特殊的心肌纤维构成，具有产生和传导兴奋的功能，是心自动节律性的解剖学基础。心传导系包括窦房结、结间束、房室结、房室束及其左右束支和浦肯野纤维（Purkinje fiber）（图9-15）。**窦房结**是位于上腔静脉与右心房交界处心外膜深面的长梭形小体，是心的正常起搏点。窦房结产生的兴奋由结间束传导至房室结。**房室结**位于冠状窦口前上方心内膜深面，呈扁椭圆形，其主要功能是将窦房结传来的冲动短暂延搁后再

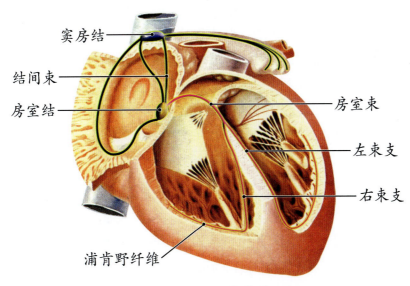

图9-15　心传导系

下传至心室,以保证心房收缩后心室再开始收缩。**房室束**从房室结发出,下行至室间隔肌部上缘分为**左束支**和**右束支**,分别在室间隔左、右侧面心内膜深面下行,左、右束支的分支在心内膜下层交织成**浦肯野纤维**,与心室肌纤维相连,将冲动快速传至心室各处,引发心室肌纤维同步收缩。

六、心 的 血 管

1. 心的动脉　心的血液供应是起自升主动脉根部的左冠状动脉和右冠状动脉(图9-8、图9-9)。

(1)左冠状动脉:由左心耳与肺动脉干之间入冠状沟,随即分为前室间支和旋支。**前室间支**沿前室间沟下行,分布于左心室前壁、右心室前壁的一部分及室间隔的前2/3。前室间支阻塞时,可造成左心室前壁、室间隔前部和心尖部的心肌梗死。**旋支**沿冠状沟左行至心膈面,分布于左心房、左心室侧壁及膈壁等。旋支阻塞时,可造成左心室侧壁和部分膈壁的心肌梗死。

(2)右冠状动脉:由右心耳与肺动脉干之间入冠状沟,向右行绕过心右缘至膈面,移行为**后室间支**,沿后室间沟下行。右冠状动脉分布于右心房、右心室、室间隔后1/3、部分左心室后壁、房室结和窦房结,故当急性心肌梗死伴有房室传导阻滞时,应首先考虑右冠状动脉闭塞。

2. 心的静脉　心的静脉多与动脉伴行,心的静脉血绝大部分通过心大静脉、心中静脉和心小静脉汇入冠状窦,再经过冠状窦口回流入右心房,小部分通过小静脉直接注入右心房(图9-9)。

七、心　　包

心包(pericardium)是包裹心和出入心大血管根部的圆锥形纤维浆膜囊,可分为纤维心包和浆膜心包。**纤维心包**是坚韧的结缔组织囊,包裹于浆膜心包壁层的外面(图9-7)。**浆膜心包**分为脏、壁两层,壁层衬于纤维心包内面,脏层紧贴心肌膜表面,即心外膜。脏层与壁层在出入心的大血管根部相互移行形成的潜在性腔隙,称为**心包腔**,内含少量浆液,起润滑作用,可减少心搏动时的摩擦。

八、心的体表投影

心在胸前壁的体表投影是临床听诊心必须掌握的解剖知识,通常用下列4点的连线来确定(图9-16)。①左上点,在左侧第2肋软骨下缘,距胸骨左缘约1.2cm处;②右上点,在右侧第3肋软骨上缘,距胸骨右缘约1.0cm处;③左下点,在左侧第5肋间隙,左锁骨中线内侧1～2cm或距前正中线7～9cm处,即心尖的体表投影位置;④右下点,在右侧第7胸肋关节处。

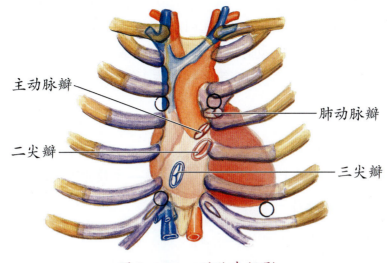

图 9-16　心的体表投影

第三节　血　　管

一、肺循环的血管

1. 肺循环的动脉　从右心室发出的肺动脉干及其分支输送的是含二氧化碳较多的静脉血。**肺动脉干短而粗**,起自右心室的肺动脉口,在升主动脉前方斜向左后上,至主动脉弓的下方分为左、右肺动脉。左肺动脉至左肺门处分上、下两支进入左肺上、下叶,右肺动脉至右肺门处分3支进入右肺上叶、中叶、下叶。左、右肺动脉在肺内经反复分支,最终形成肺泡的毛细血管网。在肺动脉干分叉处稍左侧与主动脉弓下缘之间有一结缔组织索,称为**动脉韧带**,是胚胎时期动脉导管闭锁后的遗迹(图9-8)。动脉导管在出生后6个月尚未闭锁,则称为动脉导管未闭,是先天性心脏病的一种。

2. 肺循环的静脉　肺循环的静脉起自肺泡的毛细血管网,在肺内逐级汇合,至两肺门处分别形成左肺上、下静脉和右肺上、下静脉,注入左心房(图9-9)。**肺静脉**内输送的是气体交换后含氧丰富的动脉血,而体循环的静脉内输送的是含二氧化碳较多的静脉血。

二、体循环的动脉

体循环的动脉是从左心室发出的主动脉及其各级分支。动脉离开主干进入器官前的一段称为**器官外动脉**,进入器官后称为**器官内动脉**。器官外动脉的分布规律是:①每一大局部至少有一条动脉主干分布,如头颈部的颈总动脉、腹部的腹主动脉等;②动脉的配布多数具有左、右对称性;③动脉常与静脉、神经伴行;④躯干部的动脉有壁支与脏支之分;⑤动脉常以最短的距离到达所分布的器官;⑥动脉多居于身体的屈侧、深部或安全隐蔽不易受到损伤的部位。

主动脉(aorta)是体循环的动脉主干,起自左心室的主动脉口,依次分为升主动脉、主动脉弓和降主动脉3部分。降主动脉又以膈的主动脉裂孔为界,分为胸主动脉和腹主动脉。腹主动脉沿脊柱的左前方下行,至第4腰椎体下缘处分为左、右髂总动脉(图9-17、图9-18)。

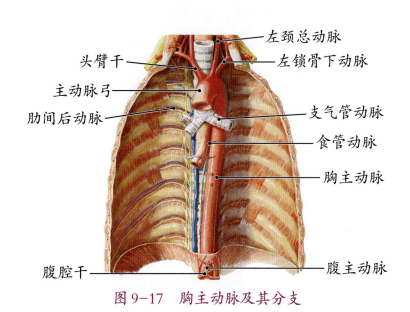

图9-17　胸主动脉及其分支

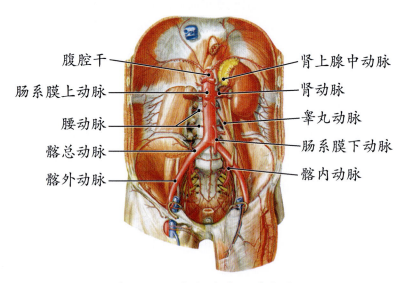

图9-18　腹主动脉及其分支

(一)升主动脉

升主动脉起自左心室(图9-7),向右前上方斜行至右侧第2胸肋关节的后方移行为主动脉弓,升主动脉根部发出左、右冠状动脉(图9-8)。

（二）主动脉弓

主动脉弓是升主动脉的延续，在胸骨柄后方弓行弯向左后方，至第4胸椎体下缘处移行为胸主动脉。主动脉弓的凸侧从右向左依次发出**头臂干、左颈总动脉和左锁骨下动脉**（图9-17）。头臂干向右上方斜行至右侧胸锁关节后方分为右颈总动脉和右锁骨下动脉。主动脉弓壁内有压力感受器，具有调节血压的作用。在主动脉弓下方近动脉韧带处有2～3个栗粒样小体，称为**主动脉小球**，为化学感受器。

1. 颈总动脉　颈总动脉是头颈部的动脉主干，左侧的起自主动脉弓，右侧的发自头臂干。两侧颈总动脉均在胸锁关节的后方进入颈部，沿食管、气管和喉的外侧上行，至甲状软骨上缘处分为颈内动脉和颈外动脉（图9-19）。颈总动脉上段位置表浅，在胸锁乳突肌前缘中点处，活体可摸到其搏动。在颈总动脉分叉处有两个重要结构：①**颈动脉窦**，是颈总动脉末端和颈内动脉起始处的膨大部分，窦壁内有压力感受器。颈动脉窦和主动脉弓壁内的压力感受器可感受动脉血压的变化，参与动脉血压的调节，使动脉血压保持相对稳定。②**颈动脉小球**，是位于颈总动脉分叉处后方的扁椭圆形小体，为化学感受器。颈动脉小球和主动脉小球化学感受器能感受血液中二氧化碳分压、氧分压和氢离子浓度的变化，参与呼吸运动的调节。

（1）颈内动脉：自颈总动脉分出后垂直上行至颅底，经颈动脉管入颅腔（图9-20），分布于脑和视器。

（2）颈外动脉：自颈总动脉分出后，先在颈内动脉的内侧，后经其前方绕至外侧，上行穿腮腺实质达下颌颈处，分为颞浅动脉和上颌动脉两个终支。颈外动脉的主要分支有（图9-19）：①**甲状腺上动脉**，自起始部向前下至甲状腺侧叶的上端，分布于甲状腺和喉。②**面动脉**，向前经下颌下腺深面上行，至咬肌前缘绕过下颌骨下缘至面部，再经口角、鼻翼外侧上行至内眦，改称为**内眦动脉**。面动脉分布于面部软组织、下颌下腺和腭扁桃体

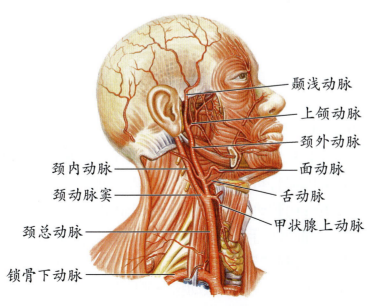

图9-19　颈外动脉及其分支

等处。面动脉在咬肌前缘与下颌骨下缘交界处位置表浅,在活体可摸到其搏动,面部出血时可在该处压迫止血。③**颞浅动脉**,经外耳门前方至颞部皮下,分布于腮腺和额、颞、顶部的软组织。在活体外耳门前上方颧弓根部可摸到其搏动,可在此压迫止血。④**上颌动脉**,经下颌颈深面行向前内,分布于硬脑膜、咀嚼肌、口腔和鼻腔等处。分布于硬脑膜的**脑膜中动脉**向上经棘孔入颅中窝,分为前、后两支,前支经翼点内面上行,此处骨折易伤及该动脉而形成硬脑膜外血肿。

2. 锁骨下动脉 左侧的起自主动脉弓,右侧的发自头臂干。从胸锁关节后方向外至颈根部,呈弓状越过胸膜顶前方,穿斜角肌间隙至第1肋外缘延续为腋动脉。锁骨下动脉的主要分支有椎动脉、胸廓内动脉和甲状颈干等(图9-20)。**椎动脉**(vertebral artery)在前斜角肌内侧起自锁骨下动脉上缘,向上穿第6~1颈椎的横突孔,经枕骨大孔入颅腔,分布于脑和脊髓。

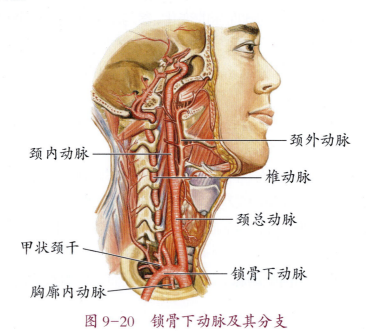

图9-20 锁骨下动脉及其分支

3. 上肢的动脉

(1)腋动脉:是锁骨下动脉的直接延续,经腋窝深部至大圆肌下缘处移行为肱动脉(图9-21)。

(2)肱动脉:为腋动脉的延续,沿肱二头肌内侧下行至肘窝,平桡骨颈高度分为桡动脉和尺动脉。在肘窝内上方,肱二头肌腱的内侧可摸到肱动脉搏动,为测量血压时听诊的部位。当前臂和手部出血时,可在臂中部将肱动脉压向肱骨以暂时止血。

(3)桡动脉和尺动脉:由肱动脉分出后,分别沿前臂肌前群的桡侧和尺侧下行,经腕部到达手掌,分支分布于前臂和手。桡动脉下段在桡骨下端前面位置表浅,是临床常用的诊脉部位。选择性冠状动脉造影是目前诊断冠心病的"金标准",右桡动脉为临床首选路径,将造影导管经桡动脉→肱动脉→腋动脉→锁骨下动脉→头臂干→主动脉弓送至升主动脉根部的冠状动脉开口。

（4）掌浅弓和掌深弓：掌浅弓由尺动脉的末端与桡动脉的掌浅支吻合而成，位于掌腱膜的深面；掌深弓由桡动脉的末端与尺动脉的掌深支吻合而成，位于指深屈肌腱的深面。掌浅弓和掌深弓除分支分布于手掌外，还分出指掌侧固有动脉分布于第2～5指的相对缘（图9-22）。故当手指出血时，可沿手指两侧压迫止血。

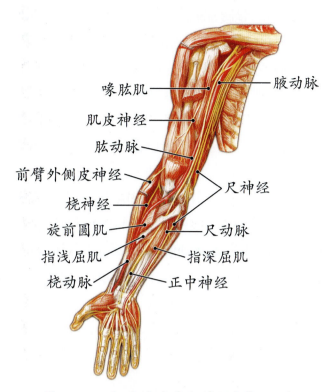

图 9-21　上肢的动脉和神经（前面观）

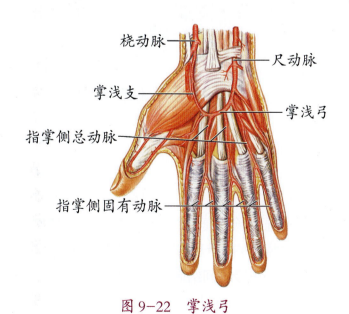

图 9-22　掌浅弓

（三）胸主动脉

胸主动脉（thoracic aorta）是胸部的动脉主干，行于脊柱的左前方，其分支有壁支和脏支两种（图 9-17）。壁支主要包括位于第 3～11 对肋间隙内的 9 对**肋间后动脉**和位于第 12 肋下方的 1 对**肋下动脉**，分布于胸壁、腹壁上部、背部和脊髓等处；脏支包括支气管动脉、食管动脉和心包支，分布于同名器官。

（四）腹主动脉

腹主动脉（abdominal aorta）是腹部的动脉主干，亦可分为脏支和壁支。壁支主要是分布于腰部、腹壁肌和脊髓等处的 4 对**腰动脉**，脏支分成对和不成对两种。成对的脏支有**肾上腺中动脉**、**肾动脉**、**睾丸动脉**或**卵巢动脉**，分别分布于肾上腺、肾、睾丸或卵巢（图 9-18）；不成对的脏支有腹腔干、肠系膜上动脉和肠系膜下动脉。

1. 腹腔干　腹腔干为一粗而短的动脉干，在主动脉裂孔的稍下方起自腹主动脉前壁（图 9-18），随即分为胃左动脉、肝总动脉和脾动脉（图 9-23）。①**胃左动脉**，斜向左上方至胃贲门附近，然后沿胃小弯向右行，沿途分支至食管腹段、贲门和胃小弯附近的胃壁。②**肝总动脉**，向右行至十二指肠上部的上缘分为肝固有动脉和胃十二指肠动脉。**肝固有动脉**在肝十二指肠韧带内上行至肝门处分为左、右两支分别进入肝左、右叶，右支在入肝门前发出**胆囊动脉**至胆囊。**胃十二指肠动脉**分布于胰头、十二指肠和胃。③**脾动脉**，沿胰上缘蜿蜒左行至脾门，除分数支入脾外，还分支至胰体和胰尾、胃和大网膜。

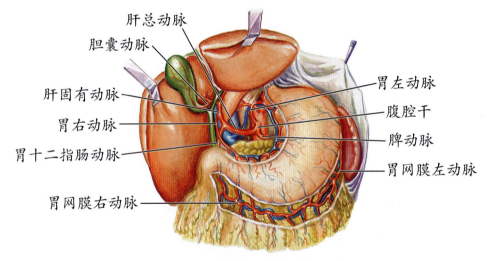

图 9-23　腹腔干及其分支（胃前面）

2. 肠系膜上动脉　肠系膜上动脉在腹腔干起点的稍下方起自腹主动脉前壁，向下经胰头与十二指肠水平部之间进入肠系膜根内，行向右下至右髂窝，沿途发出分布于空肠和回肠的**空肠动脉**和**回肠动脉**，分布于升结肠的**右结肠动脉**，分布于横结肠的**中结肠动脉**，分布于升结肠、盲肠和回肠末段的**回结肠动脉**，分布于阑尾的**阑尾动脉**来自回结肠动脉（图 9-24）。

3. 肠系膜下动脉　肠系膜下动脉约平第 3 腰椎高度起自腹主动脉的前壁，行向左下至左髂窝进入乙状结肠系膜根内，沿途发出分布于降结肠、乙状结肠和直肠上部等处的**左结肠动脉**、**乙状结肠动脉和直肠上动脉**（图 9-25）。

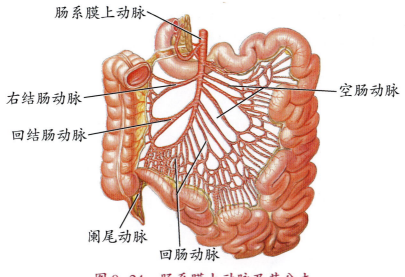

图 9-24　肠系膜上动脉及其分支

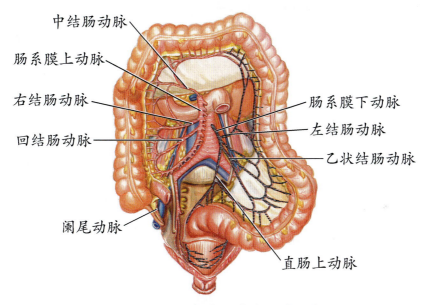

图 9-25　肠系膜下动脉及其分支

（五）髂总动脉

髂总动脉由腹主动脉分出后，沿腰大肌的内侧下行至骶髂关节的前方分为髂内动脉和髂外动脉。

1. 髂内动脉　髂内动脉是盆部的动脉主干，沿盆腔侧壁下行，分为壁支和脏支（图 9-26）。壁支主要包括分布于大腿内侧肌群和髋关节的**闭孔动脉**，以及分别经梨状肌上、下孔穿出至臀部分布于臀肌和髋关节的**臀上动脉**和**臀下动脉**。脏支主要包括分布于直肠下部的**直肠下动脉**和分布于肛门、会阴部和外生殖器的**阴部内动脉**以及女性独有的子宫动脉。**子宫动脉**（uterine artery）沿盆腔侧壁下行进入子宫阔韧带底部的两层腹膜之间，在距子宫颈外侧约 2cm 处跨过输尿管的前方，再沿子宫侧缘迂曲上行至子宫底，分布于子宫、输卵管、阴道和卵巢。由于子宫动脉与输尿管交叉形成"小桥（子宫动脉）流水（输尿管）"状，故行子宫切除术结扎子宫动脉时，应注意勿损伤输尿管。

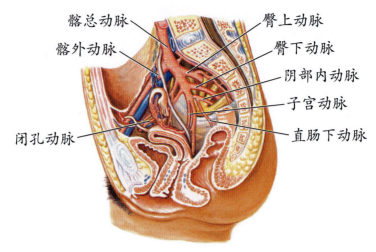

图 9-26　盆腔的动脉（正中矢状面）

2. 髂外动脉　髂外动脉沿腰大肌的内侧缘下行，经腹股沟韧带中点深面至大腿前部移行为股动脉。髂外动脉在腹股沟韧带的稍上方发出**腹壁下动脉**，向上进入腹直肌鞘分布于腹直肌，并与胸廓内动脉的终支**腹壁上动脉**吻合。

3. 下肢的动脉　①**股动脉**（femoral artery），是髂外动脉的直接延续，在股三角内下行，继而转向后方至腘窝移行为腘动脉（图 9-27）。在股三角内，股动脉位于股静脉的外侧、股神经的内侧。在腹股沟韧带中点稍下方，活体上可摸到股动脉搏动，此处是股动脉的穿刺点。当下肢出血时，可在此处向后压迫止血。②**腘动脉**，在腘窝深部下行，至腘窝下部分为胫前动脉和胫后动脉（图 9-28）。③**胫后动脉**，沿小腿后群肌浅、深两层之间下行，经内踝后方至足底，分为足底内侧动脉和足底外侧动脉。④**胫前动脉**，向前穿小腿骨间膜至小腿前群肌之间下行，至踝关节的前方移行为足背动脉（图 9-29）。⑤**足背动脉**，是胫前动脉的直接延续，位置表浅，在踝关节前方，内、外踝连线的中点、踇长伸肌腱外侧可摸到其搏动，足背出血时可在此处压迫足背动脉进行止血。

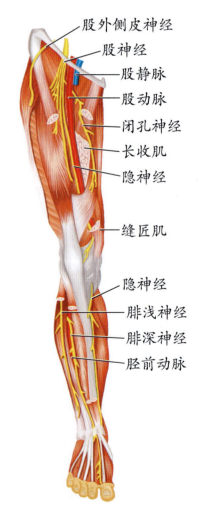

图 9-27　下肢的血管和神经（右下肢前面观）

- 股外侧皮神经
- 股神经
- 股静脉
- 股动脉
- 闭孔神经
- 长收肌
- 隐神经
- 缝匠肌
- 隐神经
- 腓浅神经
- 腓深神经
- 胫前动脉

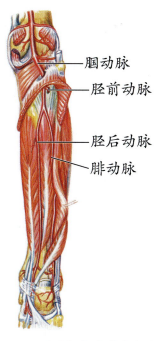

图 9-28　小腿的动脉(后面观)

胭动脉
胫前动脉
胫后动脉
腓动脉

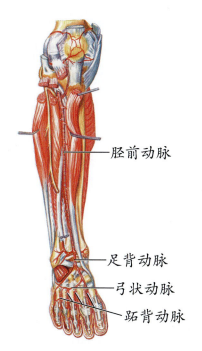

图 9-29　小腿的动脉(前面观)

胫前动脉
足背动脉
弓状动脉
跖背动脉

三、体循环的静脉

体循环的静脉包括上腔静脉系、下腔静脉系(含肝门静脉系)和心静脉系。体循环的静脉在结构和配布上有如下特点:①静脉数量多,管径粗,管壁薄而弹性小,无搏动。②静脉管腔内有成对的向心开放的半月形**静脉瓣**(图 9-30),是防止血液逆流的重要结构。受重力影响较大而回流较困难的部位(如四肢特别是下肢)静脉瓣较多,其他部位则

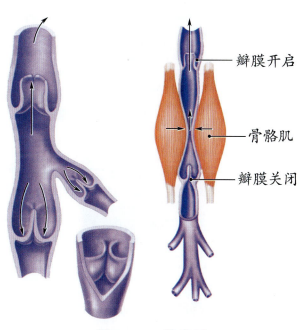

瓣膜开启
骨骼肌
瓣膜关闭

图 9-30　静脉瓣

较少或无静脉瓣。③体循环的静脉有浅、深之分，浅静脉不与动脉伴行，位于浅筋膜内，透过皮肤看到，故又称**皮下静脉**。临床上常经浅静脉注射、输液、输血、采血或插入导管。深静脉位于深筋膜深面，多与同名动脉伴行，收集伴行动脉分布区域的静脉血。④静脉之间吻合丰富，浅静脉常吻合成静脉网，深静脉常在某些器官周围吻合形成静脉丛，浅、深静脉之间也存在丰富的吻合。

（一）上腔静脉系

上腔静脉系由上腔静脉及其属支组成，收集头颈部、上肢和胸部（心和肺除外）等上半身的静脉血。

1. 头颈部的静脉　浅静脉主要有面静脉和颈外静脉，深静脉主要有颈内静脉和锁骨下静脉。

（1）颈内静脉：上端在颈静脉孔处与乙状窦相续，然后沿颈内动脉和颈总动脉外侧下行，至胸锁关节的后方与锁骨下静脉汇合成头臂静脉（图9-31）。颈内静脉的属支分为颅内属支和颅外属支两种。颅内属支通过硬脑膜窦收集脑和视器等处的静脉血，经乙状窦注入颈内静脉。颅外属支主要是面静脉。

（2）面静脉：在内眦处起自内眦静脉，伴面动脉至下颌角下方，与下颌后静脉前支汇合后注入颈内静脉（图9-31）。面静脉在口角以上无静脉瓣，并借内眦静脉、眼静脉与颅内海绵窦相交通。当口角以上面部发生化脓性感染时，若处理不当如挤压化脓处，可导致细菌栓子沿上述途径向颅内蔓延至海绵窦，造成颅内感染，故通常将两侧口角至鼻根部之间的三角形区域称为"**危险三角**"。

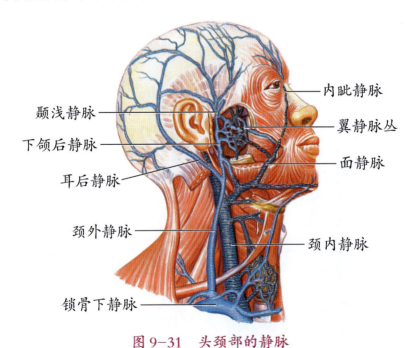

图9-31　头颈部的静脉

（3）颈外静脉：是颈部最大的浅静脉，由下颌后静脉的后支、耳后静脉和枕静脉汇合而成，沿胸锁乳突肌表面下行（图9-31），在锁骨中点上方约2cm处穿深筋膜注入锁骨下静脉或静脉角。颈外静脉位置表浅而恒定，活体皮下可见到，临床上多用于新生儿静脉采血，其最佳穿刺点在下颌角与锁骨上缘中点连线上1/3处。

（4）锁骨下静脉：自第1肋外侧缘续于腋静脉，向内侧行至胸锁关节后方，与颈内静脉汇合成头臂静脉（图9-32）。锁骨下静脉的主要属支是腋静脉和颈外静脉。临床上可经锁骨上或锁骨下入路作锁骨下静脉导管插入。

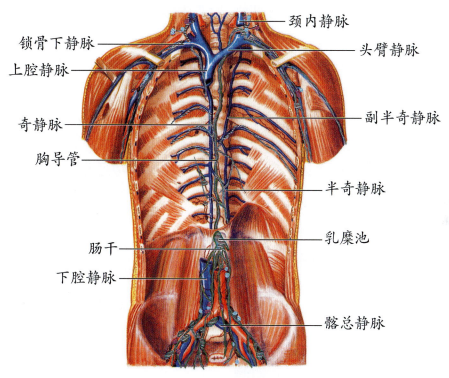

图 9-32　上腔静脉及其属支

 知识拓展

小儿头皮静脉穿刺术的解剖应用要点

头皮静脉位于颅顶部浅筋膜内，相互交通呈网状分布，表浅易见，并有同名动脉伴行。头皮静脉管壁被头皮内纤维隔固定，穿刺时不易滑动，且头皮静脉无静脉瓣，正逆方向均可穿刺，故常用于小儿的静脉输液。婴幼儿的静脉输液多选用颞浅静脉、滑车上静脉（额静脉）和耳后静脉，穿刺时应确认静脉后方可进针，以免刺入伴行动脉。依次穿过皮肤、浅筋膜、静脉壁即进入静脉腔内。由于头皮静脉被固定在头皮纤维隔内，管壁回缩能力较差，故穿刺完毕后要压迫局部片刻，以免出血形成皮下血肿。

2. 上肢的静脉　上肢的静脉分为浅、深两种。上肢深静脉与同名动脉伴行，且多为两条，收集同名动脉分布区域的静脉血，两条肱静脉合成一条腋静脉。上肢浅静脉在手背部皮下汇合成**手背静脉网**，在向心回流途中逐渐汇合成头静脉、贵要静脉和肘正中静脉（图 9-33）。①**头静脉**（cephalic vein），起自手背静脉网的桡侧，沿前臂桡侧上行至肘窝，再沿肱二头肌外侧沟皮下上行，经三角胸大肌间沟，穿深筋膜注入腋静脉或锁骨下静脉。②**贵要静脉**（basilic vein），起自手背静脉网的尺侧，沿前臂尺侧上行，至肘窝处接受肘正中静脉，继续沿肱二头肌内侧沟上行至臂中部，穿深筋膜注入肱静脉或上行注入腋静脉。③**肘正中静脉**（median cubital vein），变异较多，通常在肘窝处连接头静脉与贵要静脉。手背静脉网是成人输液时的首选部位，肘正中静脉、贵要静脉和头静脉可以用来采集血标本或静脉推注药液等。

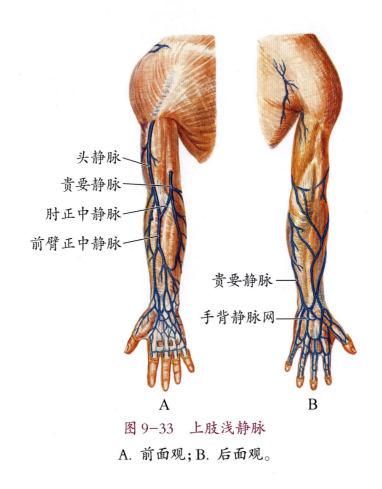

头静脉
贵要静脉
肘正中静脉
前臂正中静脉

贵要静脉
手背静脉网

A   B

图 9-33　上肢浅静脉
A. 前面观；B. 后面观。

　　3. 胸部的静脉　　胸部的静脉主要包括头臂静脉、上腔静脉、奇静脉及其属支（图 9-32）。①**头臂静脉**，左右各一，分别由同侧的颈内静脉与锁骨下静脉在胸锁关节后方汇合而成，汇合处的夹角称为**静脉角**，是淋巴导管的注入部位。②**上腔静脉**，是上腔静脉系的主干，由左、右头臂静脉汇合而成，沿升主动脉的右侧下行，注入右心房，在注入右心房前有奇静脉注入。③**奇静脉**，由右腰升静脉穿膈入胸腔而成，沿脊柱右侧上行至第 4 胸椎体高度，注入上腔静脉。奇静脉沿途收集肋间后静脉、食管静脉、支气管静脉和腹后壁的部分静脉血。奇静脉上连上腔静脉，下借右腰升静脉连于下腔静脉，故奇静脉是沟通上、下腔静脉系的重要通道之一。

（二）下腔静脉系

下腔静脉系由下腔静脉及其属支组成，收集腹部、盆部和下肢即膈以下下半身的静脉血。

1. 下肢的静脉　下肢的静脉分为浅、深两种。下肢深静脉与同名动脉伴行，收集同名动脉分布区域的静脉血，股静脉向上至腹股沟韧带深面移行为髂外静脉。股静脉在腹股沟韧带下方位于股动脉的内侧，常用于股静脉穿刺插管或新生儿静脉采血。下肢浅静脉在跖骨远端皮下吻合形成**足背静脉弓**，内侧续为大隐静脉，外侧续为小隐静脉（图9-34）。①**大隐静脉**（great saphenous vein），是全身最长的浅静脉，起自足背静脉弓的内侧端，经内踝前方，沿小腿内侧伴隐神经上行，经膝关节内后方，再沿大腿内侧上行，至耻骨结节外下方3～4cm处穿过深筋膜注入股静脉。大隐静脉在内踝前方位置表浅而恒定，临床上常在此做静脉切开或穿刺。②**小隐静脉**（small saphenous vein），起自足背静脉弓的外侧端，经外踝后方沿小腿的后面上行至腘窝下角处穿过深筋膜，经腓肠肌内、外侧头之间注入腘静脉。

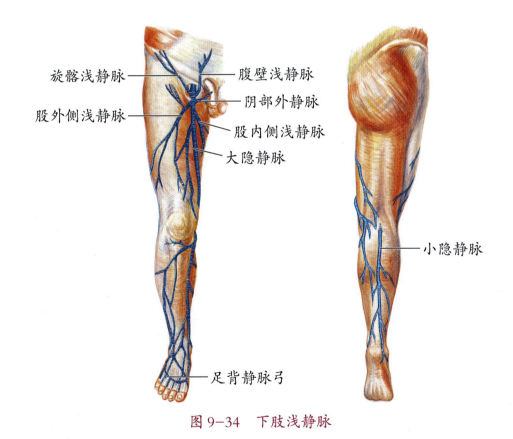

旋髂浅静脉　　腹壁浅静脉
股外侧浅静脉　　阴部外静脉
　　　　　　　股内侧浅静脉
　　　　　　　大隐静脉
　　　　　　　　　　小隐静脉
足背静脉弓

图9-34　下肢浅静脉

2. 盆部的静脉　盆部的静脉主干是髂内静脉，与同侧的髂外静脉在骶髂关节前方汇合成**髂总静脉**（图9-35）。**髂内静脉**由盆部的静脉汇合而成，其属支与同名动脉伴行，收集盆部、会阴部和外生殖器的静脉血；**髂外静脉**是股静脉的直接延续，与同名动脉伴行，收集下肢和腹前壁下部的静脉血。

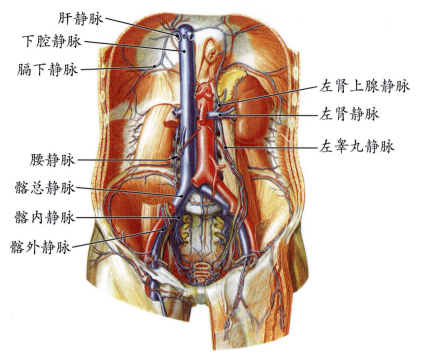

图 9-35　下腔静脉及其属支

3. 腹部的静脉　腹部的静脉包括下腔静脉及其属支和肝门静脉系。

（1）下腔静脉：是人体最粗大的静脉干，由左、右髂总静脉在第 4 或第 5 腰椎体右前方汇合而成，沿腹主动脉右侧上行，经肝的腔静脉沟，穿膈的腔静脉裂孔入胸腔，注入右心房。直接注入下腔静脉的属支有壁支（4 对腰静脉）和部分脏支（肾静脉、右肾上腺静脉、右睾丸静脉或右卵巢静脉、肝静脉）两种，而左睾丸静脉或左卵巢静脉、左肾上腺静脉分别注入左肾静脉，然后间接注入下腔静脉（图 9-35）。不成对的脏支（肝静脉除外）先汇合成肝门静脉，入肝后再经肝静脉回流至下腔静脉。

（2）肝门静脉系：由肝门静脉及其属支组成，收集腹腔内不成对器官（肝除外）的静脉血。

1）肝门静脉的合成：**肝门静脉**（hepatic portal vein）多由肠系膜上静脉和脾静脉在胰颈的后方汇合而成（图 9-36），向右上进入肝十二指肠韧带内，至肝门处分左、右两支入肝，在肝内反复分支，终于肝血窦。肝血窦的血液经肝静脉注入下腔静脉。

2）肝门静脉的特点：①肝门静脉的起始端和肝内分支末端均与毛细血管相连；②肝门静脉及其属支缺乏功能性静脉瓣。

3）肝门静脉的主要属支：包括脾静脉、肠系膜上静脉、肠系膜下静脉、胃左静脉、胃右静脉、胆囊静脉和附脐静脉（图 9-36、图 9-37），多与同名动脉伴行，收集同名动脉分布区域的静脉血。其中，肠系膜下静脉在胰颈的后方注入脾静脉或肠系膜上静脉，附脐静脉起于脐周静脉网，沿肝圆韧带上行注入肝门静脉。

4）肝门静脉系与上、下腔静脉系之间的交通途径（图 9-37）：①肝门静脉→胃左静脉→食管静脉丛→食管静脉→奇静脉→上腔静脉；②肝门静脉→脾静脉→肠系膜下静脉→直肠上静脉→直肠静脉丛→直肠下静脉→髂内静脉→髂总静脉→下腔静脉;③肝门静脉→附脐静脉→脐周静脉网→胸腹壁浅、深静脉→上、下腔静脉。

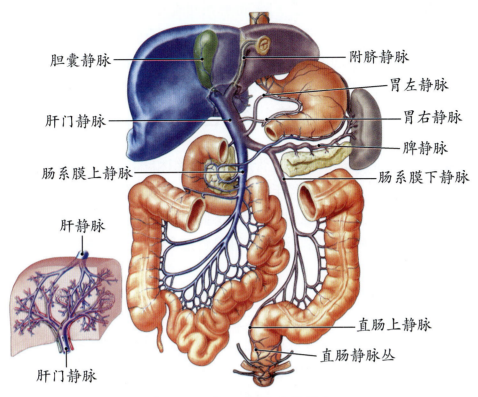

图 9-36　肝门静脉及其属支

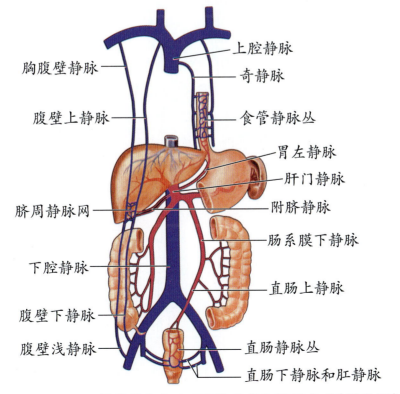

图 9-37　肝门静脉系和上、下腔静脉系之间的交通(模式图)

正常情况下，肝门静脉系与上、下腔静脉系之间的交通支细小，血流量少，各属支的血液按正常方向回流。但当肝门静脉高压时（如肝硬化），血液不能畅流入肝，则通过上述交通途径形成侧支循环，分别经上、下腔静脉系回流入右心房。由于血流量增多，交通支变得粗大和弯曲，出现静脉曲张。如果食管静脉丛和直肠静脉丛曲张破裂，则引起呕血和便血。脾静脉和胃肠道血流受阻，常引起脾肿大、胃肠道淤血及腹水。

第四节　淋巴系统

淋巴系统（lymphatic system）由淋巴管道、淋巴组织和淋巴器官组成（图9-38）。血液流经毛细血管动脉端时，一些成分经毛细血管壁进入组织间隙，形成组织液。组织液与细胞进行物质交换后，大部分经毛细血管静脉端吸收入静脉，小部分水和大分子物质进入毛细淋巴管形成淋巴液即淋巴。淋巴沿淋巴管道和淋巴结的淋巴窦向心流动，途经

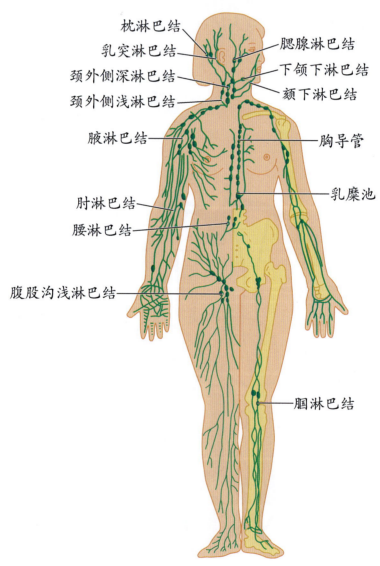

图9-38　全身的淋巴管和淋巴结

诸多淋巴结最终汇入静脉,故淋巴系统可视为静脉的辅助部分。淋巴系统不仅能协助静脉引流组织液,淋巴组织和淋巴器官还具有产生淋巴细胞、滤过淋巴和参与免疫应答的功能。

一、淋 巴 管 道

淋巴管道包括毛细淋巴管、淋巴管、淋巴干和淋巴导管。

(一)毛细淋巴管

毛细淋巴管是淋巴管道的起始部,以膨大的盲端起始于组织间隙,彼此吻合成网,几乎遍布全身。毛细淋巴管的管壁仅由一层叠瓦状邻接的内皮细胞构成,内皮细胞之间有较大的间隙,基膜不完整,具有比毛细血管更大的通透性,如蛋白质、细胞碎片、细菌和癌细胞等容易进入毛细淋巴管,故肿瘤细胞经淋巴管道转移是肿瘤转移的常见途径(图9-39)。

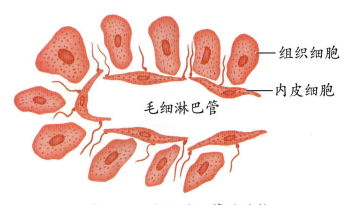

组织细胞

内皮细胞

毛细淋巴管

图 9-39 毛细淋巴管的结构

(二)淋巴管

淋巴管由毛细淋巴管汇合而成,外观呈串珠状或藕节状,管壁结构与静脉相似,有丰富的瓣膜,可防止淋巴逆流。淋巴管有浅、深之分,浅淋巴管位于浅筋膜内,与浅静脉伴行;深淋巴管多与深部血管神经伴行,浅、深淋巴管之间交通广泛。淋巴管在向心的行程中,通常经过一个或多个淋巴结。

(三)淋巴干

全身各部的淋巴管经过一系列的淋巴结群中继后,由最后一群淋巴结的输出淋巴管汇合成较粗大的淋巴干。**淋巴干**共9条,包括成对的颈干、锁骨下干、支气管纵隔干、腰干和一条肠干(图9-40)。

(四)淋巴导管

9条淋巴干最终汇合成两条淋巴导管,即胸导管和右淋巴导管(图9-40)。①**胸导管**(thoracic duct),是全身最大的淋巴导管,由左、右腰干和肠干在第1腰椎体前方汇合而成,起始处的囊状膨大称为**乳糜池**。胸导管经膈的主动脉裂孔入胸腔,沿脊柱前方上行,至颈根部注入左静脉角。在注入前还接受左颈干、左锁骨下干和左支气管纵隔干。胸导管引流两下肢、盆部、腹部、左上肢、左胸部和左头颈部的淋巴,即全身 3/4 区域的淋巴。②**右淋巴导管**,为一短干,由右颈干、右锁骨下干和右支气管纵隔干汇合而成,注入右静脉角。右淋巴导管引流右头颈部、右上肢和右胸部的淋巴,即全身右上 1/4 区域的淋巴。

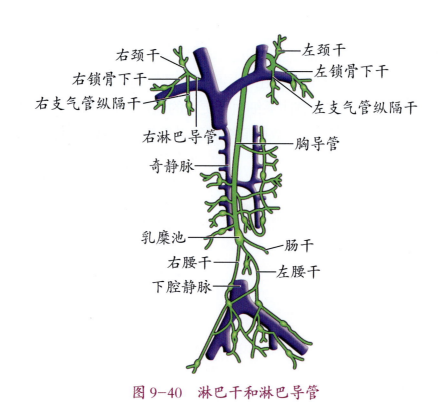

图 9-40　淋巴干和淋巴导管

二、淋巴组织

淋巴组织(lymphoid tissue)以网状组织为支架,网孔内充满大量淋巴细胞及其他免疫细胞,是免疫应答的场所。淋巴组织分为弥散淋巴组织和淋巴小结两类,除参与淋巴器官构成外,还分布于消化道和呼吸道的黏膜固有层。

三、淋巴器官

淋巴器官又称**免疫器官**(immune organ),是以淋巴组织为主要成分的器官,分为中枢免疫(淋巴)器官(胸腺和骨髓)和外周免疫(淋巴)器官(淋巴结、脾和扁桃体等),外周免疫器官是机体进行免疫应答的场所。

（一）淋巴结

1. 淋巴结的形态 **淋巴结**（lymph nodes）为大小不一的圆形或椭圆形灰红色小体，一侧隆凸，有数条输入淋巴管进入；另一侧凹陷称为**淋巴结门**，有输出淋巴管和神经、血管出入（图9-41）。由于淋巴管在向心的行程中，要经过数个淋巴结，故一个淋巴结的输出淋巴管可成为另一个淋巴结的输入淋巴管。淋巴结多成群分布，青年人有淋巴结400～450个。

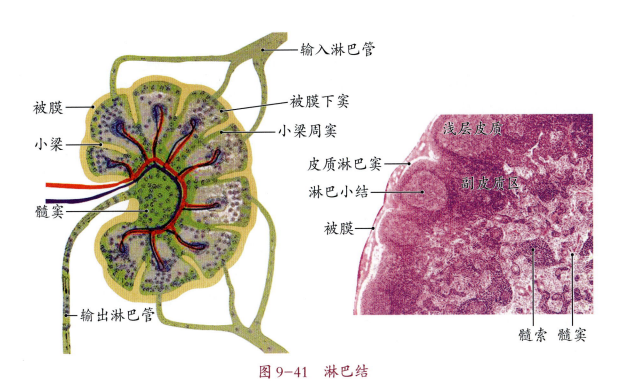

图9-41 淋巴结

2. 淋巴结的微细结构 淋巴结表面有薄层致密结缔组织构成的被膜，被膜结缔组织伸入实质形成相互连接成网状的小梁，构成淋巴结的支架。淋巴结的实质可分为浅层的皮质和深层的髓质（图9-41）。

（1）皮质：位于被膜下方，由浅层皮质、副皮质区和皮质淋巴窦构成。浅层皮质主要由淋巴小结和小结之间的弥散淋巴组织构成。淋巴小结是由大量B细胞聚集而成的圆形或椭圆形小体。副皮质区是位于皮质深层的弥散淋巴组织，主要由胸腺迁移而来的T细胞聚集而成。皮质淋巴窦包括被膜下淋巴窦和小梁周窦，两者相互通连，窦腔内有巨噬细胞等。

（2）髓质：由髓索和其间的髓窦构成。**髓索**是相互连接的索条状淋巴组织，主要含浆细胞、B细胞和巨噬细胞等。**髓窦**内的巨噬细胞较多，故有较强的滤过功能。

3. 淋巴结内的淋巴通路 淋巴从输入淋巴管进入被膜下淋巴窦和小梁周窦，部分渗入皮质淋巴组织，然后渗入髓窦，部分经小梁周窦流入髓窦，继而汇入输出淋巴管流出淋巴结。

4. 淋巴结的功能　①滤过淋巴，淋巴在缓慢地流经淋巴窦时，巨噬细胞可清除其中的细菌等抗原物质，起到滤过淋巴的作用，正常淋巴结对细菌的清除率可达 99.5%；②参与免疫应答，抗原物质进入淋巴结后，刺激 T 细胞和 B 细胞，引发细胞免疫和体液免疫。

5. 人体各部的淋巴结及淋巴引流　淋巴结多沿血管排列，位于关节的屈侧、器官门的附近或腹盆腔大血管的周围（图 9-38）。引流某一器官或部位淋巴的第一级淋巴结称为**局部淋巴结**，临床通常称为**前哨淋巴结**。从临床角度讲是指某一具体部位原发肿瘤转移的第一枚淋巴结。当某器官或部位发生病变时，细菌、毒素或肿瘤细胞可沿淋巴管进入相应的局部淋巴结，可引起淋巴结的肿大。局部淋巴结肿大常反映其引流范围存在病变。因此，了解淋巴结的位置、收纳范围及引流去向，对于病变的诊断和治疗具有重要意义。

（1）头颈部的淋巴结：主要包括下颌下淋巴结、颈外侧浅淋巴结、颈外侧深淋巴结和锁骨上淋巴结。**锁骨上淋巴结**位于锁骨下动脉和臂丛附近，食管癌和胃癌晚期，癌细胞可经胸导管或颈干逆流转移至左锁骨上淋巴结，常可在胸锁乳突肌后缘与锁骨上缘形成的夹角处触及肿大的淋巴结。

（2）上肢的淋巴结：包括位于肱骨内上髁上方及肘窝深血管周围的**肘淋巴结**和位于腋窝内腋血管及其分支周围的**腋淋巴结**。腋淋巴结引流上肢、胸前外侧壁和乳房等处的淋巴，其输出淋巴管汇合成锁骨下干，左侧注入胸导管，右侧注入右淋巴导管。乳腺癌常转移至腋淋巴结。

（3）胸部的淋巴结：位于胸骨旁、气管和主支气管旁、肺门附近以及纵隔等处，主要收纳脐以上胸腹壁深层和胸腔器官的淋巴，其输出淋巴管汇合成左、右支气管纵隔干，分别注入胸导管和右淋巴导管。

（4）腹部的淋巴结：数目较多，主要有腰淋巴结、腹腔淋巴结、肠系膜上淋巴结和肠系膜下淋巴结，位于腹后壁或腹腔器官周围和大血管根部，收纳腹壁和腹腔器官的淋巴，其输出淋巴管汇合成左、右腰干和肠干。

（5）盆部的淋巴结：沿盆腔内髂内、外血管和髂总血管排列，分别称为髂内淋巴结、髂外淋巴结和髂总淋巴结，收纳同名动脉分布区的淋巴，最后注入腰淋巴结。

（6）下肢的淋巴结：主要有腹股沟浅淋巴结和腹股沟深淋巴结，收纳腹前壁下部、臀部、会阴、外生殖器和下肢的淋巴。腹股沟浅淋巴结的输出淋巴管注入腹股沟深淋巴结或髂外淋巴结，腹股沟深淋巴结的输出淋巴管注入髂外淋巴结。

（二）脾

1. 脾的位置和形态　脾（spleen）是人体最大的淋巴器官，位于左季肋区，胃底与膈之间，第 9～11 肋的深面，其长轴与第 10 肋一致（图 9-42）。正常时在左肋弓下触不到脾。活体脾为暗红色的实质性器官，质软而脆，故左季肋区受暴力打击时，易导致脾破裂。脾分为膈、脏两面和上、下两缘。膈面光滑隆凸，与膈相贴。脏面凹陷，中央处有**脾门**，是血管、神经和淋巴管出入之处。上缘较锐，朝向前上方，前部有 2～3 个**脾切迹**。脾肿大时，脾切迹是触诊脾的标志。

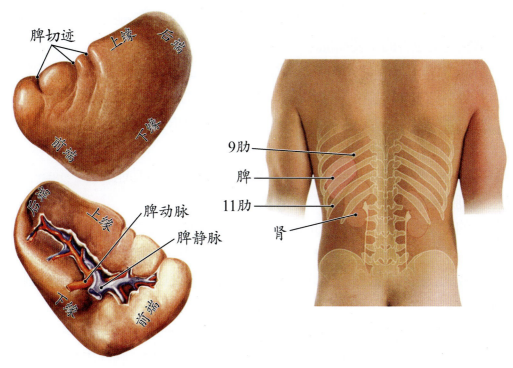

图 9-42　脾的形态和体表投影

2. 脾的微细结构　脾的表面覆有较厚的致密结缔组织被膜，被膜结缔组织伸入脾内形成小梁，构成脾的粗支架。脾实质分为白髓和红髓两部分（图 9-43）。

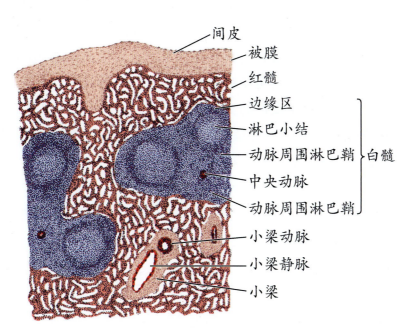

图 9-43　脾的微细结构仿真图

（1）白髓：由动脉周围淋巴鞘、淋巴小结和边缘区构成。**动脉周围淋巴鞘**是围绕在中央动脉周围的弥散淋巴组织，主要由 T 细胞构成。淋巴小结位于动脉周围淋巴鞘的一侧，主要由 B 细胞构成。在白髓与红髓交界的狭窄区域称为**边缘区**，内含 T 细胞、B 细胞及较多的巨噬细胞，是血液内抗原及淋巴细胞进入白髓的通道，是脾内首先捕获抗原、识别抗原和诱发免疫应答的重要部位。

（2）红髓：由脾索和脾血窦构成。**脾索**是富含血细胞的淋巴组织索，相互交织成网，脾索内含有较多的 B 细胞、浆细胞和巨噬细胞，是滤过血液的主要场所。**脾血窦**位于脾索之间，腔大而不规则，窦内充满血液，窦壁由长杆状内皮细胞和不完整的基膜构成，形如栅栏状，其外侧有较多的巨噬细胞。

3. 脾的功能　脾具有造血、储血、滤血及参与免疫应答等功能。

（三）胸腺

1. 胸腺的位置和形态　胸腺（thymus）分为不对称的左、右两叶，大部分位于上纵隔前部，小部分向下伸入前纵隔（图 11-1）。胸腺有明显的年龄变化，新生儿和幼儿的胸腺体积相对较大，进入青春期后逐渐退化缩小，到老年时期胸腺实质大部分被脂肪组织取代。

2. 胸腺的功能　胸腺的主要功能是产生、培育 T 细胞，并向外周免疫器官输送 T 细胞。实验证明，若切除新生小鼠的胸腺，该动物即缺乏 T 细胞。胸腺还兼有内分泌功能，能分泌胸腺素和胸腺生成素。

本章小结　本章的学习重点是心血管系统的组成、体循环与肺循环的途径以及心的位置和外形。学习难点为心腔的结构、人体各部的淋巴结及淋巴引流。在学习过程中注意比较动脉、毛细血管、静脉各自的结构和功能特点，理解动脉的主干常根据它所在的部位而命名（如腹主动脉）、分支基本上根据分布区域命名（如肾动脉），淋巴结常以其所在部位及附近血管而命名，注意浅静脉的走行标志及注入部位，区别颈动脉窦与颈动脉小球的位置及功能，重视肝门静脉系与上、下腔静脉系之间的交通途径，注重从心的功能理解血液在心腔和各级血管中定向流动的形态结构基础，提高运用脉管系统知识分析、解决问题的能力。

（张柱武　王　峰）

？ 思考与练习

1. 简述体循环和肺循环的途径。

2. 简述肝门静脉的组成、主要属支及其收集范围。

3. 人体的哪些动脉可在体表摸到搏动？哪些体表标志可作为寻找的依据？

4. 简述心的位置和心尖的体表投影。如何从心的外形上辨别左右心房和左右心室？

5. 阑尾炎患者，经手背静脉网桡侧滴注抗生素进行治疗，请用箭头表示药物到达阑尾的途径。

第十章 | 感 觉 器

10章 数字内容

学习目标

1. 具有应用感觉器的理论知识分析、解释生活现象和临床问题的能力。
2. 掌握眼球壁和眼球内容物的结构；房水的产生部位及循环途径；前庭蜗器的组成。
3. 熟悉眼副器的组成及结构；结膜的分部；中耳的组成及其连通关系；皮肤的微细结构。
4. 了解位置觉感受器和听觉感受器的位置及功能；皮下注射与皮内注射的注射部位。
5. 学会在活体上辨认角膜、巩膜、虹膜、瞳孔、泪点、外耳门、外耳道、耳屏和耳垂等。

 导学

人之所以能够闻到花草的芬芳，品尝佳肴的美味，欣赏秀美的山水，享受音乐的美妙，感知大自然的神奇变化，体验"眼观六路，耳听八方"的美妙感觉，是因为人体内有一些能够感受机体内、外环境变化刺激的感觉器。感觉器有哪些？分别位于何处？各器官具有怎样的形态结构和功能特点？让我们带着这些神奇而有趣的问题一起来探究感觉器的奥秘。

感觉器（sensory organs）是机体感受刺激的装置，由感受器及其附属结构共同组成，如视器、前庭蜗器、嗅器、味器和皮肤等。**感受器**（receptor）是机体感受内、外环境刺激的感觉神经末梢结构，其功能是接受特定的刺激，并将刺激转变为神经冲动，经感觉神经传入中枢神经，在大脑皮质感觉中枢产生相应的感觉。

第一节 视 器

案例分析

患者,男性,80 岁。因右眼渐进性视力下降 2 年,近日自感影响日常生活而来医院就诊。检查:右眼角膜透明,瞳孔 2.5mm,瞳孔区晶状体呈灰白色混浊,眼压正常。临床诊断:老年性白内障(右眼)。

请思考:

1. 外界光线经过哪些结构才能成像于视网膜上?

2. 白内障是眼球的哪个结构发生了病变?

3. 为什么人在感冒时常伴有流泪的现象?

视器(visual organ)即**眼**(eye),由眼球和眼副器两部分构成。眼球具有屈光成像和将光刺激转换为神经冲动的功能。眼副器位于眼球的周围,对眼球起保护、支持和运动作用。

一、眼 球

眼球(eyeball)是视器的主要部分,位于眶内前份,近似球形,前面有眼睑保护,后面借视神经连于间脑的视交叉(图 10-1)。眼球由眼球壁和眼球的内容物构成。

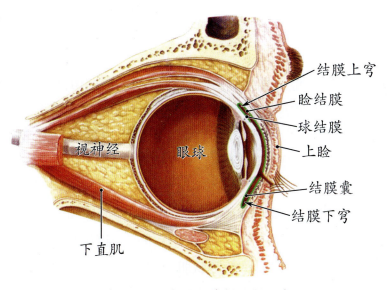

图 10-1 右眼眶(矢状切面)

(一)眼球壁
眼球壁由外向内依次分为眼球纤维膜、眼球血管膜和视网膜 3 层(图 10-2)。

1. 眼球纤维膜　眼球纤维膜由坚韧的致密结缔组织构成,具有维持眼球外形和保护眼球内容物的作用,分为角膜和巩膜两部分(图10-2)。

(1)角膜(cornea):占眼球纤维膜的前1/6,无色透明,有屈光作用,是光线进入眼球首先要通过的结构。角膜无血管,但有丰富的感觉神经末梢,故感觉十分敏锐,受刺激后可发生角膜反射。

(2)巩膜(sclera):占眼球纤维膜的后5/6,呈乳白色不透明。在巩膜与角膜交界处的深部有一条环形血管,称为**巩膜静脉窦**,是房水流出的通道。

2. 眼球血管膜　眼球血管膜含有丰富的血管和色素细胞,呈棕黑色,故又称**色素膜**。由前向后分为虹膜、睫状体和脉络膜3部分(图10-2)。

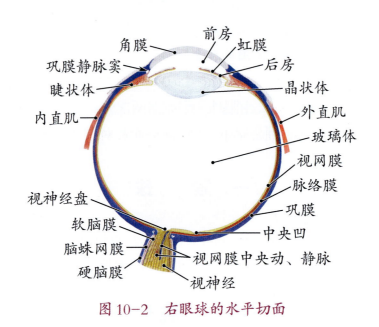

图 10-2　右眼球的水平切面

(1)虹膜(iris):虹膜是位于角膜后方的冠状位圆盘形棕色薄膜,中央的圆形小孔称为**瞳孔**(pupil),是光线进入眼球内的唯一通路。在活体,透过角膜可以看到虹膜和瞳孔。虹膜内有两种不同排列方向的平滑肌,环绕瞳孔呈环行排列的为**瞳孔括约肌**,受副交感神经支配;瞳孔周围呈放射状排列的为**瞳孔开大肌**(图10-3),受交感神经支配,二者分别缩小和开大瞳孔。

(2)睫状体(ciliary body):睫状体位于角膜与巩膜移行处的内面,是眼球血管膜的最肥厚部分(图10-3)。睫状体前部有许多呈放射状排列的**睫状突**,由睫状突发出**睫状小带**与晶状体相连。睫状体内的平滑肌称为**睫状肌**,受副交感神经支配。睫状体有调节晶状体曲度和产生房水的作用。

(3)脉络膜(choroid):脉络膜约占眼球血管膜的后2/3,为充填于巩膜与视网膜之间、富含血管和大量黑素细胞的疏松结缔组织,具有营养眼球内组织和吸收眼内分散光线的作用。

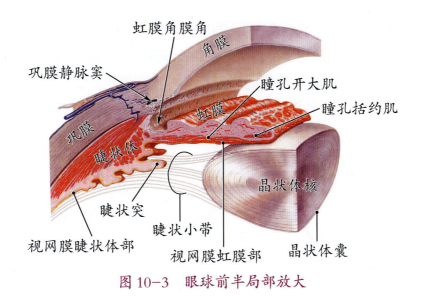

图 10-3　眼球前半局部放大

3. 视网膜(retina)　视网膜位于眼球血管膜的内面(图 10-2),由前向后分为视网膜虹膜部、视网膜睫状体部和视网膜脉络膜部。前两部分无感光作用,故合称为视网膜盲部。视网膜脉络膜部贴附在脉络膜内面,有感光作用,故称为视网膜视部,即通常所说的**视网膜**。

视网膜后部(即眼底)中央偏鼻侧视神经起始处有一境界清楚的乳白色圆盘形隆起,称为**视神经盘**(optic disc)或**视神经乳头**,此处无感光细胞,故称为**生理性盲点**(图 10-4)。在视神经盘的颞侧稍下方约 3.5mm 处有一浅黄色小区,称为**黄斑**(macula lutea)。黄斑中央凹陷称为**中央凹**,此区视锥细胞密集,是感光最敏锐的部位(图 10-5)。

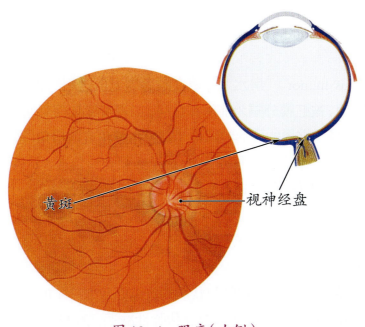

黄斑　　　　　　　　　　　　　　视神经盘

图 10-4　眼底(右侧)

视网膜视部由内、外两层构成。外层是由单层色素上皮细胞构成的色素上皮层。内层由外向内由 3 层神经细胞构成(图 10-5):①**视细胞**,分为**视杆细胞**和**视锥细胞**,前者只能感受弱光而不能辨别颜色,后者能感受强光和辨别颜色。②**双极细胞**,是连接视细胞与节细胞的中间神经元,其树突与视细胞形成突触,轴突与节细胞的树突形成突触。③**节细胞**,为多极神经元,其树突主要与双极细胞的轴突形成突触,轴突向视神经盘处汇聚,穿过脉络膜和巩膜后构成视神经。

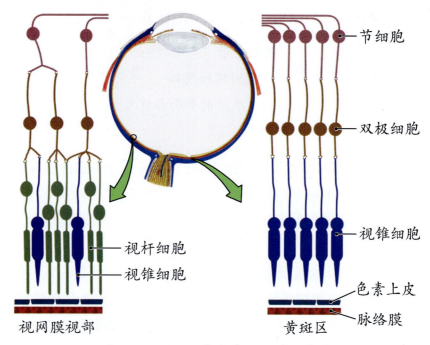

图 10-5　视网膜的神经细胞示意图

(二)眼球的内容物

眼球的内容物包括房水、晶状体和玻璃体,均无色透明,与角膜共同组成眼的屈光(折光)系统。

1. 房水(aqueous humor)　房水为充填在眼房内无色透明的液体。**眼房**是位于角膜与晶状体之间的间隙,被虹膜分隔为前房和后房,二者借瞳孔相交通(图 10-2)。在眼前房的周边,虹膜与角膜相交界的环形腔隙称为**虹膜角膜角**或**前房角**(图 10-3)。房水由睫状体产生后进入眼后房,经瞳孔至眼前房,然后经虹膜角膜角进入巩膜静脉窦,最后汇入眼静脉。房水除具有屈光作用外,还有营养角膜和晶状体以及维持眼内压的作用。若房水循环不畅,则引起眼内压升高,临床上称为青光眼。

2. 晶状体(lens)　晶状体位于虹膜与玻璃体之间,为富有弹性的双凸透镜状无色透明体(图 10-2),无血管和神经分布,是眼屈光系统的主要装置。晶状体的周缘借睫状小带与睫状体相连,故晶状体的曲度可随睫状肌的舒缩而改变(图 10-3)。晶状体若因疾病或创伤而变混浊则称为白内障。老年人晶状体弹性减退,睫状肌对晶状体的调节功能随之减退,看近物时模糊,看远物时较清晰,从而出现老视即"老花眼"。

3. 玻璃体（vitreous body） 玻璃体为填充于晶状体与视网膜之间的、无色透明的胶状物质（图 10-2），具有屈光和支撑视网膜的作用。若支撑作用减弱，可导致视网膜脱离。玻璃体发生混浊时可影响视力。

二、眼 副 器

眼副器包括眼睑、结膜、泪器和眼球外肌等结构。

（一）眼睑

眼睑（palpebrae）俗称"眼皮"，位于眼球的前方，分为上睑和下睑，上、下睑缘之间的裂隙称为**睑裂**（图 10-1）。睑裂的内、外侧端分别称为**内眦**和**外眦**。睑的游离缘称为**睑缘**，睑前缘生有睫毛。睫毛根部的皮脂腺称为睫毛腺，睫毛腺的急性炎症称为麦粒肿。眼睑由浅入深分为皮肤、皮下组织、肌层、睑板和睑结膜 5 层。眼睑的皮肤细薄，皮下组织疏松，易引起水肿。肌层主要是眼轮匝肌，收缩时可关闭睑裂。睑板由致密结缔组织构成，内有**睑板腺**，开口于睑缘，其分泌物有润滑睑缘、防止泪液外溢的作用。

（二）结膜

结膜（conjunctiva）是一层薄而透明并富有血管的黏膜。按其所在部位分为 3 部分：①**睑结膜**，衬覆于眼睑内面；②**球结膜**，覆盖于巩膜前面；③**结膜穹窿**，位于睑结膜与球结膜的移行处，分别形成结膜上穹和结膜下穹（图 10-1）。当睑裂闭合时，结膜围成的囊状腔隙称为**结膜囊**，通过睑裂与外界相通。

（三）泪器

泪器由泪腺和泪道组成（图 10-6）。

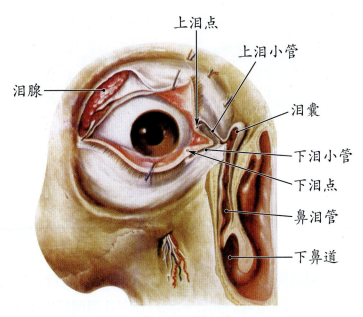

上泪点
上泪小管
泪腺
泪囊
下泪小管
下泪点
鼻泪管
下鼻道

图 10-6 泪器

1. 泪腺　泪腺位于眶上壁外侧部的泪腺窝内,有10～20条排泄管开口于结膜上穹的外侧部。**泪腺**分泌的泪液借眨眼活动涂抹于眼球表面,有防止角膜干燥、冲洗微尘和杀菌作用。多余的泪液流向内眦处,经泪道流入鼻腔。

2. 泪道　泪道由泪点、泪小管、泪囊和鼻泪管组成。**泪点**是上、下睑缘内侧端处泪乳头顶部的小孔,是泪小管的开口。**泪小管**为连接泪点与泪囊的小管,分为上泪小管和下泪小管,向内侧汇合后开口于泪囊。**泪囊**位于眶内侧壁前下部的泪囊窝内,上部为盲端,下端移行为鼻泪管。**鼻泪管**为一膜性管道,下端开口于下鼻道外侧壁。鼻泪管开口处的黏膜内有丰富的静脉丛,感冒时,鼻腔黏膜易充血水肿,使鼻泪管开口处闭塞,从而使泪液向鼻腔的引流不畅,故感冒时常伴有流泪的现象出现。

（四）眼球外肌

眼球外肌均为骨骼肌,包括6块运动眼球的肌和1块位于上睑内提上睑的**上睑提肌**,统称为视器的运动装置(图10-7)。**上直肌**收缩时使瞳孔转向上内,**下直肌**收缩时使瞳孔转向下内,**内直肌**收缩时使瞳孔转向内侧,**外直肌**收缩时使瞳孔转向外侧,**上斜肌**收缩时使瞳孔转向下外,**下斜肌**收缩时使瞳孔转向上外。眼球的正常运动,是两眼数块肌协同作用的结果。

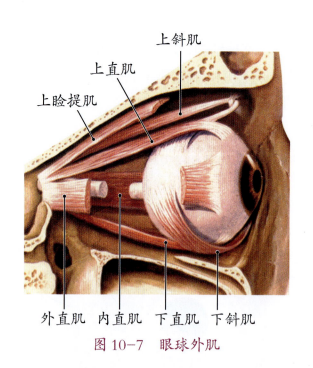

图10-7　眼球外肌

三、眼 的 血 管

眼的血液供应来自**眼动脉**。眼动脉在颅内起自颈内动脉,经视神经管入眶,分支分布于眼球、眼球外肌、泪腺和眼睑等。其最重要的分支是**视网膜中央动脉**,穿行于视神经内,至视神经盘处穿出分为视网膜颞侧上、下小动脉和视网膜鼻侧上、下小动脉,营养视网膜内层（图 10-4）。临床上常借助检眼镜观察这些动脉，以帮助诊断动脉硬化及某些颅内病变。视网膜中央静脉收集视网膜的静脉血，与同名动脉伴行，最后注入眼静脉。

第二节　前庭蜗器

前庭蜗器（vestibulocochlear organ）又称**耳**（ear），由外耳、中耳和内耳 3 部分构成（图 10-8）。外耳和中耳是声波的收集和传导装置，属于前庭蜗器的附属器；内耳是位觉感受器和听觉感受器所在部位。

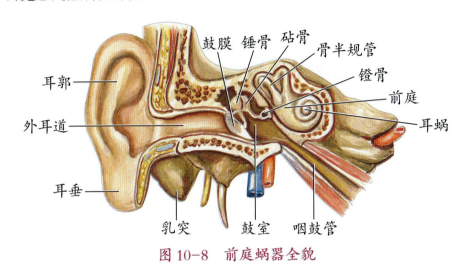

图 10-8　前庭蜗器全貌

一、外　耳

外耳（external ear）包括耳郭、外耳道和鼓膜 3 部分。

（一）耳郭

耳郭位于头部的两侧，大部分以弹性软骨为支架，外覆皮肤而构成（图 10-8）。耳郭下 1/3 部皮下无软骨的部分，称为**耳垂**。耳郭外侧面的中部凹陷，其前方有一大孔称为**外耳门**。外耳门前方的隆起称为**耳屏**。

（二）外耳道

外耳道是外耳门至鼓膜之间的弯曲管道，长 2.0～2.5cm（图 10-8）。检查成人鼓膜时须将耳郭向后上方牵拉，使外耳道变直方能观察到鼓膜。婴儿外耳道短而直，鼓膜近似水平位，故检查鼓膜时需将耳郭拉向后下方。

外耳道皮下组织稀少，皮肤与软骨膜和骨膜结合紧密，故外耳道发生疖肿时疼痛剧烈。外耳道皮肤内有分泌耵聍的**耵聍腺**。耵聍干燥后结痂成块，可因颞下颌关节运动向外脱落。

（三）鼓膜

鼓膜（tympanic membrane）是位于外耳道与鼓室之间的椭圆形半透明薄膜，与外耳道底形成 45°～50° 的倾斜角（图 10-8）。鼓膜中心向内凹陷称为**鼓膜脐**。鼓膜上 1/4 的三角区薄而松弛，称为松弛部，活体呈淡红色；鼓膜下 3/4 坚实紧张，称为紧张部，活体呈灰白色。紧张部前下方有一三角形的反光区，称为**光锥**。鼓膜穿孔时光锥可变形或消失。

二、中　耳

中耳（middle ear）位于外耳与内耳之间，由鼓室、咽鼓管、乳突窦和乳突小房组成，各部均内衬黏膜且相互延续，故病变可相互蔓延（图 10-8、图 10-9）。

（一）鼓室

鼓室（tympanic cavity）是颞骨内含气的不规则小腔，位于鼓膜与内耳外侧壁之间。鼓室外侧借鼓膜与外耳道相隔，前方经咽鼓管通向鼻咽部，向后经乳突窦连通乳突小房（图 10-9）。内侧壁即内耳的外侧壁，后上方的卵圆形孔称为**前庭窗**；后下方的圆形小孔称为**蜗窗**，在活体被第 2 鼓膜封闭。鼓室内的 3 块听小骨由外侧向内侧依次为**锤骨**、**砧骨**和**镫骨**（图 10-8）。锤骨柄末端附着于鼓膜脐，镫骨底封闭前庭窗。3 块听小骨在鼓膜与前庭窗之间以关节和韧带连结成听小骨链。当声波振动鼓膜时，通过听小骨链将声波从鼓膜传导至内耳。

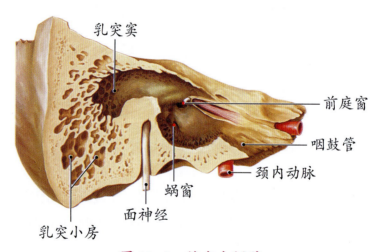

图 10-9　鼓室内侧壁

 知识拓展

鼓室虽小是非多

鼓室虽小，但连通广泛。鼓室黏膜与咽鼓管、乳突窦和乳突小房相互延续，周围毗邻结构复杂，故一旦罹患疾病，必然互相影响，扰得四邻不安，可导致鼓膜穿孔，累及乳突窦和乳突小房感染。婴幼儿有可能并发颅内感染，甚至危及生命。

（二）咽鼓管

咽鼓管（pharyngotympanic tube）为连通鼻咽部与鼓室之间的管道（图10-8）。咽鼓管的外侧端开口于鼓室前壁，内侧端开口于鼻咽部侧壁的咽鼓管咽口。咽鼓管咽口平时处于关闭状态，在吞咽或打呵欠时可暂时开放，空气经咽鼓管进入鼓室，以保持鼓膜内外压力的平衡，有利于鼓膜的振动。幼儿的咽鼓管较成人短而平直，管径也较大，故咽部感染易沿咽鼓管侵入鼓室而引起中耳炎。

（三）乳突窦和乳突小房

乳突窦是鼓室与乳突小房之间的较大腔隙，向前开口于鼓室后壁的上部，向后下与乳突小房相通，为鼓室与乳突小房之间的交通要道（图10-9）。**乳突小房**为颞骨乳突内众多大小不等、彼此连通的含气小腔。由于乳突小房、乳突窦与鼓室的黏膜相延续，故中耳炎时可经乳突窦蔓延至乳突小房而引起乳突炎。

三、内　耳

内耳（internal ear）位于颞骨内，是介于鼓室内侧壁与内耳道底之间一系列结构复杂的管道系统，形似迷宫，故又称**迷路**，可分为骨迷路和膜迷路两部分（图10-10）。骨迷路与膜迷路之间充满外淋巴，膜迷路内含有内淋巴，内、外淋巴互不相通。

（一）骨迷路

骨迷路是颞骨内的骨性隧道，由后外向前内依次分为彼此连通的前庭、骨半规管和耳蜗3部分（图10-10）。

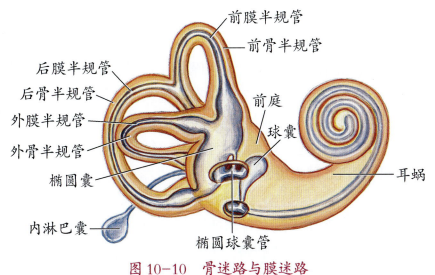

图10-10　骨迷路与膜迷路

1. 前庭　前庭是位于骨迷路中部近似椭圆形的腔隙，其外侧壁有前庭窗和蜗窗，内侧壁为内耳道底。前庭向前通耳蜗，向后通3个骨半规管。

2. 骨半规管　骨半规管为 3 个 C 形互成直角排列的弯曲小管,按位置分别称为前骨半规管、后骨半规管和外骨半规管。每个骨半规管均借两骨脚开口于前庭,其中一个骨脚膨大,称为骨壶腹。

3. 耳蜗　耳蜗位于前庭的前方,形似蜗牛壳,蜗底朝向后内侧的内耳道底,蜗顶朝向前外侧。耳蜗由骨性蜗螺旋管环绕蜗轴约两圈半构成。蜗螺旋管被蜗轴发出的骨螺旋板和膜迷路分隔成上方的**前庭阶**、下方的**鼓阶**和中间的**蜗管**(图 10-11)。前庭阶起自前庭,鼓阶终于蜗窗上的第 2 鼓膜。前庭阶和鼓阶内充满外淋巴,二者在蜗顶处借蜗孔彼此相通。

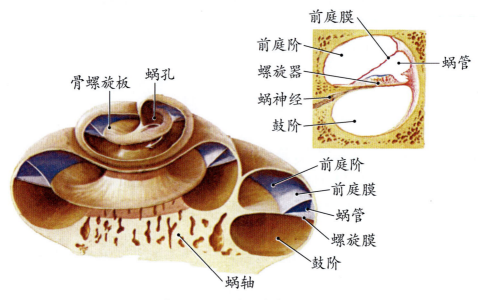

图 10-11　耳蜗与螺旋器

(二)膜迷路

膜迷路是套在骨迷路内封闭的膜性小管和囊,由相互连通的椭圆囊、球囊、膜半规管和蜗管组成(图 10-10)。在膜迷路的特定部位有位觉感受器和听觉感受器。

1. 椭圆囊和球囊　椭圆囊和球囊位于前庭内,两囊之间借小管相连。椭圆囊位于后上方,后壁与 3 个膜半规管相连。球囊位于前下方,有小管与蜗管相连。椭圆囊和球囊壁的内面分别有**椭圆囊斑**和**球囊斑**,均属位置觉感受器,能感受头部静止的位置及直线变速运动的刺激。

2. 膜半规管　膜半规管位于同名骨半规管内。骨壶腹内相应的膜半规管膨大称为**膜壶腹**,在膜壶腹内壁上有隆起的**壶腹嵴**,为位置觉感受器,能感受头部旋转变速运动的刺激(图 10-10)。

3. 蜗管　蜗管套在蜗螺旋管内,即位于耳蜗内前庭阶与鼓阶之间的膜性管道。蜗管的横切面呈三角形,上壁为前庭膜,下壁为基底膜(又称螺旋膜)。基底膜上有**螺旋器**,又称 **Corti 器**,是听觉感受器(图 10-11)。

第三节　皮　　肤

皮肤（skin）覆盖于身体表面，是人体面积最大的器官，成人皮肤的表面积约为 1.7m²。皮肤由表皮和真皮构成，借皮下组织与深部组织相连（图 10-12）。皮肤具有感受外界刺激、保护深部组织、调节体温、排出代谢产物、参与合成维生素 D 等功能。

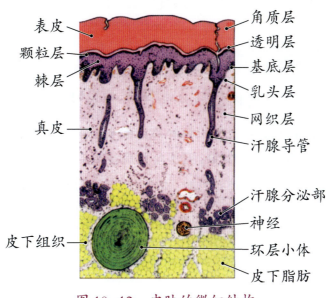

图 10-12　皮肤的微细结构

一、皮肤的微细结构

（一）表皮

表皮（epidermis）位于皮肤的浅层，由角化的复层扁平上皮构成（图 3-24）。人体各部表皮厚薄不一，手掌和足底部为厚皮，其余部位均为薄皮。表皮细胞分为角质形成细胞和非角质形成细胞两大类。

1. 角质形成细胞　手掌和足底的表皮结构，由基底到表面可分为基底层、棘层、颗粒层、透明层和角质层 5 层（图 10-12）。基底层由一层矮柱状的基底细胞组成，基底细胞具有活跃的分裂增殖能力，新生的细胞向浅层推移，逐渐分化为表皮的其余各层细胞。角质层靠近表面的细胞逐渐脱落形成皮屑。角质形成细胞不断脱落和更新，周期为 3~4 周。

2. 非角质形成细胞　散在分布于角质形成细胞之间，包括黑素细胞、朗格汉斯细胞和梅克尔细胞。**黑素细胞**是生成黑色素的细胞，细胞体多分散于基底细胞之间。乳头、阴囊、阴茎、大阴唇、会阴及肛门附近等处色素较深。黑色素能吸收紫外线，保护深部组织免受辐射损伤。**朗格汉斯细胞**散在于棘层的棘细胞之间，是一种抗原提呈细胞，在多种炎症情况下数量增多，如接触性皮炎。

（二）真皮

真皮（dermis）是位于表皮深面的致密结缔组织，分为乳头层和网织层（图10-12）。乳头层较薄，紧邻表皮基底层，呈乳头状突向表皮，称真皮乳头。手指掌侧的真皮乳头层内含有较多的触觉小体。网织层位于乳头层的深部，较厚，粗大的胶原纤维束交织成网，弹性纤维夹杂其间，使皮肤具有较大的韧性和弹性。网织层深部常见环层小体。

在真皮下方为**皮下组织**，即**浅筋膜**，由疏松结缔组织和脂肪组织构成，将皮肤与深部组织相连（图4-34、图10-12），并使皮肤具有一定的移动性。

知识拓展

皮内注射法与皮下注射法

皮内注射法是将少量无菌药液或生物制品注射于表皮与真皮之间的方法。用于药物过敏试验时宜取前臂掌侧下段正中部，因该处皮肤较薄，角化程度低，皮肤颜色较浅，易于注射和辨认局部反应。用于预防接种时，常选择在三角肌下缘处进行。

皮下注射法是将少量无菌药液或生物制品注入皮下组织的方法。注射部位一般在三角肌下缘处，也可在腹部、背部、臀部和大腿前外侧等处，腹部是胰岛素注射优先选择的部位。

二、皮肤的附属器

皮肤的附属器是由表皮衍生而来的结构，包括毛、皮脂腺、汗腺和指（趾）甲（图10-13）。

1. 毛（hair）　人体皮肤除手掌、足底等处外，均有毛分布。露在皮肤表面的为**毛干**，埋在皮肤内的为**毛根**，包在毛根外面的为**毛囊**。毛根和毛囊的下端合为一体形成膨大的**毛球**，毛球是毛和毛囊的生长点。在毛根与皮肤表面呈钝角的一侧有一束平滑肌，连接毛囊与真皮，故称为**立毛肌**。立毛肌受交感神经支配，在遇冷或感情冲动时收缩，使毛发竖立，从而产生"鸡皮疙瘩"的现象。

2. 皮脂腺　皮脂腺分布于除手掌、足底和足侧部外的皮肤内。**皮脂腺**多位于毛囊与立毛肌之间，腺体导管开口于毛囊上段或皮肤表面（图10-13）。成熟的腺细胞解体，脂滴经毛囊排出，即为皮脂，有润泽皮肤和保护毛发的作用。

3. 汗腺　汗腺有大小之分。**小汗腺**即通常所说的汗腺，遍布于全身皮肤内，以手掌、足底和腋窝处最多。分泌部位于真皮深层和皮下组织内（图10-13），导管开口于皮肤表面的汗孔。**汗腺**分泌是机体散热的主要方式，具有调节体温、湿润皮肤和排泄代谢产物等作用。**顶泌汗腺（大汗腺）**主要分布于腋窝、乳晕、会阴等处，其导管开口于毛囊上段，分泌物为黏稠的乳状液，如分泌过盛并且分泌物被细菌分解后产生特殊的气味，则产生腋臭。

4. 指（趾）甲　指（趾）甲位于手指和足趾远端的背面，露出体表的部分为**甲体**，甲体下面的皮肤为**甲床**,甲体近端埋在皮肤内的部分为**甲根**。甲体周缘的皮肤皱襞为**甲襞**,甲襞与甲体之间的沟为**甲沟**,是手指炎症的好发部位(如甲沟炎)。甲根附着处的甲床上皮为**甲母质**,是甲体的生长区。指(趾)甲受损或拔除后,如甲母质仍保留,则甲仍能再生。

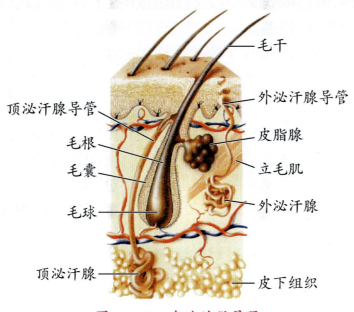

毛干

外泌汗腺导管

顶泌汗腺导管

毛根

毛囊

毛球

皮脂腺

立毛肌

外泌汗腺

顶泌汗腺

皮下组织

图 10-13　皮肤的附属器

本章小结　　　本章的学习重点是视器和前庭蜗器的组成、房水的产生部位及循环途径。学习难点为中耳的组成及其连通关系、骨迷路与膜迷路的结构。在学习过程中注意房水循环障碍、晶状体混浊引起的疾病,理解外界光线成像于视网膜上经过的结构和骨迷路与膜迷路的对应关系,区别皮内注射与皮下注射的注射部位,注重从泪道与鼻道的连通关系理解"痛哭流涕"的原因,提高运用感觉器知识分析、解决问题的能力。

(吴军峰)

 思考与练习

1. 简述房水的产生部位及循环途径。

2. 当结膜囊内滴入氯霉素滴眼液不久,为何会感到口腔内有股苦涩味?

3. 幼儿咽部感染为何易引起中耳炎?

第十一章 | 内分泌系统

11章
11章 数字内容

学习目标

1. 具有应用内分泌系统的理论知识分析、解释生活现象和临床问题的能力。
2. 掌握内分泌系统的组成；甲状腺、甲状旁腺、肾上腺和垂体的形态位置及毗邻关系。
3. 熟悉内分泌腺的结构特点；甲状腺、肾上腺和垂体的微细结构及功能。
4. 了解甲状旁腺的微细结构与功能；松果体的形态、位置及分泌的激素。
5. 学会在体表确定甲状腺的位置。

导学

    人体各系统能够和谐相融，浑然一体，是因为人体内有一个重要的功能调节系统——内分泌系统。一旦某个内分泌腺功能发生异常，将会引起一些疾病。那么，内分泌系统是如何组成的？各器官具有怎样形态结构与功能特点？让我们带着这些神奇而有趣的问题一起来探究内分泌系统的奥秘。

    内分泌系统（endocrine system）是机体的重要调节系统，由内分泌腺和分布于其他器官内的内分泌组织和内分泌细胞组成。**内分泌腺**包括甲状腺、甲状旁腺、肾上腺、垂体和松果体等（图 11-1），其结构特点是腺细胞排列成团状、索状或围成滤泡状，无输送分泌物的导管，有丰富的毛细血管。**内分泌组织**则以细胞群的形式存在于某些器官内，如胰腺中的胰岛细胞、卵巢黄体细胞、睾丸间质细胞等。**内分泌细胞**散在分布于消化道、呼吸道、肾等器官内。

    内分泌系统的功能是通过内分泌细胞分泌的**激素**（hormone），经血液循环运送到机体的特定区域，作用于特定的靶器官或靶细胞，以体液的形式参与调节机体的新陈代谢、生长发育和生殖活动,维持机体的内环境稳态。

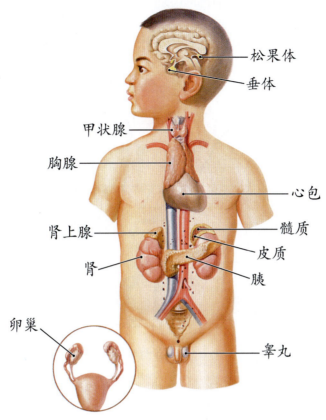

图 11-1　内分泌系统概观

一、甲　状　腺

 案例分析

患者,女性,30 岁。因近 1 个月来烦躁不安,怕热多汗,多食、失眠,体重减轻而来医院就诊。查体:甲状腺Ⅰ度肿大,两手微抖,眼球有轻度突出,脉搏 110 次 /min。实验室检查:甲状腺素明显高于正常水平,促甲状腺素明显偏低。临床诊断:甲状腺功能亢进。

请思考:

1. 甲状腺位于何处?由哪几部分组成?

2. 甲状腺分泌哪些激素?各有何生理作用?

3. 甲状腺功能异常会引起哪些疾病?

(一)甲状腺的位置和形态

甲状腺(thyroid gland)是人体最大的内分泌腺,位于颈前部,形如 H 形,由左、右两个侧叶和中间的甲状腺峡构成,**甲状腺侧叶**位于喉下部和气管上部的前外侧,**甲状腺峡**多位于第2~4气管软骨环的前方(图11-2)。约50%人的甲状腺峡向上伸出一个锥状叶。甲状腺借结缔组织连于喉软骨,故吞咽时可随喉的活动而上、下移动。

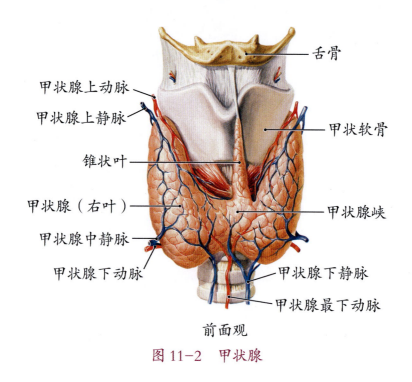

前面观

图11-2　甲状腺

(二)甲状腺的微细结构与功能

甲状腺表面包有薄层结缔组织被膜,腺实质由大量甲状腺滤泡组成,滤泡间有少量疏松结缔组织、滤泡旁细胞和丰富的有孔毛细血管(图11-3)。

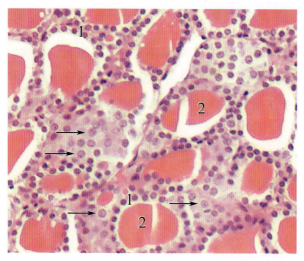

图11-3　甲状腺光镜图

1. 滤泡上皮;2. 胶质;↑滤泡旁细胞。

1. 甲状腺滤泡 甲状腺滤泡由单层立方的滤泡上皮细胞围成,大小不等,呈圆形或不规则形,滤泡腔内充满均质状的嗜酸性胶质。**滤泡上皮细胞**能合成和分泌**甲状腺激素**(TH),甲状腺激素能促进机体的新陈代谢,提高神经兴奋性,促进生长发育,尤其是对婴幼儿的骨骼发育和中枢神经系统的发育影响显著。小儿甲状腺功能减退时会导致甲状腺激素分泌减少,不仅长骨生长停滞、身材矮小,而且脑发育障碍、智力低下,导致呆小症。成人甲状腺功能亢进时,甲状腺激素分泌过多,患者出现食欲亢进但体重下降、心动过速、情绪激动等症状,还会因为甲状腺肿大、突眼等外形改变而出现心理障碍。护士应全面了解患者的生理心理状态,帮助患者树立战胜疾病的信心,以利于患者的早日康复。

2. 滤泡旁细胞 滤泡旁细胞位于甲状腺滤泡之间和滤泡上皮细胞之间,细胞稍大而着色较淡。**滤泡旁细胞**分泌的**降钙素**(CH)能促进骨内骨盐的沉积,并抑制胃肠道和肾小管吸收 Ca^{2+},使血钙浓度降低。

二、甲状旁腺

(一)甲状旁腺的位置和形态

甲状旁腺(parathyroid gland)为棕黄色、黄豆大小的扁椭圆形腺体,通常有上、下两对,贴附于甲状腺侧叶的后面(图 11-4)。有时可埋入甲状腺实质内,而使手术时寻找困难。

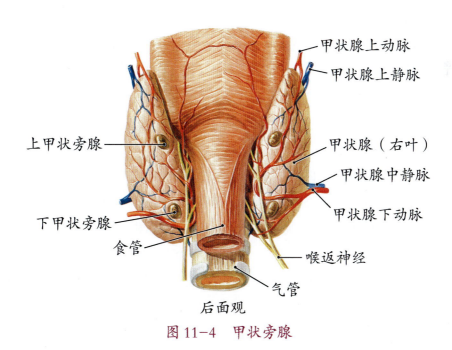

图 11-4 甲状旁腺

(二)甲状旁腺的微细结构与功能

甲状旁腺的腺细胞排列成索团状,分为主细胞和嗜酸性细胞两种(图 11-5)。**主细胞**数量最多,呈多边形。**主细胞**分泌**甲状旁腺激素**(PTH),主要作用是使骨盐溶解,并能促

进小肠及肾小管对 Ca^{2+} 的吸收,从而使血钙浓度升高。在甲状旁腺激素和降钙素的共同调节下,维持机体血钙的稳定。嗜酸性细胞常单个或成群分布于主细胞之间,目前功能不明。

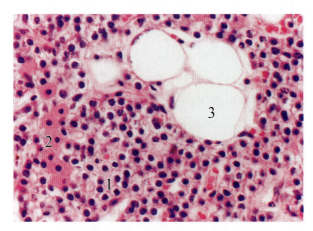

图 11-5　甲状旁腺光镜图
1. 主细胞; 2. 嗜酸性细胞; 3. 脂肪细胞。

三、肾 上 腺

(一)肾上腺的位置和形态

肾上腺(suprarenal gland)左、右各一,呈淡黄色,位于肾的上方,与肾共同包被于肾筋膜内。左肾上腺近似半月形,右肾上腺呈三角形(图 11-1)。

(二)肾上腺的微细结构与功能

肾上腺表面包以结缔组织被膜,其实质由周边的皮质和中央的髓质两部分构成(图 11-1)。

1. 皮质　皮质约占肾上腺体积的 80%。根据皮质细胞的形态和排列特征,由浅入深分为球状带、束状带和网状带(图 11-6)。①**球状带**,细胞聚集成许多球团。球状带细胞**分泌盐皮质激素**,主要是醛固酮,调节体内水、电解质代谢。②**束状带**,是皮质中最厚的部分,细胞排列成单行或双行的细胞索。束状带细胞分泌**糖皮质激素**,主要为皮质醇,可促进蛋白质及脂肪分解并转变成糖,还有抑制免疫应答及抗炎症等作用。③**网状带**,细胞索相互吻合成网。**网状带细胞**主要分泌雄激素,也分泌少量雌激素和糖皮质激素。

2. 髓质　髓质主要由排列成索状或团状的髓质细胞构成。髓质细胞呈多边形,用含铬盐的固定液固定,胞质内可见黄褐色的嗜铬颗粒,故又称**嗜铬细胞**(图 11-6)。此外,髓质内还有少量散在分布的交感神经节细胞。嗜铬细胞分为**肾上腺素细胞**和**去甲肾上腺素细胞**两种,前者分泌**肾上腺素**,可增强心肌的收缩力,使心率加快;后者分泌**去甲肾上腺素**,对血管的收缩作用较强,使血压升高。

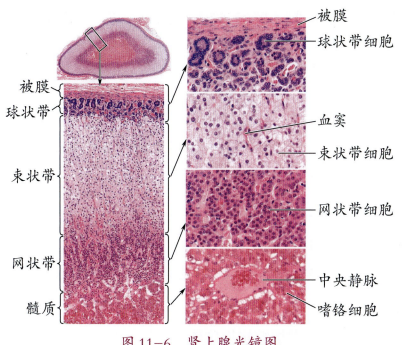

图 11-6　肾上腺光镜图

被膜
球状带细胞
血窦
束状带细胞
网状带细胞
中央静脉
嗜铬细胞

被膜
球状带
束状带
网状带
髓质

知识拓展

深邃的内分泌系统

　　垂体作为内分泌腺的"首领"，除了通过分泌促激素有的放矢地管理着甲状腺、肾上腺和性腺外，还可分泌负责骨骼生长、乳腺发育和释放促使血压升高与催产的激素。甲状腺被喻为"人体代谢的发动机"，控制着人体的新陈代谢活动。肾上腺皮质分泌的糖皮质激素和盐皮质激素分别调控物质代谢和水、盐代谢，并在抗炎、抑制免疫反应等方面发挥重要作用。肾上腺髓质分泌的去甲肾上腺素和肾上腺素作为升压剂与强心剂，可维持血压并加强心肌的收缩。甲状旁腺激素和降钙素默契配合，共同调节血钙的浓度，从而维持了骨坚硬挺实的性质。松果体分泌的褪黑激素配合其他内分泌腺一起工作，协调机体的许多生命环节。

四、垂　　体

（一）垂体的位置和形态

　　垂体（hypophysis）是位于颅中窝蝶骨体垂体窝内一灰红色的椭圆形小体，如花生米大小，通过漏斗与下丘脑相连。垂体由腺垂体和神经垂体两部分组成。神经垂体分为神经部和漏斗两部分。腺垂体分为远侧部、结节部和中间部 3 部分（图 11-7）。腺垂体的远侧部又称为**垂体前叶**，神经垂体的神经部和腺垂体的中间部合称为**垂体后叶**。

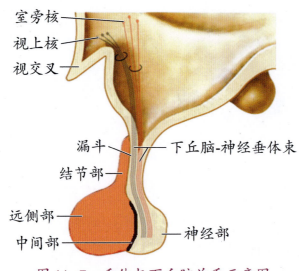

室旁核
视上核
视交叉

漏斗
结节部
远侧部
中间部

下丘脑-神经垂体束
神经部

图 11-7　垂体与下丘脑关系示意图

（二）腺垂体远侧部的微细结构与功能

腺垂体远侧部是垂体的主要部分，腺细胞排列成团索状。在 HE 染色的标本中，依据染色特征可将腺细胞分为嗜酸性细胞、嗜碱性细胞和嫌色细胞3种(图11-8)。

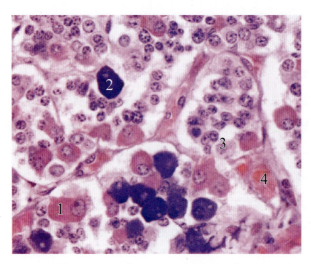

图 11-8　腺垂体远侧部光镜图

1. 嗜酸性细胞；2. 嗜碱性细胞；3. 嫌色细胞；4. 血窦。

1. 嗜酸性细胞　嗜酸性细胞数量较多，呈圆形或椭圆形，胞质呈嗜酸性，能分泌生长激素和催乳激素。**生长激素**(GH)能促进骨骼肌和内脏的生长及多种代谢过程，尤其是刺激骺软骨生长，使骨增长。幼年时生长激素分泌不足可致垂体性侏儒症，若分泌过多则引起巨人症；成人生长激素分泌过多会导致肢端肥大症。**催乳激素**(PRL)能促进乳腺发育和乳汁分泌。

2. 嗜碱性细胞　嗜碱性细胞数量较少，呈椭圆形或多边形，胞质呈嗜碱性。嗜碱性细胞可分泌：①**促甲状腺激素**（TSH），能促进甲状腺激素的生成和释放。②**促肾上腺皮质激素**（ACTH），主要促进肾上腺皮质束状带细胞分泌糖皮质激素。③卵泡刺激素和黄体生成素，**卵泡刺激素**（FSH）在女性促进卵泡发育，在男性则促进精子发生；**黄体生成素**（LH）在女性促进排卵和黄体形成，在男性则刺激睾丸间质细胞分泌雄激素，故又称为**间质细胞刺激素**（ICSH）。

3. 嫌色细胞　嫌色细胞数量多，体积小，目前功能尚不明确。

（三）神经垂体的微细结构与功能

神经垂体是下丘脑的延伸结构，主要由无髓神经纤维和神经胶质细胞构成。无髓神经纤维是下丘脑视上核和室旁核神经内分泌细胞的轴突构成的下丘脑－神经垂体束，经漏斗终止于神经垂体的神经部。**视上核**和**室旁核**的神经内分泌细胞合成和分泌抗利尿激素和缩宫素，经轴突被运输到神经部储存，并释放入有孔毛细血管，故神经垂体无内分泌功能，只是下丘脑激素储存和释放的部位。**抗利尿激素**（ADH）主要促进肾远曲小管和集合管重吸收水，使尿量减少。ADH 分泌若减少，会导致尿崩症。若超过生理剂量时，能使小动脉平滑肌收缩，血压升高，故又称**血管升压素**。**缩宫素**（又称催产素）可引起妊娠子宫平滑肌收缩，有助于孕妇分娩，还可促进乳腺分泌。

五、松　果　体

松果体（pineal body）为一个灰红色的椭圆形腺体，位于上丘脑的后上方，以细柄附着于第三脑室顶的后部（图 11-1），因形似松果而得名。松果体在儿童时期比较发达，一般 7 岁左右开始退化，青春期后可有钙盐沉积，甚至钙化形成脑砂，可作为 X 线诊断颅内占位病变、口腔牙齿正畸的定位标志。松果体细胞分泌的**褪黑素**参与调节机体的昼夜节律、睡眠、情绪、性成熟等生理活动，能抑制人体性激素的释放，有防止儿童性早熟的作用。松果体病变引起褪黑素分泌不足时，可出现性早熟或生殖器官过度发育。若分泌功能过盛，可导致青春期延迟。

本章小结　　本章的学习重点是内分泌系统的组成及功能、甲状腺与肾上腺的位置和形态。学习难点为肾上腺和垂体的微细结构。在学习过程中注意内分泌腺功能异常引起的各种疾病，理解甲状腺与甲状旁腺、肾上腺与肾的位置关系，区别呆小症与侏儒症的最大差异，注重从神经垂体的微细结构理解其功能，提高运用内分泌系统知识分析、解决问题的能力。

（孙男男）

思考与练习

1. 简述甲状腺的位置、形态和功能。

2. 腺垂体能分泌哪些激素？分别由何种细胞分泌？

3. 参与调节机体钙代谢的激素有哪些？分别由哪些内分泌腺的细胞分泌？

第十二章 | 神 经 系 统

12章 数字内容

学习目标

1. 具有应用神经系统理论知识分析、解释生活现象和临床问题的能力。
2. 掌握神经系统的区分；神经系统的常用术语；脊髓的位置；脑的分部；内囊的位置、分部及各部通过的纤维束；脑脊液的产生部位及循环途径；硬膜外隙和蛛网膜下隙的概念。
3. 熟悉脊髓和脑的内部结构；脑干的组成；小脑的位置及功能；脊神经；脑神经；内脏运动神经。
4. 了解脊髓、脑的被膜和血管；内脏感觉神经；感觉传导通路和运动传导通路。
5. 学会在活体上确认腰椎穿刺的进针部位；指出尺神经和腓总神经的易损伤部位。

 导学

　　人之所以能够感受大自然的神奇魅力，聆听大地母亲的呼唤，完成令人惊叹的精细动作，有着喜怒哀乐的复杂表情，具有美丽而奇妙的语言，形成了人与自然的和谐统一，是因为人体内有一个重要的功能调节系统——神经系统。那么，神经系统是如何组成的？具有怎样的形态结构特点与功能联系？让我们带着这些神奇而有趣的问题一起来探究神经系统的奥秘。

第一节　概　述

　　神经系统（nervous system）由脑和脊髓以及与其相连的周围神经组成，是人体中结构和功能最复杂、起主导作用的调节系统，控制和调节其他各系统的功能活动，维持机体内、外环境的平衡，以保证生命活动的正常进行。

一、神经系统的组成及区分

神经系统主要由神经组织即神经元和神经胶质细胞构成，神经系统的功能活动是通过无数神经元及其突起建立的庞大而复杂的神经网络实现的。神经系统分为中枢神经系统和周围神经系统。前者包括位于颅腔内的脑和椎管内的脊髓，后者包括与脑相连的12对脑神经和与脊髓相连的31对脊神经（图12-1）。周围神经系统按其分布器官，可分为分布于体表、骨、关节和骨骼肌的**躯体神经**及分布于内脏、心血管、平滑肌和腺体的**内脏神经**；根据其功能又分为感觉神经和运动神经，感觉神经是将神经冲动自感受器传向中枢，故又称传入神经；运动神经是将神经冲动自中枢传向周围的效应器，故又称传出神经。内脏运动神经又可分为交感神经和副交感神经。

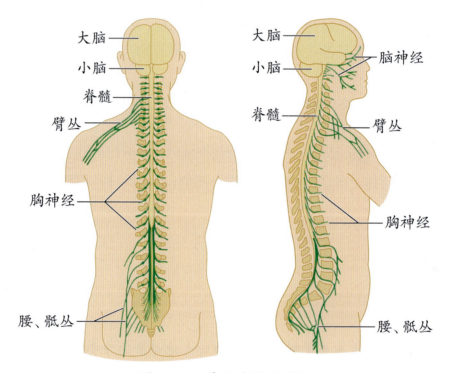

图 12-1　神经系统的区分

二、神经系统的活动方式

神经系统在调节机体的活动中，对内、外环境的各种刺激作出适宜的反应，称为**反射**（reflex）。反射活动的结构基础是**反射弧**（reflex arc），由感受器、传入神经、中枢、传出神经和效应器构成。反射是神经系统的基本活动方式。反射弧中的任何一部分发生障碍，反射即不能发生。临床上常利用检查反射的方法，发现或诊断神经系统的某些疾患。

三、神经系统的常用术语

在神经系统中，神经元的胞体和突起在不同的部位有不同的组合编排方式，故用不同的术语表示。

1. 灰质和皮质　在中枢神经系统中，神经元胞体及其树突聚集的部位，在新鲜标本中色泽灰暗，故称为**灰质**。位于大脑和小脑表面的灰质称为**皮质**。

2. 白质和髓质　在中枢神经系统中，神经纤维聚集处因神经纤维包有髓鞘而色泽白亮，故称为**白质**。位于大脑和小脑皮质深部的白质称为**髓质**。

3. 神经核和神经节　在中枢神经系统中（皮质除外），形态和功能相似的神经元胞体聚集形成的灰质团状，称为**神经核**。在周围神经系统中，神经元胞体聚集处称为**神经节**。

4. 纤维束和神经　在中枢神经系统白质中，起止、行程和功能基本相同的神经纤维集合在一起称为**纤维束**。神经纤维在周围神经系统中聚集成粗细不等的**神经**（nerve）。

5. 网状结构　在中枢神经系统的某些部位，神经纤维交织成网，神经元胞体散在其中，形成灰质与白质混杂排列的、境界不易区分的区域，称为**网状结构**。

第二节　中枢神经系统

 案例分析

患者，男性，68 岁，有高血压病史 10 余年，2 小时前做饭时突感头痛，随即出现右侧肢体麻木、无力，不能站立，伴言语不清、口角歪斜而急诊入院。查体：神志清晰，言语含糊，部分运动性失语，右侧肢体瘫痪，鼻唇沟浅，伸舌偏右，右半身痛觉减退。CT 检查提示：左侧基底节区出血，累及内囊。临床诊断：脑出血（左侧基底节区）、高血压病三级。

请思考：

1. 基底核包括哪些？

2. 运动性语言中枢位于何处？

3. 简述内囊的位置、分部及各部通过的纤维束。

一、脊　髓

（一）脊髓的位置和外形

1. 脊髓的位置　**脊髓**（spinal cord）位于椎管内，上端在平枕骨大孔处与延髓相连，下端在成人平第 1 腰椎体下缘（图 12-1），新生儿可达第 3 腰椎体下缘。

2. 脊髓的外形　脊髓是呈前后略扁的圆柱状结构，全长粗细不等，有两处膨大，即上方的**颈膨大**和下方的**腰骶膨大**(图12-2),分别连有分布到上肢和下肢的脊神经。自脊髓圆锥向下延续为细长且无神经组织的**终丝**,止于尾骨的背面,起固定脊髓的作用。腰、骶、尾部的脊神经根在脊髓圆锥以下围绕终丝形成**马尾**(图12-3)。由于成人第1腰椎以下已无脊髓而只有马尾,故临床上常选择在第3、4或第4、5腰椎棘突间进行腰椎穿刺,以避免损伤脊髓。左、右髂嵴最高点的连线经过第4腰椎棘突,可作为腰椎穿刺进针的定位标志,穿刺针由浅入深依次穿经皮肤、浅筋膜、棘上韧带、棘间韧带、黄韧带、硬膜外隙、硬脊膜、蛛网膜到达终池。

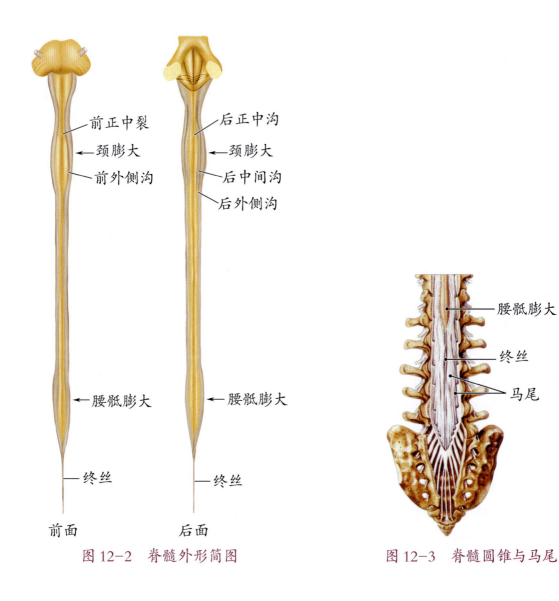

图 12-2　脊髓外形简图　　　　　　图 12-3　脊髓圆锥与马尾

　　脊髓的表面有6条平行排列的纵沟,前面的前正中裂较深,后面的后正中沟较浅,两侧有左右对称的前外侧沟和后外侧沟。前外侧沟有脊神经前根穿出,后外侧沟有脊神经后根进入脊髓(图12-4)。脊神经的前根与后根在椎间孔处汇合成脊神经。脊神经有31对,每一对脊神经前、后根所连的一段脊髓称为一个**脊髓节段**,故脊髓相应地分为31个节段,即8个颈节、12个胸节、5个腰节、5个骶节和1个尾节。

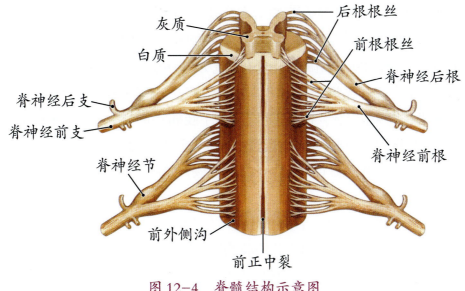

图 12-4　脊髓结构示意图

（二）脊髓的内部结构

在脊髓的横切面上，可见中央有一条细小的中央管，围绕中央管周围的是 H 形的灰质，灰质的周围是白质（图 12-4）。

1. 灰质　纵贯脊髓全长形成连续的灰质柱。每侧灰质的前部扩大为**前角**，主要由前角运动神经元组成，其轴突自前外侧沟浅出，经脊神经前根至脊神经，支配躯干肌和四肢肌。灰质的后部狭细为**后角**，主要由联络神经元组成，接受脊神经后根的传入纤维。在脊髓胸 1～腰 3 节段的灰质前、后角之间有向外侧突出的**侧角**，是交感神经的低级中枢（图 12-5）。在脊髓骶 2～4 节段，相当于侧角的部位有**骶副交感核**，是副交感神经在脊髓的低级中枢。

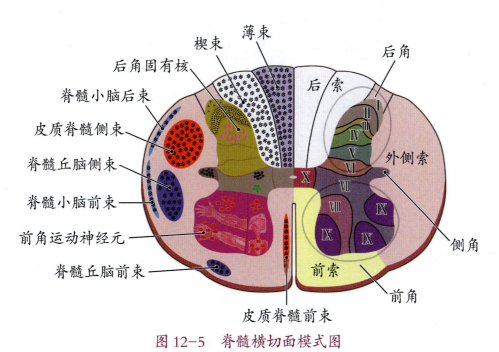

图 12-5　脊髓横切面模式图

2. 白质　每侧白质借脊髓表面的纵沟分为 3 个索，前正中裂与前外侧沟之间为前索，前、后外侧沟之间为外侧索，后正中沟与后外侧沟之间为后索。白质主要由联络脑和脊髓的长距离上、下行纤维束组成。上行（感觉）纤维束起自脊神经节内假单极神经元或脊髓后角神经元，将各种感觉信息自脊髓传递至脑，主要包括传导同侧半身本体感觉与精细触觉的**薄束**和**楔束**以及传导对侧躯干与上下肢痛温觉、粗触觉的**脊髓丘脑束**。下行（运动）纤维束起自脑的不同区域，止于脊髓灰质，主要包括控制骨骼肌随意运动的皮质脊髓侧束、皮质脊髓前束和调节屈肌肌张力的红核脊髓束等（图 12-5）。

（三）脊髓的功能

1. 传导功能　脊髓内的上、下行纤维束具有"上传下达"的作用，是实现其传导功能的物质基础。因此，脊髓是脑与躯干和四肢的感受器、效应器发生联系的枢纽。

2. 反射功能　脊髓灰质是许多简单反射的低级中枢，如腱反射、排尿反射、排便反射中枢等。脊髓受损时可引起排尿、排便等功能障碍。

二、脑

脑（brain）位于颅腔内，一般将脑分为端脑、间脑、小脑、中脑、脑桥和延髓 6 部分（图 12-6）。

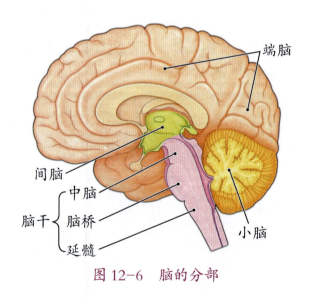

图 12-6　脑的分部

（一）脑干

1. 脑干的位置　脑干（brain stem）位于颅后窝的前部，自下而上由延髓、脑桥和中脑 3 部分组成，上接间脑，下续脊髓，背面与小脑相连，表面附有第Ⅲ～Ⅻ对脑神经根（图 12-6）。

2. 脑干的外形

（1）腹侧面：**延髓**（medulla oblongata）形似倒置的圆锥体，脊髓中所有的沟裂均延伸至延髓。上端与脑桥之间以横行的延髓脑桥沟分界。前正中裂两侧的纵行隆起，称为锥体,内有皮质脊髓束通过。其大部分纤维在锥体下部左右交叉,形成外观上可见的发辫状**锥体交叉**。延髓腹侧面有舌咽神经、迷走神经、副神经和舌下神经根附着(图 12-7)。

脑桥(pons)腹侧面宽阔膨隆的部分为脑桥基底部,正中的纵行浅沟为**基底沟**,有基底动脉通过。基底部向后外逐渐变窄,在移行处连有粗大的三叉神经根。在脑桥下缘的延髓脑桥沟内,由内侧向外侧依次有展神经、面神经和前庭蜗神经根附着。

中脑(midbrain)腹侧面有一对粗大的柱状隆起,称为**大脑脚**。两侧大脑脚之间的凹陷为**脚间窝**,内有动眼神经根出脑。

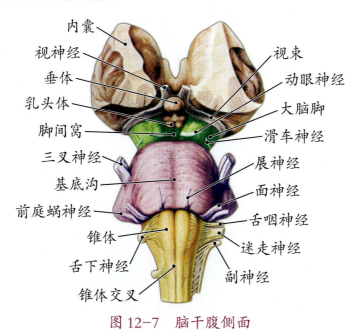

图 12-7　脑干腹侧面

(2)背侧面:延髓下部后正中沟两侧各有两个纵行隆起,分别称为**薄束结节**和**楔束结节**,其深面藏有**薄束核**和**楔束核**,是薄束和楔束的终止核团。延髓背侧面上部与脑桥共同形成菱形窝,构成第四脑室的底。中脑背侧面有上、下两对圆形的隆起,分别称为**上丘**和**下丘**。上丘是视觉反射中枢,下丘是听觉反射中枢。下丘下方有滑车神经根出脑,它是唯一从脑干背侧面出脑的脑神经(图 12-8)。

(3)第四脑室:是位于延髓、脑桥与小脑之间的室腔,底即菱形窝,顶朝向小脑(图 12-9)。第四脑室向上经中脑水管通第三脑室,向下通脊髓中央管,并借第四脑室正中孔和外侧孔与蛛网膜下隙相交通。

3. 脑干的内部结构　脑干由灰质、白质和网状结构 3 部分构成,但远比脊髓复杂。

(1)灰质:脑干的灰质不再像脊髓灰质那样集中成灰质柱,而是分散形成大小不等、性质不同的神经核团,分为脑神经核和非脑神经核两大类。①**脑神经核**,指脑干内直接与第Ⅲ~Ⅻ对脑神经相连的神经核,是脑神经的起始或终止核团,按其功能可分为躯体运动核、内脏运动核、躯体感觉核和内脏感觉核 4 种。脑神经核的名称多与相连的脑神经相一致。脑神经核在脑干内的位置,大致与脑神经的连脑部位相对应。②**非脑神经核**,不与脑神经相连,如延髓内的薄束核、楔束核和中脑内的红核、黑质等。

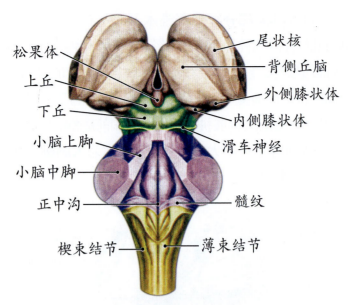

图 12-8　脑干背侧面

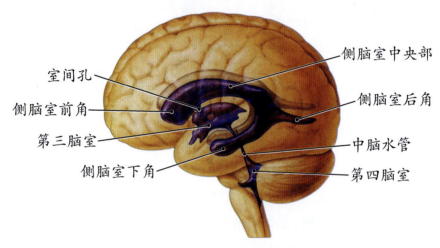

图 12-9　脑室投影图

（2）白质：主要由上、下行纤维束组成。上行纤维束包括**内侧丘系、脊髓丘系**和三叉**丘系**等，其中内侧丘系和脊髓丘系是脊髓内薄束、楔束和脊髓丘脑束的续行段。下行纤维束主要是**锥体束**，由至脊髓前角运动神经元的**皮质脊髓束**和至脑干脑神经躯体运动核的**皮质核束**构成，主要调控骨骼肌的随意运动。

（3）网状结构：在脑干内，除脑神经核、境界明确的非脑神经核和上、下行纤维束外，还有一些界线不清晰、纤维交错排列、神经元散在分布的区域，称为脑干网状结构。

4. 脑干的功能

（1）传导功能：联系大脑皮质、间脑、小脑与脊髓之间的上、下行纤维束都经过脑干，故脑干具有传导功能。

（2）反射功能：脑干内具有多个反射的低级中枢，如延髓内有调节心血管反射和呼吸运动的重要中枢，这些部位严重受损会导致死亡，故延髓有"**生命中枢**"之称。脑桥内有

角膜反射中枢,中脑内有**瞳孔对光反射中枢**。

（3）网状结构的功能：具有维持大脑皮质觉醒、引起睡眠、调节骨骼肌张力和内脏活动等功能。

（二）小脑

1. 小脑的位置和外形　**小脑**（cerebellum）位于颅后窝内,在延髓和脑桥的背侧（图12-6）。小脑中间缩窄的部分为**小脑蚓**,两侧膨大的部分为**小脑半球**（图12-10）。小脑半球下面的前内侧部各有一对突出部,称为**小脑扁桃体**（图12-11）。小脑扁桃体紧邻延髓和枕骨大孔两侧,当颅内压升高时,小脑扁桃体可被挤压而嵌入枕骨大孔,形成枕骨大孔疝或称小脑扁桃体疝,压迫延髓内的"生命中枢"而危及生命。

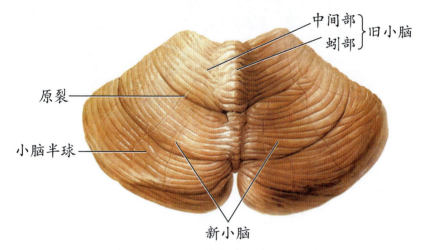

图 12-10　小脑的外形（上面观）

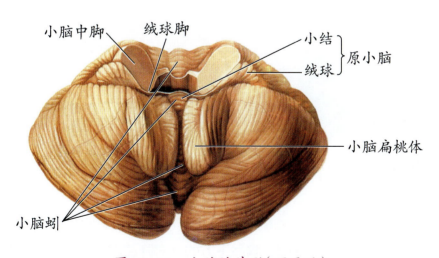

图 12-11　小脑的外形（下面观）

2. 小脑的功能　小脑是调节躯体运动的重要中枢,主要功能是维持身体平衡、调节肌张力和协调随意运动。

（三）间脑

间脑（diencephalon）位于中脑与端脑之间,连接大脑半球和中脑（图12-6）。两侧间脑之间的矢状位狭窄间隙称为**第三脑室**(图12-14)。间脑可分为背侧丘脑、后丘脑、上丘脑、底丘脑和下丘脑5个部分。

1. 背侧丘脑　背侧丘脑又称**丘脑**,是位居间脑背侧份的一对卵圆形灰质团块,被Y形白质内髓板分隔为前核群、内侧核群和外侧核群3个核群(图12-12)。外侧核群腹侧部后份的腹后核再进一步分为**腹后内侧核**和**腹后外侧核**,前者接受三叉丘系和味觉纤维,后者接受内侧丘系和脊髓丘系的纤维(图12-13)。

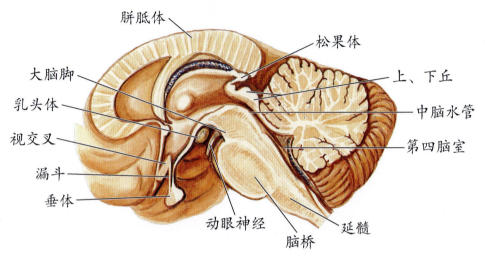

图12-12　间脑内侧面观

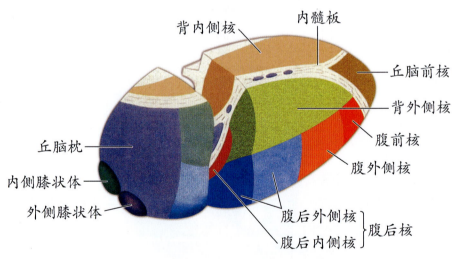

图12-13　右侧丘脑核团的立体结构示意图

2. 后丘脑　后丘脑是位于背侧丘脑后下方的一对隆起,分别称为**内侧膝状体**和**外侧膝状体**,前者与听觉冲动传导有关,后者与视觉冲动传导有关(图12-13)。

3. 下丘脑　下丘脑位于背侧丘脑的前下方,主要由**视交叉**、**灰结节**、**乳头体**、**漏斗**和**垂体**组成,灰结节向前下方形成漏斗,漏斗下端与垂体相连(图12-12)。下丘脑的主要核团**视上核**和**室旁核**能合成和分泌抗利尿激素和缩宫素。下丘脑是神经内分泌中心,对机体的体温、摄食、水盐代谢、内脏活动和内分泌活动以及情绪反应等进行广泛调节。

（四）端脑

端脑（telencephalon）是脑的最高级部位，由左、右大脑半球借胼胝体连接而成。左、右大脑半球由**大脑纵裂**分隔，纵裂的底部是胼胝体（图 12-14）。大脑半球与小脑之间以**大脑横裂**分隔。

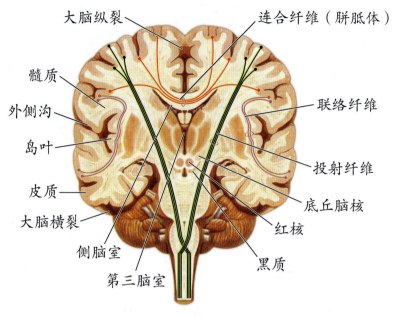

图 12-14　端脑的内部结构

1. 端脑的外形和分叶　每侧大脑半球可分为 3 个面，即宽广隆凸的上外侧面、两半球相对的内侧面和凹凸不平的下面。大脑半球的表面凹凸不平，凹陷处称为**大脑沟**，沟与沟之间隆起的部分称为**大脑回**。每侧大脑半球借 3 条恒定的沟分为额叶、颞叶、枕叶、顶叶和岛叶 5 个叶。**外侧沟**起自半球的下面，行向后上至上外侧面；**中央沟**起自半球上缘中点的稍后方，斜向前下方，几乎到达外侧沟；**顶枕沟**位于半球内侧面的后部，自下向上并转至上外侧面（图 12-15、图 12-16）。

（1）大脑半球的分叶：在外侧沟上方和中央沟以前的部分为**额叶**，外侧沟以下的部分是**颞叶**，**顶叶**为中央沟以后、顶枕沟以前的部分，**枕叶**为顶枕沟以后的部分，**岛叶**呈三角形岛状，位于外侧沟深面，被额、顶、颞叶所掩盖，与内脏感觉有关（图 12-14）。

（2）大脑半球上外侧面的沟和回：①额叶，在中央沟的前方，有与之平行的**中央前沟**，两沟之间为**中央前回**。在中央前沟的前方，有两条与半球上缘平行的**额上沟**和**额下沟**，将中央前沟之前的额叶分为**额上回**、**额中回**和**额下回**。②顶叶，在中央沟的后方，有与之平行的**中央后沟**，两沟之间为**中央后回**。在中央后沟的后方有一条与半球上缘平行的**顶内沟**，将顶叶的其余部分分为顶上小叶和顶下小叶。顶下小叶又分为包绕外侧沟末端的**缘上回**和围绕颞上沟末端的**角回**。③颞叶，在外侧沟的下方，有两条与之平行的**颞上沟**和**颞下沟**，将颞叶分为**颞上回**、**颞中回**和**颞下回**（图 12-15）。颞上回转入外侧沟下壁有两条横行的**颞横回**。

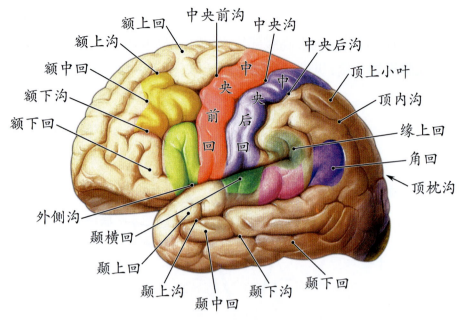

图 12-15　大脑半球上外侧面

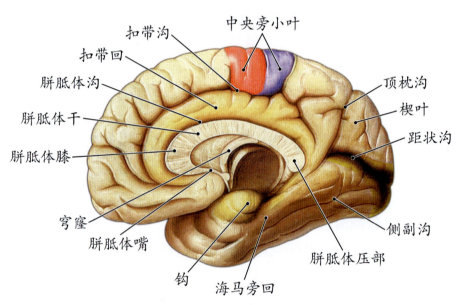

图 12-16　大脑半球内侧面

（3）大脑半球内侧面的沟和回：自中央前、后回延伸至大脑半球内侧面的部分称为**中央旁小叶**。中部有前后方向上略呈弓形的纤维束断面，称为**胼胝体**，其背面有胼胝体沟。在胼胝体沟的上方，有与之平行的**扣带沟**，两沟之间为**扣带回**。在胼胝体的后方，有与顶枕沟呈 T 形相交的**距状沟**。在距状沟的前方有与海马沟平行的**侧副沟**，海马沟与侧副沟之间的部分为**海马旁回**，其前端弯曲称为**钩**（图 12-16）。

在大脑半球内侧面，可见由扣带回、海马旁回、海马和齿状回等结构围绕胼胝体等形成一圈弧形结构，称为**边缘叶**。边缘叶与杏仁体、下丘脑和丘脑前核群等皮质下结构联系密切，共同组成**边缘系统**。边缘系统与内脏活动、情绪反应、学习与记忆以及性活动等密切相关。

（4）大脑半球下面的沟和回：额叶下面有纵行的**嗅束**，其前端膨大为**嗅球**，与嗅神经相连。嗅束向后扩大为**嗅三角**（图12-17）。嗅球和嗅束均与嗅觉冲动传导有关。

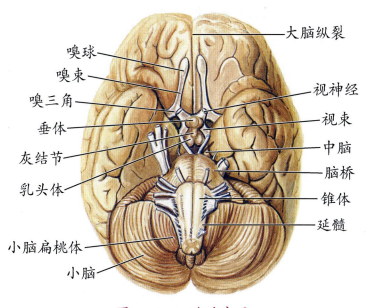

图 12-17　脑的底面

2. 端脑的内部结构　大脑半球表面的灰质称为大脑皮质，皮质深部的白质称为髓质，埋在髓质深部的灰质核团称为基底核，大脑半球内部的室腔称为侧脑室（图12-14）。

（1）大脑皮质的功能定位：大脑皮质是高级神经活动的物质基础。人类在长期进化的过程中，大脑皮质得到高度发展，并特化出具有定位关系的皮质功能区，将这些具有特定功能的脑区称为中枢（图12-18、表12-1）。

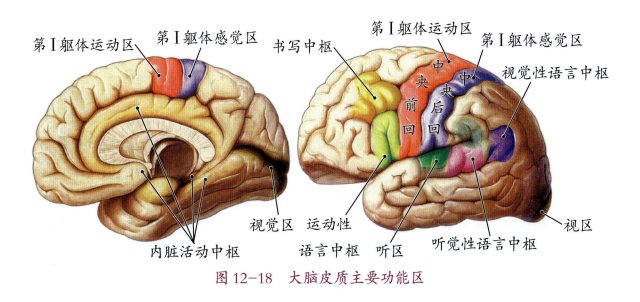

图 12-18　大脑皮质主要功能区

（2）基底核：是埋藏在大脑半球髓质内灰质核团的总称，因靠近脑底而得名，包括尾状核、豆状核和杏仁体等。豆状核被内部的白质板分隔成3部，外侧部最大称为**壳**，内侧

表 12-1　大脑皮质的功能定位

功能区	位置	功能
第Ⅰ躯体运动区	位于中央前回和中央旁小叶前部	控制对侧半身骨骼肌运动
第Ⅰ躯体感觉区	位于中央后回和中央旁小叶后部	接受对侧半身的痛、温、触、压觉以及位置觉和运动觉
视觉区	位于距状沟两侧的皮质	一侧视觉区接受同侧视网膜颞侧半和对侧视网膜鼻侧半的视觉冲动
听觉区	位于颞横回	一侧听觉区接受来自两耳的听觉冲动
语言中枢		
书写中枢	位于额中回后部	若此中枢受损,患者手的运动虽很正常,但写字、绘图出现障碍,称为失写症
运动性语言中枢	位于额下回后部	若此中枢受损,患者虽能发音,却不能说出具有意义的语言,称为运动性失语症
听觉性语言中枢	位于颞上回后部	若此中枢受损,患者虽能听到别人讲话,但不能理解别人和自己讲话的意思,即所答非所问,称为感觉性失语症
视觉性语言中枢	位于角回	若此中枢受损,患者视觉无障碍,但不能理解文字符号的意义,称为失读症

两部合称**苍白球**(图 12-19)。尾状核与豆状核合称**纹状体**,是锥体外系的重要组成部分。尾状核和壳是较新的结构,合称**新纹状体**,舞蹈病多见于新纹状体病变;苍白球是较古老的部分,称为**旧纹状体**,帕金森病多见于旧纹状体病变。

　　(3)大脑半球的髓质:由大量神经纤维组成,可分为以下 3 类(图 12-14):①**联络纤维**,是联系同侧大脑半球各部分皮质的纤维;②**连合纤维**,是连接左、右大脑半球皮质的纤维,胼胝体是最大的连合纤维;③**投射纤维**,是联系大脑皮质与皮质下各中枢之间的上、下行纤维,绝大部分纤维经过内囊。

　　内囊(internal capsule)是位于背侧丘脑、尾状核与豆状核之间由投射纤维构成的白质板。在大脑水平切面上,内囊呈向外开放的"> <"形,可分为 3 部(图 12-19):①**内囊前肢**,位于豆状核与尾状核之间;②**内囊后肢**,位于豆状核与背侧丘脑之间,有皮质脊髓束、皮质红核束、丘脑中央辐射、视辐射和听辐射等通过;③**内囊膝**,位于前、后肢结合部,有皮质核束通过。一侧内囊损伤时(如脑出血),患者可出现对侧半身感觉障碍(丘脑中央辐射受损)、对侧半身偏瘫(皮质脊髓束、皮质核束受损)和对侧偏盲(视辐射受损),即"三偏征"。

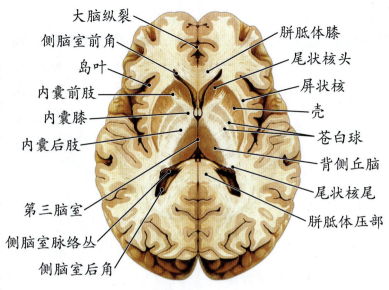

图 12-19　大脑水平切面（示内囊）

大脑纵裂　胼胝体膝　侧脑室前角　尾状核头　岛叶　屏状核　内囊前肢　壳　内囊膝　苍白球　内囊后肢　背侧丘脑　第三脑室　尾状核尾　侧脑室脉络丛　胼胝体压部　侧脑室后角

（4）侧脑室：是位于两侧大脑半球内左、右对称的一对腔隙，内含脑脊液（图 12-9）。侧脑室可分为 4 部：中央部位于顶叶内，前角伸入额叶内，后角伸入枕叶内，下角向前下伸入颞叶内。侧脑室借左、右室间孔与第三脑室相通。

 知识拓展

最美榫卯结构——神奇的大脑

榫卯结构是中国古典家具和传统建筑的灵魂，蕴含着中国古人的阴阳互补、虚实相生的哲学思想和古老的中国智慧。研究发现，人类的大脑也是一个精致无比的榫卯结构，连合纤维、联络纤维和投射纤维将大脑不同功能区域有序连接，具有很好的稳定性，加上脑室系统的滋润、血管系统的加持以及被膜与颅骨的保护等，其精密程度无与伦比。胼胝体是最大的榫卯构件，将左、右大脑半球连接成为一个功能整体。投射纤维呈上下走行，维持了大脑的张力（图 12-14）。不同纤维束之间密切联系，构成了一个精美绝伦、巧夺天工的神奇大脑。每个人都有一颗独一无二的大脑，保护大脑、开发大脑、利用大脑潜力巨大，意义深远。

三、脊髓和脑的被膜

脊髓和脑的表面都包有 3 层相互延续的被膜，由外向内依次为硬膜、蛛网膜和软膜，具有支持、保护脊髓和脑的作用。

（一）硬膜

1. 硬脊膜　硬脊膜由厚而坚韧的致密结缔组织构成，下端在第 2 骶椎以下逐渐变细包裹终丝，末端附着于尾骨的背面。硬脊膜与椎管内面骨膜之间的狭窄间隙，称为**硬膜**

外隙,内含疏松结缔组织、脂肪、淋巴管、椎内静脉丛和脊神经根(图12-20)。此隙略呈负压,不与颅腔内相通。临床上进行硬膜外麻醉,就是将麻醉药物注入此间隙,以阻滞脊神经根的神经传导。

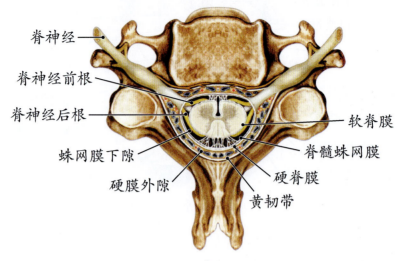

图 12-20　脊髓的被膜

2. 硬脑膜　硬脑膜为厚而坚韧的双层膜,与硬脊膜相比较有如下特点。

(1)硬脑膜的外层为颅骨内面的骨膜,与颅盖骨结合疏松,与颅底则结合紧密,故颅顶骨骨折时易形成硬脑膜外血肿,而颅底骨折时易将硬脑膜与蛛网膜同时撕裂,使脑脊液外漏。如颅前窝骨折时,脑脊液可流入鼻腔而形成鼻漏。

(2)硬脑膜内层在某些部位折叠,形成伸入大脑纵裂内的**大脑镰**和伸入大脑横裂内的**小脑幕**(图12-21)。小脑幕前缘游离凹陷,称为**小脑幕切迹**,其前方与中脑相邻。

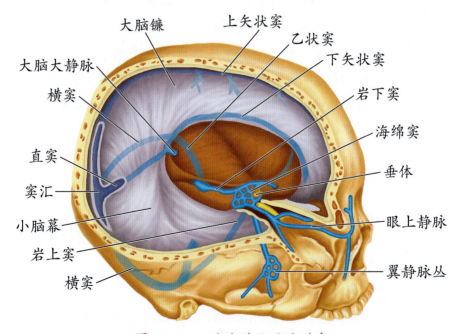

图 12-21　硬脑膜及硬脑膜窦

（3）硬脑膜在某些部位两层彼此分开，内面衬以内皮细胞，构成含有静脉血的**硬脑膜窦**，主要的硬脑膜窦有上矢状窦、下矢状窦、直窦、窦汇、横窦、乙状窦和海绵窦等（图12-21）。**海绵窦**位于蝶骨体的两侧，因形似海绵而得名。海绵窦内有颈内动脉和展神经通过，外侧壁内自上而下有动眼神经、滑车神经、三叉神经的分支眼神经和上颌神经通过（图12-22）。

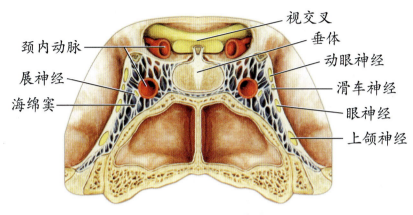

图12-22　海绵窦

（二）蛛网膜

蛛网膜为一层缺乏血管、神经的半透明结缔组织薄膜。蛛网膜与软膜之间较宽阔的间隙称为**蛛网膜下隙**，其内充满脑脊液。蛛网膜下隙在某些部位扩大形成蛛网膜下池，主要有位于小脑与延髓之间的**小脑延髓池**和脊髓下端至第2骶椎平面之间的**终池**，终池内有马尾而无脊髓，为腰椎穿刺的理想部位。脑蛛网膜在上矢状窦两侧形成许多绒毛状突起突入上矢状窦内，称为**蛛网膜粒**（图12-28）。脑脊液可通过蛛网膜粒渗入硬脑膜窦内，回流入静脉。

（三）软膜

软膜为一层薄而富有血管的结缔组织膜，紧贴在脊髓和脑的表面并伸入它们的沟裂内，分别称为软脊膜和软脑膜（图12-20）。软脊膜在脊髓下端移行为终丝。在脑室附近，软脑膜、毛细血管和室管膜上皮共同突入脑室内构成脉络丛，是产生脑脊液的主要结构。

四、脊髓和脑的血管

（一）脊髓的血管

1. 脊髓的动脉　脊髓的动脉有椎动脉和节段性动脉两个来源。椎动脉发出的脊髓前、后动脉在下行过程中，不断得到节段性动脉－肋间后动脉和腰动脉等发出分支的补充（图12-23），以保障足够的血液供应脊髓。

2. 脊髓的静脉　脊髓的静脉比动脉多而粗，脊髓前、后静脉由脊髓内的小静脉汇集而成，通过前、后根静脉注入硬膜外隙的椎内静脉丛。

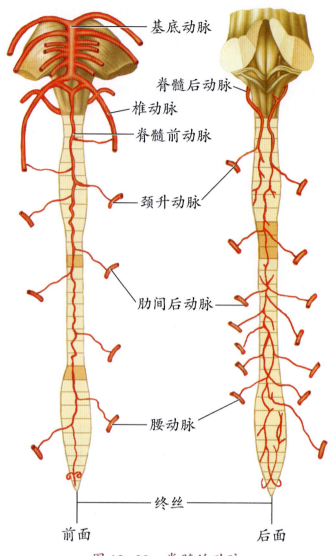

基底动脉

脊髓后动脉

椎动脉

脊髓前动脉

颈升动脉

肋间后动脉

腰动脉

终丝

前面　　　　　　后面

图 12-23　脊髓的动脉

（二）脑的血管

脑是体内代谢最旺盛的器官,故其血液供应非常丰富,对缺氧极其敏感。各种因素引起的脑供血不足或中断超过一定的时间,就可导致脑神经细胞缺氧甚至坏死,造成严重的神经精神障碍直至死亡。

1. 脑的动脉　脑的动脉来源于颈内动脉和椎动脉(图 12-24)。两者均发出皮质支和中央支,皮质支供应大脑皮质及其深面的髓质,中央支供应基底核、内囊及间脑等(图 12-25)。

（1）颈内动脉:起自颈总动脉,经颈动脉管入颅腔,穿过海绵窦至视交叉外侧分出大脑前动脉和大脑中动脉等分支,主要供应顶枕沟以前大脑半球的前 2/3 和部分间脑等(图 12-26、图 12-27)。**大脑中动脉**发出的中央支又称**豆纹动脉**,垂直向上进入脑实质,供应尾状核、豆状核、内囊膝和后肢的前部(图 12-25)。豆纹动脉在动脉硬化和高血压时容易破裂而导致脑出血的严重后果,故又名"出血动脉"。

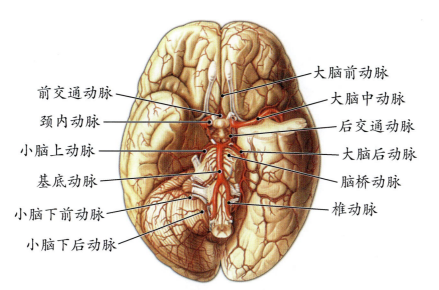

图 12-24 大脑动脉环

前交通动脉

颈内动脉

小脑上动脉

基底动脉

小脑下前动脉

小脑下后动脉

大脑前动脉

大脑中动脉

后交通动脉

大脑后动脉

脑桥动脉

椎动脉

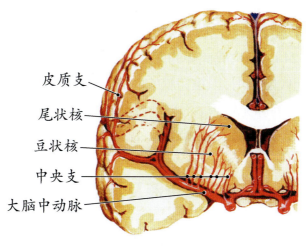

皮质支

尾状核

豆状核

中央支

大脑中动脉

图 12-25　大脑中动脉的皮质支和中央支

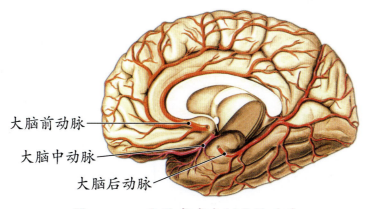

大脑前动脉

大脑中动脉

大脑后动脉

图 12-26　大脑半球内侧面的动脉

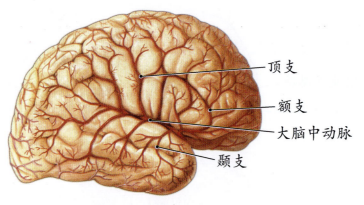

图 12-27　大脑半球上外侧面的动脉

（2）椎动脉：起自锁骨下动脉，向上依次穿经第6至第1颈椎的横突孔（图9-20），经枕骨大孔入颅腔。在脑桥与延髓交界处，左、右椎动脉汇合成一条**基底动脉**。基底动脉沿基底沟上行，至脑桥上缘处分为左、右大脑后动脉（图12-24、图12-26），主要供应顶枕沟以后大脑半球后1/3、部分间脑、脑干和小脑。

（3）大脑动脉环：又称 Willis 环，位于脑底部，环绕在视交叉、灰结节和乳头体的周围，是由前交通动脉、两侧大脑前动脉、颈内动脉、后交通动脉和大脑后动脉吻合而成的封闭式动脉环（图12-24）。当构成此环的某处发生阻塞时，可在一定程度上通过此动脉环使血液重新分配而起代偿作用，以维持脑的血液供应。

2. 脑的静脉　脑的静脉无瓣膜，不与动脉伴行，分为浅、深两组，两组之间互相吻合，但最终都通过硬脑膜窦回流至颈内静脉。

五、脑脊液及其循环

脑脊液是充满脑室、蛛网膜下隙和脊髓中央管内的无色透明液体，对中枢神经系统起缓冲、保护、营养、运输代谢产物以及维持正常颅内压的作用。成人脑脊液总量约150ml，处于不断地产生、循环和回流的动态平衡状态之中。脑脊液主要由各脑室脉络丛产生，循环途径见图12-28。

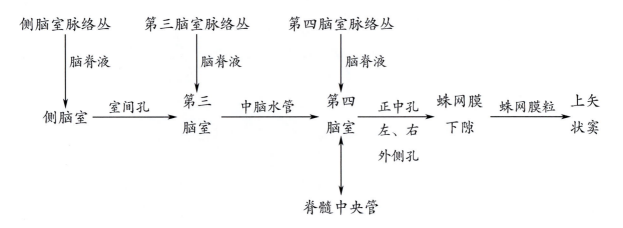

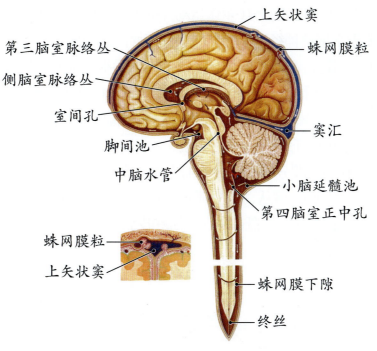

图 12-28　脑脊液循环模式图

六、血-脑屏障

血-脑屏障位于血液与脑和脊髓的神经细胞之间。其结构基础是脑和脊髓内毛细血管的内皮细胞及其间的紧密连接、基膜以及毛细血管基膜外由星形胶质细胞形成的胶质膜。血-脑屏障对于保持中枢神经系统内神经细胞的正常活动，维持稳定的微环境，具有重要作用。

第三节　周围神经系统

周围神经系统（peripheral nervous system）是指除中枢神经系统以外，分布于全身各处的神经结构和神经组织。根据与中枢神经系统的连接部位和分布区域的不同，通常将其分为 3 部分：①脊神经，与脊髓相连，主要分布于躯干和四肢；②脑神经，与脑相连，主要分布于头面部；③内脏神经，作为脑神经和脊神经的纤维成分，分别与脑和脊髓相连，主要分布于内脏、心血管和腺体。

一、脊神经

脊神经（spinal nerve）共 31 对，包括**颈神经** 8 对（$C_{1\sim8}$）、**胸神经** 12 对（$T_{1\sim12}$）、**腰神经** 5 对（$L_{1\sim5}$）、**骶神经** 5 对（$S_{1\sim5}$）和**尾神经** 1 对（C_0）。每对脊神经借前根和后根与脊髓相连。

前根由脊髓前角运动神经元的轴突（躯体运动纤维）及脊髓胸 1~腰 3 节段灰质侧角或脊髓骶 2~4 节段骶副交感核神经元的轴突（内脏运动纤维）组成，属于运动性神经，经脊神经分布于骨骼肌、平滑肌、心肌和腺体（图 12-29）。后根在椎间孔附近有一膨大的**脊神经节**，内含假单极神经元胞体。其中枢突组成脊神经后根进入脊髓，周围突随脊神经分布至感受器，故后根属于感觉性神经。前根与后根在椎间孔处合为一条脊神经，由此成为既含感觉纤维又含运动纤维的混合性神经。

脊神经出椎间孔后立即分为混合性的前支和后支。前支除 T_2~T_{11} 外，其余各支则分别交织成神经丛，即颈丛、臂丛、腰丛和骶丛，再由神经丛发出分支分布于相应的区域。后支较细，主要分布于项、背、腰骶部的深层肌和皮肤。前支粗大，分布于躯干前外侧和四肢的肌及皮肤。

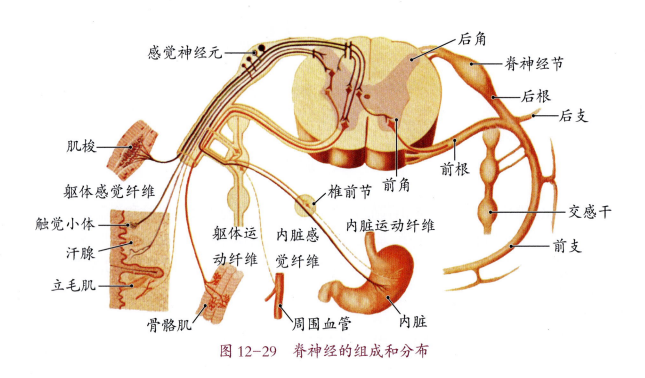

图 12-29　脊神经的组成和分布

（一）颈丛

1. 颈丛的组成和位置　颈丛由第 1~4 颈神经的前支组成，位于胸锁乳突肌上部的深面。

2. 颈丛的分支　颈丛的皮支由胸锁乳突肌后缘中点附近浅出，呈放射状分布于枕部、耳郭、颈部和肩部等处的皮肤（图 12-30）。其浅出部位置表浅，是颈部浅层结构浸润麻醉的一个阻滞点。肌支主要为混合性的**膈神经**，经锁骨下动、静脉之间入胸腔，越过肺根前方，沿心包两侧下行至膈，运动纤维支配膈肌，感觉纤维分布于胸膜、心包和膈下面的部分腹膜。

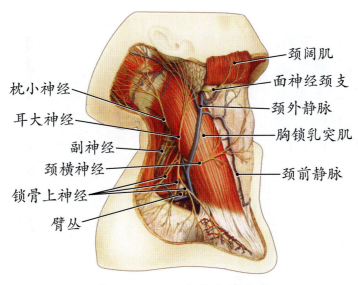

图 12-30　颈丛皮支的分布

左侧标注（从上到下）：枕小神经、耳大神经、副神经、颈横神经、锁骨上神经、臂丛

右侧标注（从上到下）：颈阔肌、面神经颈支、颈外静脉、胸锁乳突肌、颈前静脉

（二）臂丛

1. 臂丛的组成和位置　臂丛由第 5～8 颈神经的前支和第 1 胸神经前支的大部分组成，经斜角肌间隙进入腋窝，围绕在腋动脉周围（图 12-30、图 9-21）。臂丛在锁骨中点后方比较集中，且位置表浅，常作为上肢手术时进行臂丛阻滞麻醉的部位。

2. 臂丛的主要分支（图 12-31、图 9-21）

（1）肌皮神经：斜穿喙肱肌后在肱二头肌深面下行，肌支支配肱二头肌、喙肱肌和肱肌。终支在肘关节稍下方穿出深筋膜称为**前臂外侧皮神经**，分布于前臂外侧部的皮肤。

（2）正中神经：沿肱二头肌内侧沟伴肱动脉下行至肘窝，再沿前臂正中下行于指浅、深屈肌之间，经腕管到达手掌。肌支主要支配前臂前群桡侧的屈肌及拇收肌以外的鱼际肌等；皮支分布于手掌桡侧 2/3 及桡侧 3 个半指掌面皮肤。正中神经在臂部损伤后，可出现"猿手"的特殊症状（图 12-32）。

（3）尺神经：沿肱二头肌内侧伴肱动脉下行，在肘部经肱骨内上髁后方的尺神经沟进入前臂，伴尺动脉内侧下行至手掌。肌支支配前臂前群肌尺侧的屈肌、拇收肌、手肌内侧群和中间群；皮支分布于手掌尺侧 1/3、尺侧一个半指掌面的皮肤和手背尺侧半及尺侧两个半指背面的皮肤。

（4）桡神经：沿肱骨桡神经沟向外下行，经前臂肌后群浅、深肌群之间下行。肌支支配肱三头肌和前臂后群肌；皮支分布于臂与前臂背面以及手背桡侧半和桡侧两个半手指近节背面的皮肤。在三角肌注射时，针尖勿向前内或后下偏斜，以免损伤臂丛及被三角肌后部覆盖的桡神经。

（5）腋神经：绕肱骨外科颈后方至三角肌深面，肌支支配三角肌；皮支由三角肌后缘浅出，分布于肩部和臂外侧区上部的皮肤。肱骨外科颈骨折或使用拐杖不当所致的重压，均可造成腋神经损伤而致三角肌瘫痪，表现为臂不能外展。

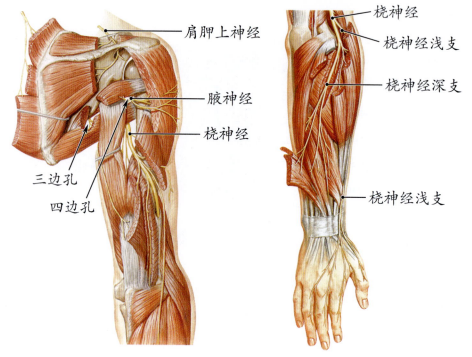

图 12-31　上肢神经后面观

 知识拓展

上肢体位性神经损伤及其临床表现

在护理工作中,若患者上肢体位保持不当,不仅影响护理操作,还可能造成某些神经损伤。①桡神经损伤,当上肢长时间保持外展位,臂部中 1/3 段的背侧面置于较硬的物体上可造成桡神经损伤,如手术时臂部背面置于手术台边缘或运送伤员时臂部背侧面置于担架边缘。桡神经损伤后,导致不能伸肘、伸腕、伸指,抬前臂时呈"垂腕"状态。②尺神经损伤,尺神经沟内的尺神经表面仅覆浅筋膜和皮肤,当受到有棱角的硬物体撞击或长时间置于手术台边缘均可造成尺神经损伤,主要表现为手指运动异常,呈"爪形手"(图 12-32)。

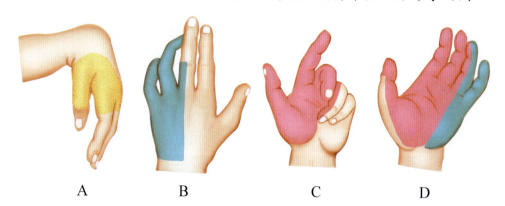

图 12-32　桡、尺和正中神经损伤时的手形及皮肤感觉丧失区

A. 垂腕(桡神经损伤);B. 爪形手(尺神经损伤);C. 正中神经损伤手形;
D. 猿手(正中神经与尺神经损伤)。

（三）胸神经前支

胸神经前支共 12 对，其中第 1～11 对胸神经前支伴随肋间血管行于相应的肋间隙中，称为**肋间神经**；第 12 对胸神经前支走行于第 12 肋下方，故名**肋下神经**（图 12-33）。肌支支配肋间肌和腹肌前外侧肌群，皮支分布于胸腹壁皮肤及相应的胸、腹膜壁层。

胸神经前支在胸、腹壁皮肤的分布有明显的节段性，各神经分布区呈带状由上而下按顺序依次排列。T_2 分布区相当于胸骨角平面，T_4 相当于乳头平面，T_6 相当于剑突平面，T_8 相当于两侧肋弓中点连线的平面，T_{10} 相当于脐平面，T_{12} 分布区则相当于脐与耻骨联合连线中点平面。临床上常依此检查感觉障碍的平面来判断脊髓损伤的节段或测定麻醉平面的高低。

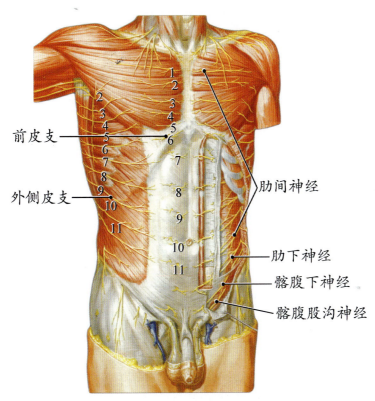

图 12-33 躯干皮神经的节段性分布

（四）腰丛

1. 腰丛的组成和位置 腰丛由第 12 胸神经前支的一部分、第 1～3 腰神经前支及第 4 腰神经前支的一部分组成，位于腰大肌深面、腰椎横突的前方（图 12-34）。

2. 腰丛的主要分支

（1）髂腹下神经和髂腹股沟神经：主要分布于腹股沟区的肌和皮肤，髂腹股沟神经还分布于阴囊或大阴唇的皮肤（图 12-33）。

（2）股神经：经腹股沟韧带深面、股动脉外侧进入股三角区，随即分为数支。肌支支配股四头肌和缝匠肌等，皮支除分布于大腿和膝关节前面的皮肤外，还发出一长的皮支**隐神经**（图 9-27），伴大隐静脉沿小腿内侧面下行达足内侧缘，分布于小腿内侧面和足内侧缘的皮肤。股神经损伤后的主要表现为屈髋无力,坐位时不能伸膝,行走困难,膝反射消失。

（3）闭孔神经:穿闭膜管出盆腔至大腿内侧部(图9-27),肌支支配大腿内收肌群,皮支分布于大腿内侧部的皮肤。

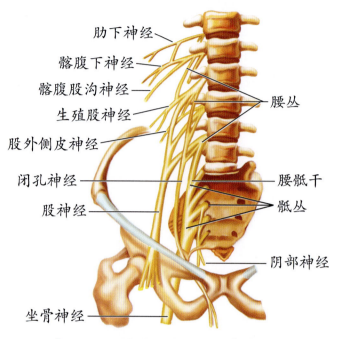

图12-34 腰丛和骶丛的组成模式图

（五）骶丛

1. 骶丛的组成和位置 骶丛由第4腰神经前支的一部分与第5腰神经前支合成的**腰骶干**以及全部骶神经和尾神经的前支组成,位于盆腔内,骶骨和梨状肌的前面(图12-34)。

2. 骶丛的主要分支(图12-35)

（1）臀上神经和臀下神经:分别经梨状肌上、下孔出盆腔至臀部,前者支配臀中肌和臀小肌,后者支配臀大肌等。

（2）阴部神经:伴阴部内血管经梨状肌下孔出盆腔,分布于会阴部、外生殖器及肛门周围的肌和皮肤。

（3）坐骨神经:是全身最粗的神经,经梨状肌下孔出盆腔至臀大肌深面,在股骨大转子与坐骨结节之间连线中点深面下行至大腿后部,通常在腘窝上方分为胫神经和腓总神经。坐骨神经在大腿后部发肌支支配股二头肌、半腱肌和半膜肌。臀部外上1/4区为臀大肌注射最佳部位,但此区内下角靠近坐骨神经及臀下血管、神经,故进针时针尖勿向下倾斜。

1)胫神经:是坐骨神经本干的直接延续,在比目鱼肌深面伴胫后血管下行,经内踝后方至足底分为足底内侧神经和足底外侧神经。肌支支配小腿后群肌和足底肌,皮支分布于小腿后面、足底和足外侧缘的皮肤。胫神经损伤后,可出现"钩状足"畸形(图12-36)。

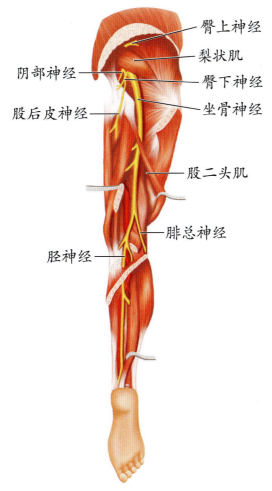

图 12-35　下肢的神经(右下肢后面观)

2)腓总神经:自坐骨神经分出后,沿股二头肌内侧行至腓骨头后方,绕腓骨颈外侧向前分为腓浅神经和腓深神经(图9-27)。**腓浅神经**肌支支配小腿外侧群肌,皮支分布于小腿外侧、足背和第2～5趾背皮肤。**腓深神经**伴胫前血管下行至足背,肌支支配小腿前群肌和足背肌,皮支分布于第1、2趾背面相对缘的皮肤。

　知识拓展

下肢体位性神经损伤及其临床表现

坐骨神经在相当于臀大肌下缘及表面的皮肤、浅筋膜构成的臀股皱褶处位置表浅,昏迷或瘫痪患者臀下放置便盆时间过长,且便盆边缘正好处置于臀股皱褶处,易造成坐骨神经损伤。腓总神经在绕过腓骨颈处位置表浅,深面紧贴骨面,表面仅覆以浅筋膜和皮肤。如患者长时间处于侧卧位伴屈髋屈膝时,且小腿外侧面垫在较硬不平的物体上,腓骨头处受力较大,易致腓总神经伤。损伤后表现为足不能背屈、趾不能伸,呈"马蹄内翻足"畸形,行走时呈"跨阈步态"(图12-36)。在护理工作中,只要有强烈的责任心和熟悉易损伤神经局部解剖关系的专业知识,体位性神经损伤是完全可以避免的。

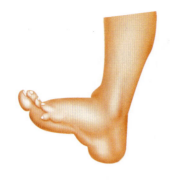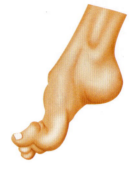

钩状足（胫神经损伤）　　马蹄内翻足（腓总神经损伤）

图 12-36　神经损伤后足的畸形

二、脑　神　经

脑神经（cranial nerve）是连于脑的周围神经，共 12 对，其排列顺序通常用罗马数字表示：Ⅰ嗅神经、Ⅱ视神经、Ⅲ动眼神经、Ⅳ滑车神经、Ⅴ三叉神经、Ⅵ展神经、Ⅶ面神经、Ⅷ前庭蜗神经、Ⅸ舌咽神经、Ⅹ迷走神经、Ⅺ副神经、Ⅻ舌下神经（图 12-37）。脑神经中含有躯体感觉、躯体运动、内脏感觉和内脏运动 4 种纤维成分。由于每对脑神经内所含的纤维成分不同，故其性质也有所不同。其中，第Ⅰ、Ⅱ、Ⅷ对为感觉性脑神经，第Ⅲ、Ⅳ、Ⅵ、Ⅺ、Ⅻ对为运动性脑神经，第Ⅴ、Ⅶ、Ⅸ、Ⅹ对为混合性脑神经。脑神经中的内脏运动纤维为副交感性质，存在于第Ⅲ、Ⅶ、Ⅸ、Ⅹ对脑神经内。

1. 嗅神经　为感觉性神经，由鼻黏膜嗅区内嗅细胞的中枢突聚集成 20 多条嗅丝，即嗅神经，穿筛孔入颅前窝连于嗅球，传导嗅觉（图 12-37）。

2. 视神经　为感觉性神经，由视网膜节细胞的轴突在视神经盘处聚集成视神经（图 12-37），向后穿视神经管入颅中窝连于视交叉，传导视觉。

3. 动眼神经　为运动性神经，含有躯体运动和内脏运动两种纤维。动眼神经由中脑脚间窝出脑，向前穿过海绵窦，经眶上裂入眶。躯体运动纤维支配上睑提肌、上直肌、下直肌、内直肌和下斜肌（图 12-37）；内脏运动（副交感）纤维支配瞳孔括约肌和睫状肌，参与瞳孔对光反射和晶状体调节反射。

4. 滑车神经　为运动性神经，自中脑背侧下丘的下方出脑，绕大脑脚向前穿过海绵窦，经眶上裂入眶，支配上斜肌（图 12-37）。

5. 三叉神经　为混合性神经，含有躯体感觉和躯体运动两种纤维，分为眼神经、上颌神经和下颌神经三大分支（图 12-37）。①**眼神经**，为感觉性神经，向前穿过海绵窦，经眶上裂入眶，分布于眼球、鼻背及睑裂以上额顶部的皮肤。临床上的"压眶反射"即压迫由眼神经发出经眶上孔（眶上切迹）出眶，分布额顶、上睑部皮肤的**眶上神经**。②**上颌神经**，为感觉性神经，经圆孔出颅，经眶下裂入眶延续为**眶下神经**。上颌神经分布于睑裂与口裂之间的皮肤、上颌牙以及鼻腔和口腔顶黏膜等。③**下颌神经**，为混合性神经，经卵圆孔出颅，躯体运动纤维支配咀嚼肌；躯体感觉纤维分布于下颌牙、舌前2/3的黏膜以及口裂以下的皮肤等。

6. 展神经　为运动性神经，自延髓脑桥沟中部出脑，向前穿过海绵窦，经眶上裂入眶，支配外直肌（图12-37）。

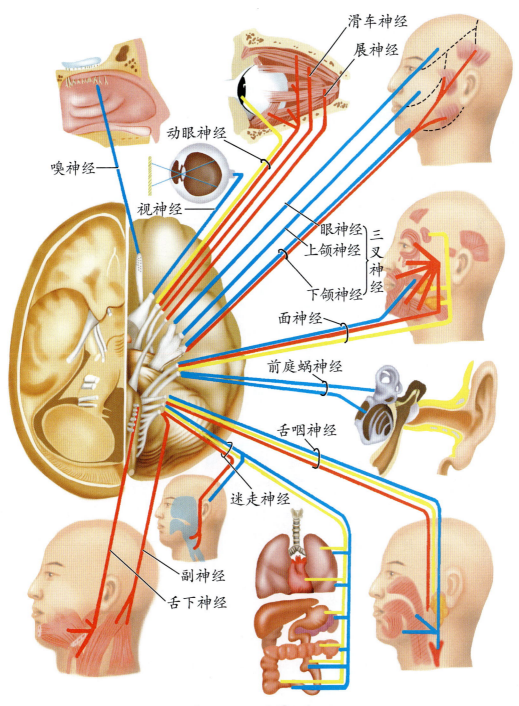

图 12-37　脑神经概观

红色：运动纤维；黄色：副交感纤维；蓝色：感觉纤维。

7. 面神经　为混合性神经,含有躯体运动、内脏运动和内脏感觉 3 种纤维。面神经自延髓脑桥沟出脑后进入内耳门,穿内耳道进入面神经管,由茎乳孔出颅,向前穿过腮腺到达面部。①躯体运动纤维,呈放射状发出颞支、颧支、颊支、下颌缘支和颈支,支配面肌(图 12-37);②内脏运动(副交感)纤维,控制泪腺、舌下腺和下颌下腺的分泌;③内脏感觉纤维,分布于舌前 2/3 的味蕾,传导味觉。

8. 前庭蜗神经　为感觉性神经,由前庭神经和蜗神经组成(图 12-37)。**前庭神经**分布于内耳球囊斑、椭圆囊斑和壶腹嵴,传导平衡觉。**蜗神经**分布于内耳螺旋器,传导听觉。前庭蜗神经经内耳门入颅,在延髓脑桥沟入脑。

9. 舌咽神经　为混合性神经,含有 4 种纤维成分(图 12-38)。①躯体运动纤维,支配咽肌;②内脏运动(副交感)纤维,控制腮腺的分泌;③躯体感觉纤维,分布于耳后皮肤;④内脏感觉纤维,分布于舌后 1/3 黏膜的味蕾、咽及中耳黏膜以及颈动脉窦和颈动脉小球等。

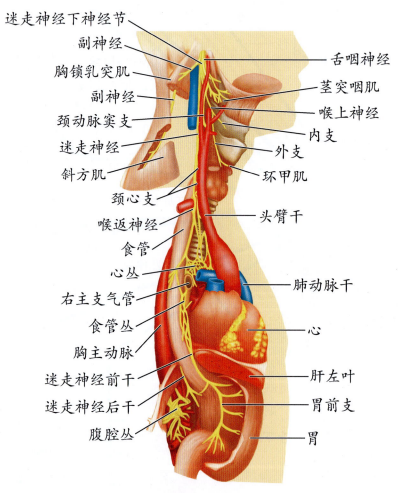

图 12-38　舌咽神经、迷走神经和副神经

10. 迷走神经　为混合性神经,是行程最长、分布范围最广的脑神经,含有 4 种纤维成分。①内脏运动(副交感)纤维,控制颈、胸和腹部器官平滑肌、心肌和腺体的活动;

②内脏感觉纤维,分布于颈、胸和腹部器官,传导内脏感觉;③躯体运动纤维,支配咽喉肌;④躯体感觉纤维,分布于硬脑膜、耳郭和外耳道的皮肤。

迷走神经连于延髓,与舌咽神经和副神经共同穿颈静脉孔出颅(图12-38),随颈部大血管下行至颈根部,经胸廓上口入胸腔,左、右迷走神经分支构成食管前、后丛伴食管下行,至食管下段分别延续为迷走神经前干和迷走神经后干,穿膈的食管裂孔进入腹腔,分支分布于肝、胰、脾、肾以及结肠左曲以上的消化管。

11. 副神经　为运动性神经,经颈静脉孔出颅后,穿胸锁乳突肌后斜过颈侧部,进入斜方肌,分支支配胸锁乳突肌和斜方肌(图12-37)。

12. 舌下神经　为运动性神经,自延髓的前外侧沟出脑,经舌下神经管出颅,分支支配舌肌(图12-37)。一侧舌下神经损伤时,患侧颏舌肌瘫痪,伸舌时,由于健侧颏舌肌牵拉舌根向健侧,故舌尖偏向患侧。

三、内 脏 神 经

内脏神经(visceral nerve)主要分布于内脏、心血管和腺体,按性质分为内脏运动神经和内脏感觉神经。

(一)内脏运动神经

内脏运动神经调节内脏、心血管的运动和腺体的分泌,通常不受人的意志控制,故又称为**自主神经**。内脏运动神经自低级中枢到达所支配的器官(即效应器)需经过两个神经元。低级中枢的神经元称为**节前神经元**,其轴突称为**节前纤维**;内脏运动神经节内的神经元称为**节后神经元**,其轴突称为**节后纤维**。

根据形态、功能和药理学特点,内脏运动神经分为交感神经和副交感神经两部分,多数器官同时接受交感神经和副交感神经的双重支配。

1. 交感神经　**交感神经**(sympathetic nerve)的低级中枢位于脊髓胸1～腰3节段灰质侧角,由此发出的节前纤维经脊神经前根加入脊神经,出椎间孔,离开脊神经终止于交感神经节。周围部由交感干、交感神经节以及由神经节发出的分支和交感神经丛组成(图12-39)。

交感神经节因其所在位置不同,分为椎旁神经节和椎前神经节。**椎旁神经节**位于脊柱两旁,每侧有19～24个,椎旁神经节借节间支相连形成左右两条串珠样的**交感干**,故椎旁神经节又称**交感干神经节**。**椎前神经节**位于脊柱前方,包括腹腔神经节、主动脉肾神经节、肠系膜上神经节和肠系膜下神经节,分别位于同名动脉根部附近(图12-39)。由交感神经节发出的节后纤维分布到所支配的器官。

2. 副交感神经　**副交感神经**(parasympathetic nerve)的低级中枢位于脑干的副交感神经核和脊髓骶2～4节段灰质的骶副交感核(图12-39)。周围部由副交感神经节和节前、节后纤维等组成。副交感神经节多位于所支配器官的附近或器官的壁内,分别称为

器官旁节和**器官内节**。由脑干副交感神经核发出的节前纤维随Ⅲ、Ⅶ、Ⅸ、Ⅹ对脑神经分布;由脊髓的骶副交感核发出的节前纤维,随骶神经走行,组成盆内脏神经加入盆丛,随盆丛分支到相应器官旁节或器官内节交换神经元,节后纤维支配结肠左曲以下的消化管和盆腔器官。

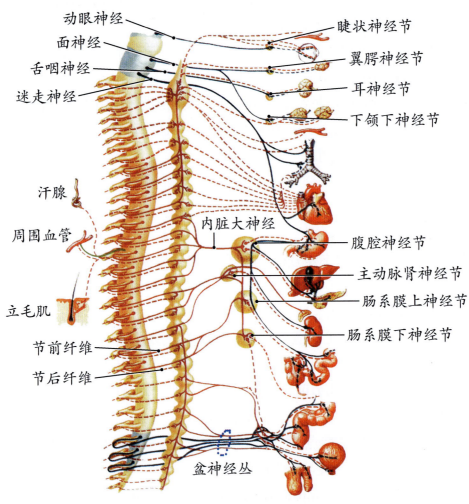

动眼神经
面神经
舌咽神经
迷走神经

睫状神经节
翼腭神经节
耳神经节
下颌下神经节

汗腺
周围血管

立毛肌

节前纤维
节后纤维

内脏大神经
腹腔神经节
主动脉肾神经节
肠系膜上神经节
肠系膜下神经节

盆神经丛

图 12-39 内脏运动神经概况

3. 交感神经与副交感神经的主要区别 交感神经和副交感神经同属于内脏运动神经,常共同支配相同器官,但两者不但在功能上有显著差别,而且在来源、形态结构、分布范围等方面也有明显差异(表 12-2)。

表 12-2 交感神经与副交感神经的主要区别

项目	交感神经	副交感神经
低级中枢部位	脊髓胸1~腰3节段灰质侧角	脑干的副交感神经核和脊髓骶2~4节段灰质的骶副交感核
周围神经节位置	椎旁神经节或椎前神经节	器官旁节或器官内节

项目	交感神经	副交感神经
节前、节后纤维	节前纤维短,节后纤维长	节前纤维长,节后纤维短
分布范围	全身血管及胸腹盆腔器官的平滑肌、心肌、腺体、立毛肌和瞳孔开大肌	胸腹盆腔器官的平滑肌、心肌、腺体、瞳孔括约肌和睫状肌

(二)内脏感觉神经

内脏感觉神经将来自内脏、心血管等处的感觉冲动传入中枢,经中枢整合后,通过内脏运动神经调节相应器官的活动,以保持机体的正常生命活动。

第四节　神经系统的传导通路

神经系统的传导通路是指联系大脑皮质与感受器和效应器之间神经冲动的传导通路,包括感觉(上行)传导通路和运动(下行)传导通路。前者是指感受器将内、外环境的各种刺激所产生的神经冲动传至大脑皮质的神经通路,是反射弧组成中的传入部分;后者是指大脑皮质发出的神经冲动传至躯体运动和内脏活动效应器的神经通路,是反射弧组成中的传出部分。

一、感觉传导通路

躯体感觉包括浅感觉和深感觉两大类。浅感觉是指来自皮肤和黏膜的痛温觉、粗略触觉和压觉。深感觉又称本体感觉,是指肌、肌腱、关节等在运动或静止时产生的位置觉、运动觉和振动觉,如人在闭眼时能感知身体各部的位置及运动状态。感觉传导通路均由3级神经元组成(表12-3)。

表12-3　感觉传导通路神经元组成概况

传导通路	第1级神经元胞体	第2级神经元胞体	第3级神经元胞体
躯干和四肢深感觉	脊神经节	薄束核和楔束核	丘脑腹后外侧核
躯干和四肢浅感觉	脊神经节	脊髓灰质后角	丘脑腹后外侧核
头面部浅感觉	三叉神经节	三叉神经感觉核群	丘脑腹后内侧核
视觉传导通路	视网膜双极细胞	视网膜节细胞	外侧膝状体

(一)躯干和四肢意识性本体感觉与精细触觉传导通路

第1级神经元为脊神经节内假单极神经元,其周围突经脊神经分布于躯干、四肢的肌、肌腱、关节等处的本体感受器和皮肤的精细触觉感受器,中枢突经脊神经后根进入同侧脊髓后索,来自第5胸节以下的升支形成薄束,来自第4胸节以上的升支形成楔束,两束上行到延髓,分别与薄束核和楔束核内的第2级神经元形成突触联系,薄束核和楔束核发出的纤维在中央管腹侧交叉至对侧形成内侧丘系,上行止于丘脑腹后外侧核内的第3级神经元,丘脑腹后外侧核发出的纤维参与组成丘脑中央辐射,经内囊后肢投射至中央后回的中、上部和中央旁小叶后部(图12-40)。

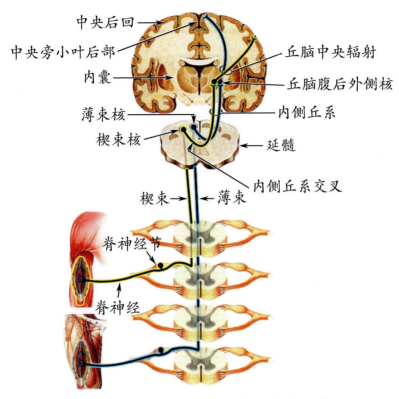

图12-40 躯干和四肢意识性本体感觉传导通路

(二)躯干和四肢痛温觉、粗略触觉和压觉传导通路

第1级神经元为脊神经节内假单极神经元,其周围突经脊神经分布于躯干和四肢皮肤内的感受器。中枢突经脊神经后根进入脊髓,与脊髓灰质后角内的第2级神经元形成突触联系,脊髓灰质后角发出的纤维上升1~2个脊髓节段后交叉至对侧,形成脊髓丘脑束,上行止于丘脑腹后外侧核内的第3级神经元,丘脑腹后外侧核发出的纤维参与组成丘脑中央辐射,经内囊后肢投射至中央后回的中、上部和中央旁小叶后部(图12-41)。

(三)头面部的痛温觉和触压觉传导通路

第1级神经元为三叉神经节内假单极神经元,其周围突经三叉神经分布于头面部皮肤及口、鼻腔黏膜的相关感受器,中枢突经三叉神经根进入脑桥,与脑干三叉神经感觉核群内的第2级神经元形成突触联系,三叉神经感觉核群发出的纤维交叉至对侧形成三叉丘系,上行止于丘脑腹后内侧核内的第3级神经元,丘脑腹后内侧核发出的纤维参与组成丘脑中央辐射,经内囊后肢投射至中央后回下部(图12-41)。

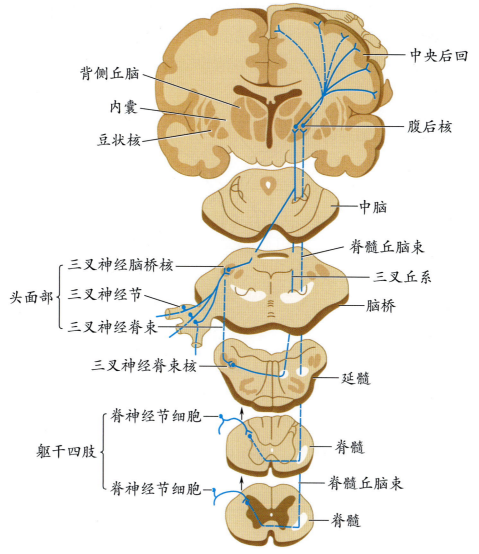

中央后回

背侧丘脑

内囊

豆状核

腹后核

中脑

脊髓丘脑束

三叉神经脑桥核

三叉丘系

头面部 三叉神经节

脑桥

三叉神经脊束

三叉神经脊束核

延髓

脊神经节细胞

躯干四肢

脊髓

脊神经节细胞

脊髓丘脑束

脊髓

图 12-41　痛温觉、粗略触觉和压觉传导通路

（四）视觉传导通路和瞳孔对光反射通路

1. 视觉传导通路　第 1 级神经元是视网膜双极细胞，其周围突与视锥细胞和视杆细胞形成突触，中枢突与第 2 级神经元视网膜节细胞形成突触联系，节细胞的轴突在视神经盘处聚集成视神经，经视神经管入颅，形成视交叉后延续为左、右视束，向后绕过大脑脚，主要终止于后丘脑的外侧膝状体。在视交叉中，来自两眼视网膜鼻侧半的纤维交叉进入对侧视束中；颞侧半的纤维不交叉进入同侧视束中。因此，左侧视束含有来自两侧视网膜左侧半的纤维，右侧视束含有来自两侧视网膜右侧半的纤维。第 3 级神经元的胞体位于后丘脑的外侧膝状体内，其发出的纤维形成视辐射，经内囊后肢投射至距状沟上下方的视觉区，产生视觉（图 12-42）。

2. 瞳孔对光反射通路　瞳孔对光反射是指光照射一侧瞳孔，引起两眼瞳孔缩小的反射。光照射侧的瞳孔缩小称为直接对光反射，光未照射侧的瞳孔缩小称为间接对光反射。瞳孔对光反射通路为（图 12-42）：光刺激→视网膜→视神经→视交叉→两侧视束→中脑瞳孔对光反射中枢→两侧动眼神经副核→两侧动眼神经（节前纤维）→睫状神经节→节后纤维→两侧瞳孔括约肌收缩→两侧瞳孔缩小。瞳孔对光反射在临床上有重要意义，反射消失可能预示病危，也有可能为视神经或动眼神经的损伤。

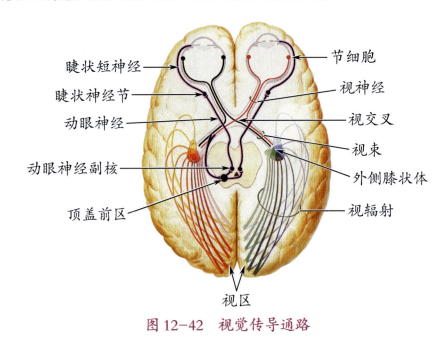

睫状短神经
睫状神经节
动眼神经
动眼神经副核
顶盖前区
节细胞
视神经
视交叉
视束
外侧膝状体
视辐射
视区

图 12-42　视觉传导通路

二、运动传导通路

运动传导通路系指从大脑皮质至躯体运动效应器（骨骼肌）之间的神经联系，包括锥体系和锥体外系两部分。

（一）锥体系

锥体系调控骨骼肌的随意运动，由上、下两级运动神经元组成。**上运动神经元**为位于大脑皮质第Ⅰ躯体运动区的锥体细胞，其轴突共同组成锥体束，其中下行至脊髓前角运动神经元的纤维束称为**皮质脊髓束**，下行至脑干脑神经躯体运动核的纤维束称为**皮质核束**。**下运动神经元**为脊髓前角运动神经元和脑干脑神经躯体运动核，其轴突分别构成脊神经或脑神经的躯体运动纤维，支配相应的骨骼肌。

1. 皮质脊髓束　由大脑皮质中央前回中上部和中央旁小叶前部的锥体细胞轴突集合而成，经内囊后肢、大脑脚和脑桥基底部下行至延髓锥体。在锥体下端，75%～90%的纤维交叉至对侧形成锥体交叉，交叉后的纤维行于对侧脊髓外侧索中形成皮质脊髓侧束，在下行过程中逐节止于同侧的脊髓前角运动神经元，主要支配四肢肌。小部分未交叉的纤维则在同侧脊髓前索中下行，形成皮质脊髓前束（仅达上胸节），分别止于同侧和对侧的脊髓前角运动神经元，主要支配躯干肌（图 12-43）。由此可知，躯干肌受双侧大脑皮质支配，而上、下肢肌则受对侧大脑皮质支配，故一侧皮质脊髓束在锥体交叉前受损，主要引起对侧肢体瘫痪，而对躯干肌的运动没有明显影响。

2. 皮质核束　主要由大脑皮质中央前回下部的锥体细胞轴突集合而成,经内囊膝下行至脑干,大部分纤维陆续终止于双侧的脑神经躯体运动核,其轴突构成脑神经的躯体运动纤维,支配头面部的骨骼肌。小部分纤维交叉至对侧,终止于面神经核下部和舌下神经核,分别支配面下部肌和舌肌。由此可知,面神经核下部和舌下神经核只接受对侧皮质核束的支配,而其他脑神经躯体运动核均接受双侧皮质核束的支配(图 12-43)。

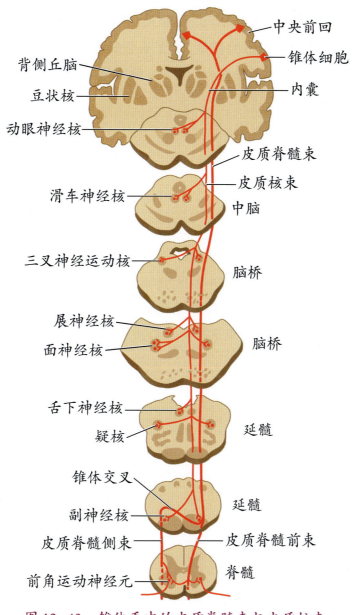

图 12-43　锥体系中的皮质脊髓束与皮质核束

(二)锥体外系

锥体外系是指锥体系以外影响和控制躯体运动的所有传导通路,其结构十分复杂,主要包括大脑皮质、纹状体、丘脑、红核、黑质、小脑和脑干网状结构及其纤维联系。锥体外系的主要功能是调节肌张力、协调肌群的运动、维持体态姿势和完成习惯性动作(如走路时双臂自然协调地摆动)。

本章小结

　　本章的学习重点是神经系统的区分、脊髓的位置、脑的分部、脑脊液的产生部位及循环途径。学习难点为脊髓和脑的内部结构、内脏运动神经。在学习过程中注意脊髓与脑之间上、下行纤维束的联系，理解内囊是大脑皮质与皮质下各中枢联系的"交通要道"，注意脊神经与脊髓的联系、脑神经的连脑部位及进出颅腔的部位，区别躯体神经与内脏神经、交感神经与副交感神经，理解"人无头不走，鸟无头不飞"的含义，比较硬脊膜与硬脑膜的异同，重视上、下肢体位性神经损伤的部位，注重从脊髓下端的位置理解临床上腰椎穿刺的部位，提高运用神经系统知识分析、解决问题的能力。

（李嘉琳　赖　伟）

思考与练习

1. 综合分析与舌有关的神经分布。
2. 简述脑脊液的产生部位及其循环途径。
3. 比较交感神经与副交感神经的主要区别。
4. 运动眼球的肌有哪些？分别受何神经支配？
5. 临床上进行腰椎穿刺时，通常选择在何处进针？定位标志是什么？穿刺针需穿过哪些结构才能到达终池？

第十三章 | 人体胚胎发生总论

13章 数字内容

学习目标

1. 具有应用人体胚胎发生理论知识分析解释双胎、多胎和联体双胎形成原因的能力。
2. 掌握受精和植入的概念、时间及部位;蜕膜的分部;胎盘的结构及功能;致畸敏感期。
3. 熟悉胚胎发育的分期;受精、植入的过程;胚泡的结构;胎膜的组成及其主要功能。
4. 了解胚层的形成与分化;胎儿血液循环的途径;双胎、多胎和联体双胎形成的原因。
5. 学会应用胚胎学知识解释相关避孕措施,并能进行预防先天畸形发生的宣传教育工作。

 导学

生命的诞生充满着无穷的奥秘。那么,人类新生命的起点是从哪里开始的?在何处孕育的?孕育多长时间才能艰难地演变成一个鲜活健康的小生命而降临到人世间的呢?让我们带着这些神奇而有趣的问题一起来探究人体胚胎发生的奥秘。

胚胎学是研究从受精卵发育为新生个体的过程及其机制的科学。人胚胎在母体子宫中发育经历 38 周(约 266 天),可分为 3 个时期:①**胚前期**,从受精至第 2 周末;②**胚期**,从第 3 周至第 8 周末,胚的各器官、系统与外形初具人体雏形;③**胎期**,从第 9 周至出生,胎儿逐渐长大,各器官、系统继续发育,并逐渐出现不同程度的功能。

人体胚胎发生总论或称人体早期发生是指从受精至第 8 周末的发育时期,其内容包括受精、卵裂、胚泡形成、胚层形成及分化、胎膜和胎盘等。

案例分析

患者,女性,26岁,已婚,停经7周。因突发右下腹部撕裂样疼痛而急诊入院。妇科检查:子宫略大,右侧子宫附件区压痛明显,拒按,阴道有点状出血,阴道后穹饱满。尿hCG(+),B型超声提示直肠子宫陷凹有积液,经阴道后穹穿刺抽出暗红色不疑血液。初步诊断:异位妊娠(输卵管破裂)出血。

请思考:

1. 何谓子宫附件? hCG 是由哪个结构分泌的?

2. 何谓异位妊娠? 临床上最常见于何处?

3. 直肠子宫陷凹与阴道后穹之间有何关系?

一、生殖细胞与受精

(一)生殖细胞

生殖细胞(germ cell)是指精子和卵子。在其发生过程中经过两次减数分裂,染色体数目减少一半,为单倍体细胞,即仅有23条染色体,精子的染色体核型为23,X 或23,Y,卵子的染色体核型为23,X(图13-1)。

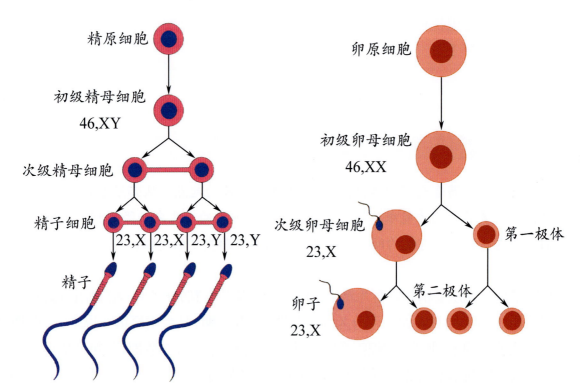

图 13-1　精子和卵子发生示意图

1. 精子的获能　射出的精子虽有运动能力,却无受精能力。精子进入女性生殖管道后,在子宫和输卵管分泌物的作用下,使精子获得了使卵子受精的能力,此现象称为**获能**。精子在女性生殖管道内的受精能力一般可维持24小时。

2. 卵子的成熟　卵子发生于卵巢的卵泡,成熟于受精过程。从卵巢排出的卵子是处于第二次减数分裂中期的次级卵母细胞,被输卵管伞所拾取并运送至输卵管壶腹部,等待精子受精。当与精子相遇,受到精子穿入其内的激发,才能完成第二次减数分裂,形成一个成熟的卵子和一个第二极体(图13-1)。若未受精,则在排卵后12~24小时退化。

(二)受精

受精(fertilization)是指精子与卵子结合形成**受精卵**(fertilized ovum)的过程。受精一般发生在排卵后12小时之内,受精部位多在输卵管壶腹部。正常一次射精进入女性生殖管道的精子数可达3亿~5亿个,抵达受精部位的精子仅为300~500个,最终只有1个精子能与卵子结合实现受精。

1. 受精的过程　获能的精子顶体释放顶体酶,溶蚀放射冠和透明带形成一条精子通过的孔道,精子头部的细胞膜与卵子细胞膜融合,精子的细胞核及细胞质进入卵子内(图13-2)。然后,透明带的结构及化学成分发生变化,从而阻止了其他精子穿越透明带,保证了人类单卵受精。精子的穿越激发次级卵母细胞完成第二次减数分裂。此时,精子的雄原核和卵子的雌原核在细胞中部靠拢,核膜消失,染色体混合,形成一个二倍体的受精卵即合子(图13-3)。

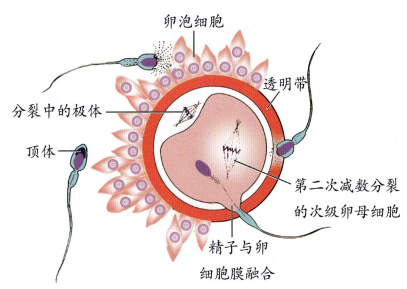

图13-2　受精过程示意图

2. 受精的基本条件　发育正常并已获能的精子与发育正常的卵子在限定的时间内相遇。应用避孕套、子宫帽、输卵管或输精管结扎等措施,可阻止精卵相遇,从而达到避孕目的。

3. 受精的意义　①受精标志着新生命的开始；②受精卵的染色体数目恢复到 23 对，来自双亲遗传物质的重新组合，使新个体既维持了双亲的遗传特点，又具有不同于亲代的新性状；③受精决定新个体的性别，带有 Y 染色体的精子与卵子结合发育为男性；带有 X 染色体的精子与卵子结合则发育为女性。

二、胚泡形成和植入

（一）卵裂和胚泡形成

受精卵一旦形成，便进行细胞分裂并向子宫方向移动。受精卵早期进行的细胞分裂称为**卵裂**（cleavage），卵裂产生的子细胞称为**卵裂球**。受精后第 3 天，卵裂球数目达到 12～16 个，细胞紧密相贴，外观形如桑葚，故称为**桑葚胚**。卵裂的同时，受精卵借助输卵管的蠕动和输卵管上皮细胞纤毛推动逐渐向子宫方向移动，于第 4 天桑葚胚进入子宫腔，其细胞继续分裂。当卵裂球数达到 100 个左右时，细胞间出现若干小的腔隙，逐渐汇合成一个大的胚泡腔，形似囊泡状，故称为**胚泡**。胚泡由胚泡腔、滋养层和内细胞群组成。胚泡壁由单层细胞构成，与吸收营养有关，故称为**滋养层**。位于胚泡腔内一侧的一群细胞称为**内细胞群**，将来发育成为胎儿。与内细胞群相贴的滋养层称为**极端滋养层**（图 13-3）。胚泡形成后，其外面的透明带变薄、消失，胚泡逐渐孵出与子宫内膜接触，植入开始。

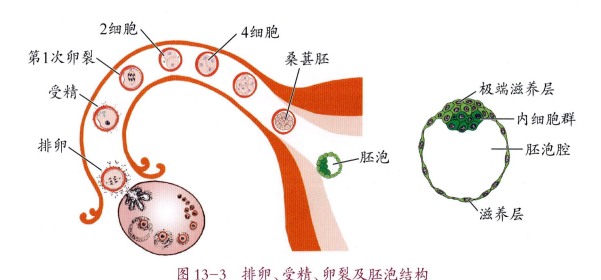

图 13-3　排卵、受精、卵裂及胚泡结构

（二）植入

胚泡逐渐埋入子宫内膜的过程，称为**植入**（implantation）或**着床**（imbed）。植入于受精后第 5～6 天开始，第 11～12 天完成。

1. 植入过程　植入时，胚泡的极端滋养层首先与子宫内膜接触，并分泌蛋白水解酶，在内膜溶蚀出一个缺口，然后胚泡陷入缺口并逐渐被包埋其中。胚泡全部植入子宫内膜后，缺口修复，植入完成（图 13-4）。

2. 植入部位　通常在子宫体或子宫底的内膜。若胚泡植入部位靠近子宫颈，将形成前置胎盘。若胚泡在子宫体腔以外部位植入称为异位妊娠，习惯称宫外孕。异位妊娠以输卵管妊娠最常见（占95%），偶见于卵巢妊娠、腹腔妊娠、子宫阔韧带妊娠、宫颈妊娠等。

植入时的子宫内膜正处于分泌期。植入后的子宫内膜发生了一系列的适应性变化而改称**蜕膜**（decidua）。根据蜕膜与胚的位置关系，将其分为3部分：①**基蜕膜**，又称底蜕膜，位居胚深面；②**包蜕膜**，覆盖在胚的子宫腔侧；③**壁蜕膜**，是子宫其余部分的蜕膜（图13-7）。随着胚的发育，包蜕膜与壁蜕膜之间的子宫腔逐渐变窄，最后消失。

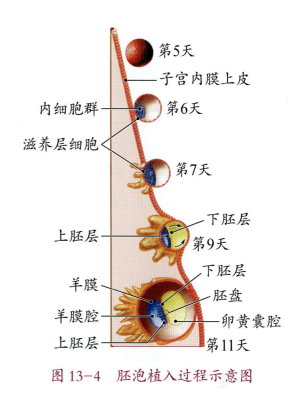

图13-4　胚泡植入过程示意图

图中标注：
第5天
子宫内膜上皮
内细胞群
第6天
滋养层细胞
第7天
下胚层
上胚层
第9天
羊膜
下胚层
胚盘
羊膜腔
卵黄囊腔
上胚层
第11天

 知识拓展

试管婴儿

试管婴儿是体外受精－胚胎移植技术的俗称，是指从女性卵巢内取出的卵子，在体外与精子发生受精并培养3~5天，然后将早期胚胎移植到母体子宫腔内使其着床发育而诞生的婴儿。1978年世界首例"试管婴儿"在英国诞生。1988年3月10日中国大陆第一例"试管婴儿"在北京诞生，在我国生殖医学史上具有深远意义的一步离不开张丽珠、刘斌等专家的努力和辛勤付出。刘斌教授感慨良多："人生的长度是有限的，但人生的空间如同胚胎发育一样，也是长、宽、高所组成的三维立体构架。辛勤耕耘就一定会有收获，有所作为。"

三、胚层的形成与分化

（一）胚层的形成

1. 二胚层胚盘及其结构的形成　在第2周胚泡植入过程中，内细胞群增殖分化逐渐形成一个由上胚层和下胚层紧密相贴的圆盘状结构，称为**二胚层胚盘**，是人体发生的原基。邻近滋养层的一层柱状细胞为**上胚层**，靠近胚泡腔侧的一层立方细胞为**下胚层**。在上、下胚层形成的同时，上胚层细胞增殖，其内出现一个充满羊水的羊膜腔，下胚层周缘的细胞向腹侧生长延伸形成卵黄囊(图13-4)。

2. 三胚层胚盘及其结构的形成 第3周初,上胚层部分细胞增殖较快,并向胚盘一端中线迁移,在中轴线上聚集形成一条纵行的细胞柱,称为**原条**。原条中线出现的浅沟称为**原沟**。原沟深部的细胞不断增殖,并在上、下胚层之间向周边扩展迁移。一部分细胞在上、下胚层之间形成一个新的细胞夹层,即**中胚层**(图13-5);另一部分细胞则迁入下胚层,逐渐置换全部下胚层细胞,形成一层新的细胞,称为**内胚层**。在内胚层和中胚层出现之后,原上胚层改称为**外胚层**。第3周末,内胚层、中胚层和外胚层共同构成**三胚层胚盘**,3个胚层均起源于上胚层(图13-6)。

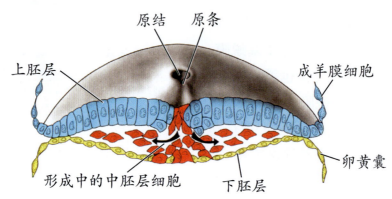

图13-5 细胞迁移形成三胚层胚盘示意图(冠状面观)

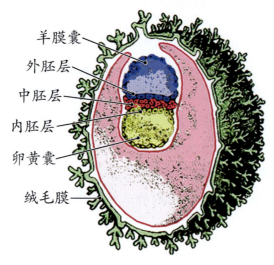

图13-6 第3周初胚的剖面模式图

(二)三胚层的分化

在第3~8周,3个胚层逐渐分化形成各器官的原基。外胚层分化为神经系统、皮肤的表皮及附属器以及角膜上皮、口腔、鼻腔及肛管下段的上皮等;中胚层分化为心血管系统、泌尿生殖系统、肌组织和各种结缔组织等;内胚层分化为消化管、消化腺、气管、支气管、肺、膀胱等器官的上皮组织。

四、胎膜和胎盘

胎膜和胎盘是胚胎发育过程中的附属结构,对胚胎起保护、营养、呼吸和排泄等作用。胎儿娩出后,胎膜和胎盘即与子宫壁分离,并被排出体外,总称衣胞。

(一)胎膜

胎膜(fetal membrane)包括绒毛膜、羊膜、卵黄囊、尿囊和脐带(图13-7)。卵黄囊和尿囊都是早期胚的一过性结构,在胚胎后期先后闭锁退化。

1. 绒毛膜 绒毛膜由滋养层发育而成。胚胎早期,整个绒毛膜表面的绒毛均匀分布。之后,由于包蜕膜侧的绒毛因血供不足而逐渐退化、消失,形成表面无绒毛的**平滑绒毛膜**。基蜕膜侧的绒毛则因血供充足而反复分支,生长茂密,形成**丛密绒毛膜**(图13-7),参与胎盘的构成。绒毛膜具有从母体血中吸收氧和营养物质,并排出二氧化碳和代谢产物的功能。

2. 羊膜 羊膜为一层无血管的半透明薄膜,羊膜腔内充满羊水,胚胎浸泡在羊水中生长发育(图13-7)。妊娠早期羊水为无色澄清液体,由羊膜不断分泌和吸收。妊娠38周的羊水量约1 000ml。妊娠晚期羊水量少于300ml者,称为羊水过少;妊娠期间羊水量超过2 000ml者,称为羊水过多。羊水过多或过少常伴有胎儿的某种先天畸形。羊水具有防止胎儿肢体粘连、缓冲外力对胎儿的挤压与震荡、临产时还具有扩张子宫颈和冲洗产道的作用。

3. 脐带(umbilical cord) 是连于胚胎脐部与胎盘间的条索状结构(图13-7),是胎儿与母体间进行物质交换的重要通道。脐带外被覆羊膜,内含一条脐静脉和两条脐动脉等结构(图13-9)。足月妊娠的脐带长度为30~100cm,平均长度为55cm。脐带短于30cm者,称为脐带过短,胎儿娩出时易导致胎盘早剥;脐带长度超过100cm者,称为脐带过长,易造成脐带绕颈、绕体、打结、脱垂或脐带受压。

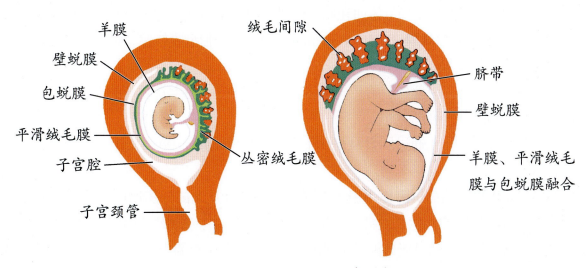

图13-7 胎膜、蜕膜与胎盘模式图

（二）胎盘

1. 胎盘的结构　胎盘（placenta）是由胎儿的丛密绒毛膜与母体的基蜕膜共同构成的圆盘形结构，重450～650g，直径16～20cm，中央厚，周边薄。胎盘的胎儿面有羊膜覆盖而光滑，脐带附着于中央或稍偏。胎盘的母体面粗糙，为剥离后的基蜕膜，可见15～30个由浅沟分隔的**胎盘小叶**。胎盘小叶之间有由基蜕膜形成的胎盘隔。胎盘隔之间的腔隙称为绒毛间隙，其内充满母体血，绒毛浸泡在母体血中，便于物质交换（图13-7、图13-8）。

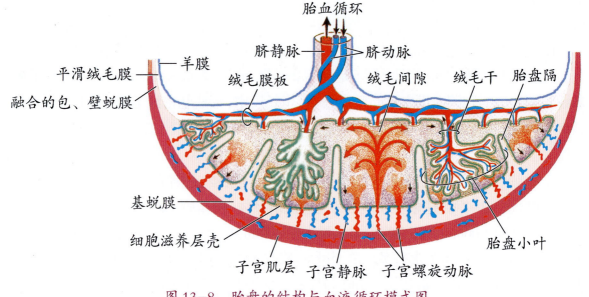

图13-8　胎盘的结构与血液循环模式图

2. 胎盘的血液循环　胎盘内有母体和胎儿两套血液循环系统，二者的血液在各自封闭的管道内循环，互不相混，但可通过胎盘屏障进行物质交换。母体动脉血从子宫螺旋动脉流入绒毛间隙，与绒毛内毛细血管的胎儿血进行物质交换后，经子宫静脉流回母体。胎儿的静脉血经脐动脉及其分支流入绒毛毛细血管，与绒毛间隙内的母体血进行物质交换后成为动脉血，经脐静脉回流入胎儿体内（图13-8）。

3. 胎盘屏障　胎儿血与母体血在胎盘内进行物质交换所通过的结构，称为**胎盘屏障**（placental barrier）或**胎盘膜**（placental membrane）。早期胎盘膜较厚，发育后期胎盘膜变薄，更有利于物质交换。

4. 胎盘的功能　胎盘介于胎儿与母体之间，是维持胎儿生长发育的重要器官，具有物质交换、防御及内分泌等功能。

（1）物质交换：胎儿通过胎盘从母体血中获得营养物质和氧，排出代谢产物和二氧化碳。

（2）防御功能：胎盘屏障作用极为有限。各种病毒及大部分药物均可通过胎盘屏障进入胎儿体内，影响胎儿生长发育，故孕妇用药需慎重，并应积极预防各种感染。

（3）内分泌功能：胎盘能分泌多种激素，对维持妊娠起重要作用。①**人绒毛膜促性腺激素**（hCG），能促进母体黄体的生长发育，以维持妊娠。hCG在妊娠后第2周开始分泌，第8～10周达高峰,以后迅速下降。hCG 可经孕妇尿液检出,故可用来检测早孕。②**人胎盘催乳素**,既能促进母体乳腺生长发育,又可促进胎儿的生长发育。③**孕激素**和**雌激素**,于妊娠后第4个月开始分泌,逐渐替代黄体的功能,以继续维持妊娠。

五、胎儿血液循环和出生后血液循环的变化

心血管系统是胚胎最早形成并发挥功能的系统,于第3周形成原始心血管系统,约在第3周末开始血液循环,使胚胎能有效地获得养料和排出废物,以适应胚胎迅速发育的需要。

1. 胎儿血液循环的途径　由胎盘来的富含氧和营养物质的血液,经脐静脉进入肝后,大部分经静脉导管注入下腔静脉,余者经肝血窦、肝静脉注入下腔静脉。下腔静脉的血液进入右心房后,大部分通过卵圆孔进入左心房,小部分与来自上腔静脉和冠状窦的血液混合后进入右心室。左心房的血液进入左心室,大部分经主动脉弓的三大分支供应头颈部和上肢,余者进入降主动脉。右心室的血液进入肺动脉干,小部分血液进入尚无呼吸功能的肺,其余绝大部分经动脉导管注入降主动脉。降主动脉血液除少量供应躯干、腹部和盆腔器官以及下肢外,余者经脐动脉流入胎盘,与母体血液进行气体和物质交换,再由脐静脉返回胎儿体内(图13-9)。

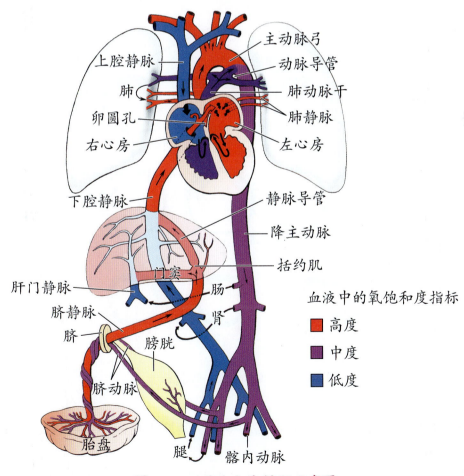

图 13-9　胎儿血液循环示意图

2. 胎儿出生后血液循环的变化　胎儿出生后,由于脐带结扎使胎盘血液循环中断,新生儿肺开始呼吸,肺循环增强,血液循环发生了下列相应变化:①脐静脉闭锁,形成肝圆韧带;②静脉导管闭锁,形成静脉韧带;③动脉导管闭锁,形成动脉韧带;④卵圆孔闭锁,形成卵圆窝,左心房与右心房完全分隔。

六、双胎、多胎和联体双胎

1. 双胎　一次分娩出两个新生儿,称为双胎或孪生,其发生率约占新生儿的 1%。双胎有两种:一种是**双卵孪生**,是卵巢一次排出两个卵子,分别受精发育为两个胚胎,二者有各自的胎膜和胎盘,性别相同或不同,外貌和生理特征的差异如同一般的兄弟姐妹,仅是同龄而已。另一种是**单卵孪生**,即由一个受精卵发育为两个胚胎,两个胎儿的遗传基因完全一样,故性别一致,相貌、体态和生理特征等也极相似。单卵孪生形成的原因可以是:①从受精卵发育出两个胚泡,各自发育成一个胚胎;②一个胚泡内出现两个内细胞群,各自发育成一个胚胎;③一个胚盘上出现两个原条与脊索,形成两个神经管,发育为两个胚胎(图 13-10)。

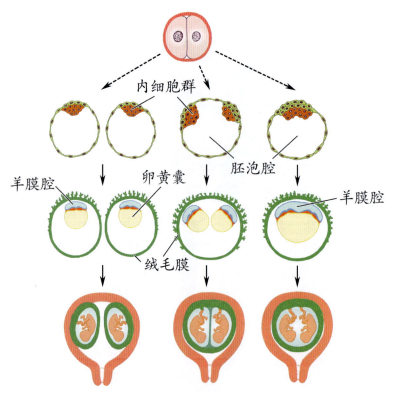

图 13-10　单卵孪生形成示意图

2. 多胎　一次娩出两个以上新生儿为多胎。其原因可以是单卵性、多卵性或混合性,以混合性为多。

3. 联体双胎　是指两个未完全分离的单卵双胎。当一个胚盘上出现两个原条并分别发育为两个胚胎时,若两原条靠得较近,胚体形成时发生局部联接,则导致联体双胎。联体双胎有对称型和不对称型两类。对称型的有头联体双胎、臀联体双胎、胸腹联体双胎等。不对称型的是指两个胚胎一大一小,小者常发育不全,形成寄生胎或胎中胎。

七、先天畸形概述

1. 先天畸形的发生原因　先天畸形是指由于胚胎发育紊乱所致的出生时就存在的各种形态结构异常。多数先天畸形是由环境因素与遗传因素相互作用的结果。遗传因素可分为染色体畸变、基因突变和发育信号通路异常。能引起先天畸形的环境因素统称为**致畸因子**,主要通过影响母体周围的外环境、母体的内环境以及胚体周围的微环境影响胚胎发育。致畸因子主要有生物性致畸因子(如风疹病毒、巨细胞病毒等)、物理性致畸因子(如各种射线尤其是离子电磁辐射、机械性压迫和损伤等)、致畸性药物(如抗肿瘤类、抗惊厥类等药物)、致畸性化学因子(如某些多环芳香碳氢化合物、某些含磷的农药、重金属铅和镉等)及其他致畸因子(如酗酒、大量吸烟、咖啡因、维生素缺乏、缺氧、严重营养不良等)5类。

2. 胚胎的致畸敏感期　处于不同发育阶段的胚胎对致畸因子的敏感程度不同。受到致畸因子作用后,最容易发生畸形的发育时期,称为**致畸敏感期**。受精后第 3~8 周是致畸敏感期,该时期胚胎细胞增生、分化活跃,器官原基正在发生,因而最易受到致畸因子的干扰而发生畸形,故孕妇在这一时期应特别注意避免与致畸因子接触,如要尽量预防感染、不滥用药物、戒烟戒酒、避免和减少射线的照射。

本章小结	本章的学习重点是受精和植入的概念、时间及部位以及胎盘的结构与功能。学习难点为胚层的形成与分化、胎儿血液循环的途径。在学习过程中注意子宫内膜与蜕膜的关系,理解双胎、多胎和联体双胎形成的原因以及胎儿出生后血液循环的变化,重视致畸敏感期,注重从先天畸形的发生原因理解出生缺陷的预防,提高运用胚胎学知识分析、解决问题的能力。

（安月勇）

❓ 思考与练习

1. 简述受精的概念、部位及其意义。
2. 何为植入?植入的部位通常在何处?
3. 简述胎盘的结构及功能。

附　录

实 验 指 导

实验一　基本组织

【实验目的】

1. 熟练掌握　被覆上皮的结构特点及其分布；疏松结缔组织的结构特点；各种血细胞的结构特点；骨骼肌纵、横切面的形态结构；神经元的一般结构和特点。

2. 学会　辨认单层柱状上皮和复层扁平上皮的结构；辨认疏松结缔组织中的各种细胞和纤维；辨认红细胞和白细胞的结构；辨认骨骼肌纤维的结构；辨认多级神经元的结构。

【实验材料】

光学显微镜、小肠切片、食管横切片、疏松结缔组织铺片、血涂片、骨骼肌切片（舌肌）、神经细胞（脊髓横切片）。

【实验内容与方法】

1. 观察小肠切片（HE 染色），辨认单层柱状上皮在低倍镜和高倍镜下的特点。

（1）肉眼：观察小肠黏膜腔面，可见高低不平，染成紫蓝色，有许多突起的是小肠绒毛，染成粉红色的为小肠的其余部分。

（2）低倍镜：黏膜内表面有大量指状突起，选择一段完整的纵切面，观察排列整齐、密集的单层柱状上皮，其间夹杂有杯状细胞。

（3）高倍镜：细胞呈高柱形，排列整齐，胞质呈粉红色，核呈椭圆形，靠近基底部，呈深蓝色。在镜下还可见柱状细胞间形似高脚杯状的杯状细胞，核呈三角形或扁圆形位于底部，底部狭窄，上部膨大呈空泡状。

2. 观察食管横切片，辨认复层扁平上皮在低倍镜和高倍镜下的特点。

（1）肉眼：切片呈环形，靠近管腔面染成紫蓝色的部分为食管的上皮。

（2）低倍镜：上皮细胞层数很多，排列紧密，胞质粉红色，核深蓝色，上皮细胞的基底面有结缔组织呈乳头状突入，二者连接处凹凸不平。

（3）高倍镜：可见浅层细胞扁平形；中间层为多层多边形的细胞；基底部一层细胞呈立方形或矮柱状。

3. 观察疏松结缔组织铺片，辨认疏松结缔组织在低倍镜和高倍镜下的特点。

（1）肉眼：标本呈淡紫红色，纤维交织成网，选择铺片较薄（染色淡的）部位进行观察。

（2）低倍镜：胶原纤维和弹性纤维交织成网，细胞分散其间，胶原纤维粗细不等，呈淡红色；弹性纤维较细直并交织成网状,呈暗红色。

(3)高倍镜:胶原纤维粗大,粉红色;弹性纤维细丝状,有分支。成纤维细胞数量最多,形状不一,有突起,胞质淡红色,核椭圆形,呈紫蓝色;巨噬细胞形状不规则,胞质中有蓝色颗粒,核小而圆,染成深蓝紫色;肥大细胞成群分布于小血管周围,胞质中充满粗大的异染颗粒。

4. 观察血涂片,辨认各类血细胞。

(1)肉眼:涂片呈薄层粉红色。

(2)低倍镜:可见大量染成粉红色的为无核的红细胞,还有紫蓝色核的白细胞。

(3)高倍镜:可进一步看清红细胞呈红色,圆形,偶见有核的白细胞。

5. 观察骨骼肌(舌肌)切片,辨认骨骼肌纤维的形态。

(1)肉眼:标本呈蓝色椭圆形状。

(2)低倍镜:骨骼肌纤维呈细长圆柱状,有明暗相间的横纹,且与纤维的长轴垂直。核扁椭圆形,深蓝色,位于肌膜深面,数量较多。肌纤维间有少量结缔组织。

(3)高倍镜:骨骼肌纤维内有许多纵行线条状结构,即肌原纤维。下降聚光镜,在暗视野下观察肌原纤维及其明带和暗带,肌细胞核的形态、位置。

6. 观察脊髓横切片,辨认多级神经元的形态特点。

(1)肉眼:标本呈椭圆形,中央深染的部分为灰质,周围浅淡的部分为白质。

(2)低倍镜:灰质较宽处为前角,内可见深黄色、多突起的细胞,即多极神经元,小而圆的是神经胶质细胞的细胞核。

(3)高倍镜:多极神经元的胞体不规则,可呈星形、锥体形,可见自胞体发出的突起根部,细胞核位于中央,大而圆,染色淡。移动视野至淡染色区域,可见神经纤维束的横切面。

(张娟娟　王国庆)

实验二　躯干骨、颅骨及其骨连结

【实验目的】

1. 熟练掌握　骨的形态、分类及构造;躯干骨的组成及其连结;脊柱的组成及其连结;胸廓的组成和形态;各椎骨的形态结构特点;胸骨、肋骨的形态结构;各颅骨的名称及位置;新生儿颅的特点。

2. 学会　鉴别各椎骨;在活体上计数椎骨;辨认躯干骨和颅骨的骨性标志,并能准确在活体上摸到。

【实验材料】

人体骨骼标本或模型,躯干骨散骨标本,脊柱标本或模型,椎骨连结标本或模型,胸廓标本或模型,整颅标本或模型,水平切颅骨标本或模型,矢状切颅骨标本或模型,鼻旁窦标本或模型,分离颅骨标本,新生儿颅骨标本,颞下颌关节标本,长骨纵切标本,冠状切膝关节标本。

【实验内容与方法】

1. 在长骨纵切标本上,观察骨的构造;在冠状切膝关节标本上,观察关节的基本构造和辅助结构。

2. 在人体骨骼标本上观察骨的分类、形态及骨的连结,躯干骨的位置、组成和数量;在胸廓标本和模型上,观察胸廓的位置、组成和形态,辨认胸骨、肋骨、肋软骨、真肋、假肋、浮肋和肋弓。

3. 取椎骨散骨标本,按照从上面、下面、前面、后面和侧面的顺序观察各椎骨的一般形态与结构,辨认颈椎、胸椎、腰椎、骶骨和尾骨,识别各部椎骨的特征性结构。

4. 在人体骨骼标本上观察脊柱的位置;取脊柱标本或模型,观察脊柱的组成,依次从前面、侧面和后面观察脊柱的外形;取切除1~3个椎弓的脊柱腰段标本,观察椎间盘及各韧带的位置、结构和外形。

5. 在整颅标本或模型、分离颅骨标本或模型上,观察颅骨的组成、名称、位置和连结;依次从颅顶面、颅侧面、颅底外面和颅前面进行观察,辨认颅缝、枕外隆突、枕髁、颧弓、颞窝、翼点、骨腭、眶、骨性鼻腔等重要结构。

6. 在水平切颅骨标本或模型上,观察颅底内面的结构,依次从颅前窝、颅中窝和颅后窝进行观察,辨认筛板、筛孔、视神经管、眶上裂、垂体窝、圆孔、卵圆孔、棘孔、破裂孔、内耳门、舌下神经管、枕骨大孔、横窦沟、乙状窦沟、颈静脉孔等结构。

7. 在矢状切颅骨标本或模型上,观察颅底和鼻腔的位置,辨认鼻腔的结构和鼻旁窦。

8. 在新生儿颅骨标本上,观察颅囟的位置和形态。

9. 观察人体骨骼标本,在标本或活体上触摸躯干骨和颅骨的重要体表标志,能进行椎骨计数、肋骨计数等实践应用。

（瞿学烨）

实验三　四肢骨及其骨连结

【实验目的】

1. 熟练掌握　四肢骨的组成;四肢各骨的位置、形态和结构;肩关节、肘关节、腕关节、髋关节、膝关节和踝关节的组成、结构特点及主要运动形式。

2. 学会　在活体上辨认四肢骨及其骨连结,演示四肢各关节的运动形式;鉴别男性骨盆和女性骨盆。

【实验材料】

人体骨骼标本或模型,四肢骨散骨标本,打开关节囊的肩关节、肘关节、腕关节、髋关节、膝关节、踝关节标本或模型,男、女性骨盆标本或模型。

【实验内容与方法】

1. 在人体骨骼标本上,观察四肢骨的位置、构成及连结。

2. 观察上肢骨散骨标本,辨认锁骨、肩胛骨、肱骨、桡骨、尺骨和手骨的形态与结构。

3. 观察下肢骨散骨标本,辨认髋骨、股骨、髌骨、胫骨、腓骨和足骨的形态与结构。

4. 观察打开关节囊的肩关节、肘关节、腕关节、髋关节、膝关节、踝关节标本或模型,辨认各关节的组成和结构特点,演示并说出各关节的运动形式。

5. 观察骨盆标本或模型,辨认骨盆的构成和结构特点、小骨盆的出入口,会鉴别男性骨盆和女性骨盆。

6. 能将四肢骨散骨标本进行正确的拼装。

7. 观察人体骨骼标本,在标本或活体上触摸四肢骨的重要体表标志,明确其临床应用。

（瞿学烨）

实验四　骨　骼　肌

【实验目的】

1. 熟练掌握　肌的形态与构造；胸锁乳突肌、斜方肌、背阔肌、竖脊肌、肋间肌、胸大肌、三角肌、肱二头肌、肱三头肌、臀大肌、股四头肌、缝匠肌、小腿三头肌的位置，腹前外侧壁各肌的位置和形成的主要结构；膈的位置及3个裂孔分别通过的结构。

2. 学会　对照标本或模型，在活体上对常用肌内注射部位进行正确指认。

【实验材料】

人体全身肌标本以及四肢肌标本，膈肌标本或模型，股三角、腋窝、腘窝、腹直肌鞘和腹股沟管标本或模型。

【实验内容与方法】

1. 观察全身肌和四肢肌标本，辨认长肌、短肌、扁肌和轮匝肌的形态，确认肌腹、肌腱和腱膜。

2. 观察全身肌和四肢肌标本，辨认胸锁乳突肌、斜方肌、背阔肌、竖脊肌、胸大肌、胸小肌、前锯肌、肋间肌、三角肌、肱二头肌、肱三头肌、臀大肌、臀中肌、臀小肌、梨状肌、股四头肌、缝匠肌、小腿三头肌的位置，并在活体上分别验证各主要肌的作用。

3. 观察膈肌标本或模型，辨认膈的位置、3个裂孔及其通过的结构。

4. 观察腹直肌鞘和腹股沟管标本或模型，辨认腹前外侧壁肌各肌腹的位置，确认腹直肌鞘和白线，辨认腹股沟管的位置及通过的结构。

5. 观察股三角、腋窝、腘窝标本，辨认其位置、构成及其主要结构。

6. 观察全身肌标本，在活体上对常用肌内注射部位进行正确指认。

（谢玮铭）

实验五　消化系统的大体解剖

【实验目的】

1. 熟练掌握　食管、胃、阑尾、肝的位置和形态；盲肠和结肠的特征性结构。

2. 学会　在活体上确认口裂、口角、人中、腭垂、切牙、尖牙、前磨牙、磨牙、舌系带、舌下阜和舌下襞；指认阑尾根部和胆囊底的体表投影。

【实验材料】

消化系统概观标本，腹腔脏器标本，人体半身模型，头颈部正中矢状切标本或模型，头面部示唾液腺标本或模型，各类牙标本或模型，消化管各段离体及切开标本，肝、胆囊、胰和十二指肠标本或模型，男、女性盆腔正中矢状切标本或模型。

【实验内容与方法】

1. 在消化系统概观标本和人体半身模型上，观察消化系统的组成及上、下消化道的组成器官，确认消化管各段的连通关系。

2. 对照口腔模型，以活体为主，采取照镜子自己观察或互相观察的方法，依次观察舌尖、舌乳头、舌系带、舌下阜、舌下襞、硬腭、软腭、腭垂、腭舌弓、腭咽弓、腭扁桃体。

3. 在各类牙标本或模型上，观察牙的形态、构造及分类。在头面部示唾液腺标本或模型上，观察3对大唾液腺的位置，并确认各自的开口部位。

4. 在头颈部正中矢状切标本或模型上，确认咽的位置、分部及其连通关系。

5. 在离体食管标本上，确认3处狭窄的部位，并测量食管的长度。

6. 在腹腔脏器标本上，观察胃、小肠、大肠的位置、形态、分部及毗邻。在离体的胃剖开标本上，观察胃的皱襞，并辨认幽门括约肌。在切开的十二指肠标本上，观察皱襞的形态特点，确认十二指肠大乳头与胆总管和胰管的开口。在回盲部切开标本上，观察回盲瓣的形态、阑尾的开口部位。在男、女性盆腔正中矢状切标本或模型上，确认直肠的位置和肛管黏膜形成的结构。

7. 在腹腔脏器标本上，观察肝和胰的位置。在肝的离体标本或模型上，观察肝的形态及脏面的结构。在肝、胆囊、胰及十二指肠标本上，首先观察胆囊的位置、形态和分部以及肝外胆道的组成，其次观察胰的形态和分部以及胰头与十二指肠的位置关系。

8. 在活体上确认阑尾根部和胆囊底的体表投影。

（闫卫民）

实验六　呼吸系统的大体解剖

【实验目的】
1. 熟练掌握　喉、气管与主支气管、肺的位置和形态；胸膜的分部、肋膈隐窝的位置。
2. 学会　纵隔的分部及内容；鼻旁窦的开口位置、喉腔的分部、胸膜下界与肺下界的体表投影。

【实验材料】
呼吸系统概观标本或模型，头颈部正中矢状切面标本或模型，鼻旁窦标本或模型，离体喉标本或模型，气管与主支气管标本或模型，左、右肺标本或模型，切除胸前壁的半身标本，胸膜腔标本或模型，纵隔标本或模型。

【实验内容与方法】
在呼吸系统概观标本上，观察呼吸系统的组成，注意各器官之间的连通关系。

1. 鼻　在活体上观察外鼻的外形。在头颈正中矢状面标本上，观察鼻腔的位置、形态及结构，指出鼻腔、鼻甲、鼻道、鼻中隔。利用颅骨的各切面鼻旁窦标本观察各鼻旁窦的位置和开口部位。

2. 喉　在活体上观察喉的位置及吞咽时喉的运动。在离体标本或模型上，观察各喉软骨的结构，从喉口至喉腔，观察前庭襞、声襞的位置和形态；比较前庭裂和声门裂的大小。在活体上触摸甲状软骨、喉结、环状软骨弓及环甲正中韧带。

3. 气管与主支气管　在气管与主支气管标本上观察气管与主支气管的形态，比较左、右主支气管的差异，分析异物坠入右主支气管的原因。

4. 肺　取左、右肺标本或模型，左右对比，观察肺的形态、裂隙及其分叶。在切除胸前壁的半身标本上，观察肺的位置。

5. 胸膜与纵隔　取胸膜腔解剖标本，观察胸膜的分部和各部的转折关系，理解胸膜腔的概念，指出肋膈隐窝；取纵隔标本或模型，指出纵隔的分界和主要内容。辨认肺下界与胸膜下界的体表投影，并在同学胸部指出各个部位的投影点。

（张维烨）

实验七　泌尿、生殖系统的大体解剖

【实验目的】

1. 熟练掌握　泌尿系统的组成；肾的位置、形态和结构；输尿管的狭窄；膀胱的位置、形态和毗邻，膀胱三角的位置和特点；女性尿道的特点；男、女性生殖系统的组成；睾丸、卵巢的位置和形态；男性尿道的分部、狭窄及弯曲；输卵管的形态；子宫的位置、形态及固定装置；会阴的范围及分区。

2. 学会　肾的被膜和剖面结构；附睾、前列腺、阴囊、阴茎的位置和形态；输精管的行程和射精管的组成；阴道的位置、毗邻及女阴的结构；女性乳房的结构。

【实验材料】

泌尿系统概观标本或模型，游离肾及肾的冠状切面标本或模型，肾中部横切的腹膜后间隙器官模型，男、女性盆腔正中矢状切面标本或模型，膀胱标本或模型及膀胱的冠状切面标本。生殖系统概观标本和模型，生殖系统离体标本，睾丸、附睾和阴茎剖开标本，女阴标本，女性乳房标本，女会阴肌标本。

【实验内容与方法】

1. 在泌尿系统概观标本或模型上，观察泌尿系统各器官的位置及其连通关系。

2. 在游离肾和肾中部横切的腹膜后间隙器官模型上，观察肾的位置（左、右肾对比）、形态和 3 层被膜，确认肾门的位置，辨认出入肾门的结构。注意观察肾盂与输尿管的移行关系，认清输尿管的行程及狭窄。在肾的冠状切面标本或模型上辨认肾皮质、肾锥体、肾乳头、肾柱、肾小盏、肾大盏、肾盂。

3. 在膀胱标本或模型，男、女性盆腔正中矢状切面标本或模型上，观察膀胱的位置、形态和毗邻，女性尿道的特点、毗邻及开口部位。在膀胱的冠状切面标本内寻认输尿管间襞、输尿管开口、膀胱三角和尿道内口，观察膀胱三角区的黏膜特点。

4. 在男性生殖器官的概观标本和骨盆正中矢状切面标本上，辨认男性生殖系统各器官，观察各器官间的位置关系，观察并描述男性尿道的分部、弯曲及狭窄部位。

5. 在男性生殖系统离体标本上和睾丸、附睾、阴茎剖开标本上，观察睾丸、附睾、射精管、精囊、前列腺、尿道球腺的形态结构，观察睾丸、附睾、阴茎和阴囊的构成。

6. 在女性生殖器官的概观标本和骨盆正中矢状切面标本上，辨认女性生殖系统各器官，观察各器官之间的位置关系，观察子宫的位置、子宫腔的连通关系、阴道穹的构成以及其与直肠子宫陷凹的关系。

7. 在女性生殖系统离体标本上，观察卵巢、输卵管、子宫的形态；描述输卵管的分部及各部的形态特征。

8. 在女阴标本上，观察阴阜、大阴唇、小阴唇、阴道前庭、阴蒂的位置形态，注意阴道口与尿道外口的位置关系。

9. 在女性乳房标本上，观察乳房的形态及内部结构。

10. 在女会阴肌标本上，观察会阴的范围、位置以及广义会阴前后两部分通过的结构。

（杨成竹　金　哨　吴俊霞）

实验八　心的大体解剖

【实验目的】

1. 熟练掌握　心的位置、外形和心腔内部结构。

2. 学会　心传导系和心的血管。

【实验材料】

心肺复苏技术操作视频,胸腔纵隔标本(十字形切开心包),完整的离体心标本或心模型,心传导系模型。

【实验内容与方法】

1. 观看心肺复苏技术操作视频。

2. 在胸腔纵隔标本上,观察心的位置、外形及与周围器官的毗邻关系。结合标本描述心的体表投影。

3. 在完整的离体心标本和心模型上,分别观察心尖、心底、胸肋面和膈面、左缘、右缘、下缘、冠状沟、前室间沟、后室间沟以及沟内心的血管。

4. 在心的模型或切开心房、心室的离体标本上,仔细观察心腔内各结构及相互间的关系。

(1)右心房:观察右心房的位置和范围。在心腔内,辨认上腔静脉口、下腔静脉口和右房室口;在右房室口和下腔静脉之间寻找冠状窦口;在房间隔的下部寻找、辨认卵圆窝。

(2)右心室:观察右心室的位置和范围。在右房室口的周缘,观察三尖瓣的形态和开口方向,以及腱索与瓣膜、乳头肌的关系。观察肺动脉口与右房室口的位置关系,肺动脉瓣的形态和开口方向。

(3)左心房:观察左心房的位置和范围。在左心房的后壁的两侧部,辨认肺静脉口(每侧两个)。在左心房的前下部辨认左房室口。

(4)左心室:观察左心室的位置和范围。在左房室口的周缘,观察二尖瓣的形态和开口方向,以及腱索与瓣膜、乳头肌的关系。观察主动脉口与左房室口的位置关系,主动脉瓣的形态和开口方向。

(5)观察比较各腔心壁,心室肌比心房肌厚,左心室肌最厚。

(6)在左、右心室之间,辨认室间隔,观察其肌部和膜部的位置及其结构特点。

5. 在纤维环离体心标本上,观察房室口、动脉口上的瓣膜及其周缘的纤维环,观察心室肌附着于此环的位置,确认心房肌与心室肌彼此互不连续。

6. 在心传导系模型上,观察窦房结和房室结的位置、形态,及房室束、左右束支的走行。

7. 在心的血管标本上,观察心的动脉和静脉。

(1)动脉:在升主动脉起始部的前壁和左后壁上,分别辨认右冠状动脉和左冠状动脉,并寻认其行径以及分支分布。

(2)静脉:在冠状沟的后部辨认冠状窦,观察其形态、开口部位及主要属支。

(张柱武)

实验九　血管和淋巴系统的大体解剖

【实验目的】

1. 熟练掌握　动脉主干的名称和位置,全身浅静脉的名称及位置,脾的位置和形态结构。

2. 学会　在活体上触摸全身浅动脉的搏动部位和止血点,辨认肝门静脉的主要属支和收集范围,肝门静脉系与上、下腔静脉系间的吻合。

【实验材料】

头颈、上肢、胸部、腹部、盆部、下肢的血管标本,人体全身血管铸型标本,肝门静脉系与上腔静脉系、下腔静脉系的吻合模型,淋巴结的形态、结构模型,全身浅淋巴结的模型,胸导管和右淋巴导管标本或模型,小儿胸腺标本。

【实验内容与方法】

1. 在胸腔标本和全身血管铸型标本上,观察肺动脉干的起始、行程,在肺动脉干分叉处与主动脉弓下缘之间观察动脉韧带。

2. 在全身血管铸型标本上观察主动脉的起始、行径、分支分布,辨认主动脉弓上的三大分支。

3. 在全身血管铸型标本或头颈部标本上观察颈总动脉的分支和分布,在下颌支的深面辨认上颌动脉,观察其分支脑膜中动脉的走行,请同学们在自己身上或同学之间相互触摸头颈部的颈总动脉、面动脉、颞浅动脉的搏动,并确认头颈部的压迫止血点。

4. 在全身血管铸型标本或上肢标本上观察锁骨下动脉、腋动脉、肱动脉的起始、走行、分支分布,请同学们在自己身上或同学之间相互触摸肱动脉、桡动脉的搏动,确认上肢压迫止血点的位置、测量血压的肱动脉和触摸脉搏的桡动脉。

5. 在全身血管铸型标本或腹腔血管标本上观察腹主动脉发出的成对脏支:肾动脉、睾丸动脉的起始、走行。不成对脏支腹腔干、肠系膜上动脉、肠系膜下动脉的起始、行径及分支分布。

6. 在全身血管铸型标本或盆腔血管标本上观察髂总动脉、髂外动脉、髂内动脉、股动脉的起始、走行及分支分布,在自己身上或同学之间相互触摸股动脉和足背动脉的搏动。

7. 在胸部标本上,寻找上腔静脉,观察左、右头臂静脉汇合成上腔静脉,比较两侧头臂静脉的长短、走行方向,观察奇静脉注入上腔静脉的位置。

8. 同学之间相互确认手背静脉网、头静脉、贵要静脉和肘正中静脉,在自己身上确认手背静脉网及其流注关系。

9. 在盆部、下肢的静脉标本上,辨认大隐静脉和小隐静脉的起始、行程及注入部位,同学之间或自体辨认内踝前面位置固定的大隐静脉。

10. 在腹部的静脉标本上,在胰头和胰体交界处的后方观察肝门静脉的合成及其各属支。

11. 在胸导管和右淋巴导管标本上,观察胸导管的行程及其在行程中与周围结构的位置关系,注入部位。

12. 在腹部标本上,观察脾的位置,取离体的脾标本,辨认其脏面的脾门及上缘的脾切迹,注意出入脾门的结构。

(王　峰)

实验十　感觉器和内分泌系统

【实验目的】

1. 熟练掌握　眼球壁各层的分部及形态结构;眼球外肌的组成及作用;耳的分部;眼球内容物的组成及其形态;甲状腺、肾上腺的位置和形态。

2. 学会　在活体上辨认角膜、巩膜、虹膜、瞳孔、睑缘、泪点、外耳门、外耳道、耳屏和耳垂；注意甲状腺与甲状旁腺、肾上腺与肾的位置关系。

【实验材料】

眼球标本或模型，眼球外肌标本或模型，耳全貌标本或模型，听小骨标本，内耳放大模型，内分泌系统概观标本或模型，各内分泌腺的离体标本或模型。

【实验内容与方法】

1. 在眼球标本或模型上，观察眼球壁的层次结构、眼球内容物的位置。

2. 在眼球外肌标本或模型上，确认各眼球外肌的位置，并理解其作用。

3. 在活体上，互相辨认角膜、巩膜、虹膜、瞳孔、上下眼睑、睫毛、睑结膜、球结膜、内眦和泪点等结构，并转动眼球，体会眼球的运动与眼球外肌的关系。

4. 在耳全貌标本或模型上，观察耳的组成，并确认各自的结构。

5. 在活体上，观察耳郭的形态、外耳道的弯曲和鼓膜的位置，辨认外耳门、外耳道、耳屏和耳垂。

6. 在听小骨标本上，确认听小骨的连接关系。

7. 在内耳放大模型上，观察骨迷路和膜迷路的形态、结构及位、听觉感受器的位置。

8. 在内分泌系统概观标本或模型上，观察内分泌系统概观，注意各器官位置、形态和结构特征。

9. 在各内分泌腺的离体标本或模型上，观察甲状腺与喉、气管的位置关系；观察甲状腺的左右侧叶、甲状腺峡、甲状腺峡是否有锥状叶，注意甲状腺与甲状旁腺的位置关系；观察肾上腺的位置和形态，注意肾上腺与肾的位置关系；观察垂体和松果体的位置和形态。

10. 在活体上，触及甲状腺的位置，感受甲状腺随喉上、下移动。

（吴军峰　孙男男）

实验十一　中枢神经系统

【实验目的】

1. 熟练掌握　中枢神经系统的分部、位置、形态和结构特点；脑脊液的产生及循环途径。

2. 学会　脊髓的内部结构；各脑室的位置；脊髓和脑的被膜及血液供应；大脑动脉环的组成。

【实验材料】

离体脊髓的标本或模型，脊髓横切面模型，离体脑的标本或模型，脑的断层标本或模型，基底核标本或模型，脑室标本或模型，脑血管标本或模型。

【实验内容与方法】

1. 观察离体脊髓的标本或模型，描述脊髓的外形特点，指认脊髓的颈膨大和腰骶膨大，脊髓表面的前正中裂、后正中沟、前外侧沟和后外侧沟。

2. 观察脊髓横切面模型，辨认脊髓内部的主要结构。

3. 观察离体脑的标本或模型，辨认脑的三个面、三条恒定的叶间沟和五个叶。辨认大脑半球各面的主要大脑沟和大脑回，并指出主要的皮质功能区。辨认脑干的组成及其主要结构。辨认脑和脊髓的三层被膜及形成的硬脑膜窦、蛛网膜下隙、硬膜外隙等结构。

4. 观察脑的断层标本或基底核模型，辨认大脑皮质、髓质、基底核的位置、内囊的位置和分部。

5. 观察脑室标本或模型，指出各脑室的位置，并说出脑脊液的产生部位和循环途径。

6. 观察脑血管的标本或模型，辨认大脑的动脉来源，并描述大脑动脉环的组成。

（李嘉琳）

实验十二　周围神经系统和神经系统的传导通路

【实验目的】

1. 熟练掌握　脊神经的组成，颈丛、臂丛、腰丛、骶丛的位置、主要分支及分布；胸神经前支的分布概况。

2. 学会　12 对脑神经的名称、主要脑神经的分支与分布；交感神经、副交感神经的分布概况；观察感觉和运动传导通路的途径、神经元的位置和交叉部位。

【实验材料】

脊神经标本或模型，头颈部神经标本或模型，四肢神经标本或模型，胸神经标本，腹下壁及腰部神经标本或模型，眶内结构标本，三叉神经标本或模型，面部浅层结构标本或模型，切除脑的颅底标本，颈部深层的神经标本或模型，迷走神经和膈神经标本，内脏神经标本或模型，感觉传导通路模型，运动传导通路模型。

【实验内容与方法】

1. 在脊神经标本或模型上，确认脊神经前根、后根、脊神经节和脊神经出椎间孔后分出的前、后支。

2. 在颈丛与臂丛标本上，首先在胸锁乳突肌后缘中点辨认颈丛皮支的分布，并观察膈神经的行程及分布概况。其次在锁骨中点深面寻找臂丛，在腋动脉周围进一步观察臂丛的重要分支，确认肌皮神经、正中神经、桡神经、尺神经、腋神经的行径及分布。

3. 在腰丛与骶丛标本上，观察腰丛的位置，确认闭孔神经、股神经的行径及分布概况。在盆腔内梨状肌的前方，确认骶丛的位置，辨认臀上神经、臀下神经、阴部神经和坐骨神经，并追寻坐骨神经的行径及分支分布。

4. 在脑标本或模型上，确认 12 对脑神经的连脑部位，归纳脑神经的性质。在眶内结构标本或模型上，确认动眼神经、滑车神经、眼神经、展神经的行径及分布概况。在头颈部神经标本上，确认三叉神经、面神经、舌咽神经、迷走神经的行径及分布概况。

5. 在内脏神经标本或模型上，观察交感神经和副交感神经的低级中枢部位，确认交感干、交感神经节、副交感神经节的位置及节后纤维的分布概况。

6. 在感觉传导通路模型上，分别观察各传导通路的组成以及各级神经元胞体所在位置和纤维交叉的部位，分析不同部位损伤出现的临床表现。

7. 在运动传导通路模型上，观察运动传导通路的途径以及上、下运动神经元胞体所在位置及纤维交叉的部位，分析不同部位损伤出现的临床表现。

（赖　伟）

教学大纲（参考）

一、课程性质

解剖学基础是中等卫生职业教育护理专业一门重要的专业基础课程,主要内容包括系统解剖学、组织学和胚胎学。本课程的主要任务是阐明人体各系统的组成,各主要器官的位置、形态结构特征、毗邻关系及相关临床联系和人体早期发生,为学生后续课程的学习、职业生涯发展和终身学习奠定坚实的专业基础。本课程蕴含丰富的思政元素,应注意激发学生学好解剖学的热情,增强学生的民族自豪感和爱国情怀,激励学生崇尚科学、敬佑生命,启迪学生爱岗敬业、团结协作。本课程的同步课程是公共基础课程,后续课程包括生理学基础、病理学基础、药物学基础、基础护理、内科护理、外科护理、妇产科护理、儿科护理等。

二、课程目标

寓价值观引导于知识传授和能力培养之中,通过本课程的学习,学生能够达到下列要求:

(一)职业素养目标

1. 具有良好的职业道德、敬业精神和立志献身护理事业的使命感。

2. 具有规范的服务意识、较强的人际沟通能力和团队合作精神。

3. 具有科学严谨、实事求是的科学作风和过硬的专业知识、精湛的职业技能。

4. 具有应用解剖学基础知识分析、解释生活现象和临床问题的能力。

(二)专业知识目标

1. 掌握人体各系统的组成,各主要器官的位置、形态、结构特征和毗邻关系以及重要器官的体表投影。

2. 熟悉临床护理常用的骨性和肌性标志、插管部位、肌内注射部位、穿刺血管以及急救止血部位。

3. 了解人体主要器官的微细结构特点与功能关系和人体早期发生。

(三)专业技能目标

1. 熟练掌握人体主要器官的位置、形态结构及毗邻关系。

2. 学会触摸人体重要的体表标志,能在活体上确定重要器官的体表投影。

3. 能够运用人体解剖学知识,解释一些生理病理现象和简单的临床护理问题。

(四)思政目标

1. 落实立德树人根本任务,全面推进课程思政建设,培育和践行社会主义核心价值观。

2. 坚定理想信念,培养学生"敬佑生命、救死扶伤、甘于奉献、大爱无疆"的职业精神,完成由学生向医学生的转变。

3. 培养学生的家国情怀和使命担当意识,培育精益求精、追求卓越的工匠精神和爱岗敬业的劳动态度,提升社会责任感。

三、教学时间分配

教学内容	学时		
	理论	实践	合计
一、绪论	1		1
二、细胞	1		1
三、基本组织	4	2	6
四、运动系统	6	6	12
五、消化系统	4	2	6
六、呼吸系统	2	2	4
七、泌尿系统	2	1	3
八、生殖系统	4	1	5
九、脉管系统	6	4	10
十、感觉器	4	1	5
十一、内分泌系统	2	1	3
十二、神经系统	8	4	12
十三、人体胚胎发生总论	4		4
合计	48	24	72

四、教学内容和要求

单元	教学内容	教学要求	教学活动参考	参考学时	
				理论	实践
一、绪论	（一）解剖学基础的定义及其在护理学中的地位	熟悉	理论讲授	1	
	（二）人体解剖学发展简史	了解	多媒体演示		
	（三）人体的组成与分部	掌握	融入思政元素		
	（四）常用的解剖学术语				
	1. 解剖学姿势	掌握			
	2. 方位术语	掌握			
	3. 轴与面	掌握			
	（五）学习解剖学基础的方法	了解			
二、细胞	（一）细胞的形态	了解	理论讲授	1	
	（二）细胞的基本结构		多媒体演示		
	1. 细胞膜	掌握	问题讨论		
	2. 细胞质	熟悉	融入思政元素		
	3. 细胞核	了解			

单元	教学内容	教学要求	教学活动参考	参考学时	
				理论	实践
三、基本组织	（一）上皮组织		理论讲授	4	
	1. 被覆上皮	掌握	多媒体演示		
	2. 腺上皮和腺	了解	问题讨论		
	3. 上皮细胞的特化结构	了解	案例分析		
	（二）结缔组织		情景教学		
	1. 疏松结缔组织	熟悉	融入思政元素		
	2. 致密结缔组织	了解			
	3. 脂肪组织	了解			
	4. 网状组织	了解			
	5. 软骨组织与软骨	了解			
	6. 骨组织	了解			
	7. 血液	掌握			
	（三）肌组织				
	1. 骨骼肌	熟悉			
	2. 心肌	熟悉			
	3. 平滑肌	了解			
	（四）神经组织				
	1. 神经元	掌握			
	2. 神经胶质细胞	了解			
	3. 神经纤维	熟悉			
	4. 神经末梢	了解			
	实验一 基本组织	学会	技能实践 融入思政元素		2
四、运动系统	（一）骨		理论讲授	6	
	1. 概述	掌握	多媒体演示		
	2. 躯干骨	掌握	案例分析		
	3. 颅骨	熟悉	问题讨论		
	4. 四肢骨	掌握	情景教学		
	5. 不同卧位易受压的骨性突起	掌握	融入思政元素		
	（二）骨连结				
	1. 概述	掌握			
	2. 躯干骨的连结	熟悉			
	3. 颅骨的连结	了解			

单元	教学内容	教学要求	教学活动参考	参考学时 理论	实践
	4. 四肢骨的连结	掌握			
	（三）骨骼肌				
	1. 概述	熟悉			
	2. 头肌	了解			
	3. 颈肌	了解			
	4. 躯干肌	熟悉			
	5. 四肢肌	熟悉			
	实验二 躯干骨、颅骨及其骨连结	熟练掌握	技能实践		2
	实验三 四肢骨及其骨连结	熟练掌握	融入思政元素		2
	实验四 骨骼肌	熟练掌握			2
五、消化系统	（一）概述		理论讲授	4	
	1. 消化系统的组成	掌握	多媒体演示		
	2. 消化管壁的一般结构	了解	问题讨论		
	3. 胸部的标志线和腹部的分区	熟悉	案例分析		
	（二）消化管		情景教学		
	1. 口腔	熟悉	融入思政元素		
	2. 咽	掌握			
	3. 食管	掌握			
	4. 胃	掌握			
	5. 小肠	熟悉			
	6. 大肠	熟悉			
	（三）消化腺				
	1. 肝	掌握			
	2. 胰	熟悉			
	实验五 消化系统的大体解剖	熟练掌握	技能实践 融入思政元素		2
六、呼吸系统	（一）呼吸道		理论讲授	2	
	1. 鼻	熟悉	多媒体演示		
	2. 咽	掌握	问题讨论		
	3. 喉	熟悉	案例分析		
	4. 气管与主支气管	掌握	情景教学		
	（二）肺		融入思政元素		
	1. 肺的位置	掌握			

单元	教学内容	教学要求	教学活动参考	参考学时 理论	参考学时 实践
	2. 肺的形态	掌握			
	3. 肺内支气管和支气管肺段	了解			
	4. 肺的微细结构	熟悉			
	5. 肺的血管	了解			
	（三）胸膜				
	1. 胸腔、胸膜和胸膜腔	掌握			
	2. 胸膜下界与肺下界的体表投影	了解			
	（四）纵隔	了解			
	实验六　呼吸系统的大体解剖	熟练掌握	技能实践 融入思政元素		2
七、泌尿系统	（一）肾		理论讲授	2	
	1. 肾的形态	掌握	多媒体演示		
	2. 肾的位置	掌握	问题讨论		
	3. 肾的被膜	了解	案例分析		
	4. 肾的剖面结构	掌握	情景教学		
	5. 肾的微细结构	熟悉	融入思政元素		
	6. 肾的血液循环特点	了解			
	（二）输尿管、膀胱和尿道				
	1. 输尿管	熟悉			
	2. 膀胱	掌握			
	3. 尿道	掌握			
八、生殖系统	（一）男性生殖系统		理论讲授	4	
	1. 男性内生殖器	熟悉	多媒体演示		
	2. 男性外生殖器	了解	问题讨论		
	3. 男性尿道	掌握	案例分析		
	（二）女性生殖系统		情景教学		
	1. 女性内生殖器	掌握	融入思政元素		
	2. 女性外生殖器	了解			
	（三）腹膜				
	1. 概述	掌握			
	2. 腹膜与腹、盆腔器官的关系	了解			
	3. 腹膜形成的主要结构	了解			

单元	教学内容	教学要求	教学活动参考	参考学时	
				理论	实践
	【附1】 女性乳房	了解			
	【附2】 会阴	了解			
	实验七 泌尿、生殖系统的大体解剖	熟练掌握	技能实践 融入思政元素		2
九、脉管系统	（一）心血管系统概述		理论讲授	6	
	1. 心血管系统的组成	掌握	多媒体演示		
	2. 血液循环	掌握	问题讨论		
	3. 血管吻合及其功能意义	了解	案例分析		
	（二）心		情景教学		
	1. 心的位置和毗邻	掌握	融入思政元素		
	2. 心的外形	掌握			
	3. 心腔	掌握			
	4. 心壁的构造	了解			
	5. 心传导系	熟悉			
	6. 心的血管	熟悉			
	7. 心包	了解			
	8. 心的体表投影	掌握			
	（三）血管				
	1. 肺循环的血管	了解			
	2. 体循环的动脉	熟悉			
	3. 体循环的静脉	熟悉			
	（四）淋巴系统				
	1. 淋巴管道	了解			
	2. 淋巴组织	了解			
	3. 淋巴器官	熟悉			
	实验八 心的大体解剖	熟练掌握	技能实践		2
	实验九 血管和淋巴系统的大体解剖	熟练掌握	融入思政元素		2
十、感觉器	（一）视器		理论讲授	4	
	1. 眼球	掌握	多媒体演示		
	2. 眼副器	熟悉	问题讨论		
	3. 眼的血管	了解	案例分析		

单元	教学内容	教学要求	教学活动参考	参考学时	
				理论	实践
	（二）前庭蜗器		情景教学		
	1. 外耳	熟悉	融入思政元素		
	2. 中耳	熟悉			
	3. 内耳	了解			
	（三）皮肤				
	1. 皮肤的微细结构	熟悉			
	2. 皮肤的附属器	了解			
十一、内分泌系统	（一）甲状腺		理论讲授	2	
	1. 甲状腺的位置和形态	掌握	多媒体演示		
	2. 甲状腺的微细结构与功能	熟悉	问题讨论		
	（二）甲状旁腺		案例分析		
	1. 甲状旁腺的位置和形态	掌握	情景教学		
	2. 甲状旁腺的微细结构与功能	了解	融入思政元素		
	（三）肾上腺				
	1. 肾上腺的位置和形态	掌握			
	2. 肾上腺的微细结构与功能	熟悉			
	（四）垂体				
	1. 垂体的位置和形态	掌握			
	2. 腺垂体远侧部的微细结构与功能	熟悉			
	3. 神经垂体的微细结构与功能	熟悉			
	（五）松果体	了解			
	实验十 感觉器和内分泌系统	学会	技能实践 融入思政元素		2
十二、神经系统	（一）概述		理论讲授	8	
	1. 神经系统的组成及区分	掌握	多媒体演示		
	2. 神经系统的活动方式	熟悉	问题讨论		
	3. 神经系统的常用术语	掌握	案例分析		
	（二）中枢神经系统		情景教学		
	1. 脊髓	熟悉	融入思政元素		
	2. 脑	掌握			
	3. 脊髓和脑的被膜	熟悉			
	4. 脊髓和脑的血管	了解			

续表

单元	教学内容	教学要求	教学活动参考	参考学时 理论	实践
	5. 脑脊液及其循环	掌握			
	6. 血－脑屏障	了解			
	（三）周围神经系统				
	1. 脊神经	熟悉			
	2. 脑神经	熟悉			
	3. 内脏神经	了解			
	（四）神经系统的传导通路				
	1. 感觉传导通路	了解			
	2. 运动传导通路	了解			
	实验十一　中枢神经系统	学会	技能实践		2
	实验十二　周围神经系统和神经系统的传导通路	学会	融入思政元素		2
十三、人体胚胎发生总论	（一）生殖细胞和受精		理论讲授	4	
	1. 生殖细胞	了解	多媒体演示		
	2. 受精	掌握	问题讨论		
	（二）胚泡形成和植入		案例分析		
	1. 卵裂和胚泡形成	熟悉	情景教学		
	2. 植入	掌握	融入思政元素		
	（三）胚层的形成与分化				
	1. 胚层的形成	了解			
	2. 三胚层的分化	了解			
	（四）胎膜和胎盘				
	1. 胎膜	熟悉			
	2. 胎盘	掌握			
	（五）胎儿血液循环和出生后血液循环的变化				
	1. 胎儿血液循环的途径	了解			
	2. 胎儿出生后血液循环的变化	了解			
	（六）双胎、多胎与联体双胎				
	1. 双胎	了解			
	2. 多胎	了解			
	3. 联体双胎	了解			
	（七）先天畸形概述	了解			

五、说明

（一）教学安排

本教学大纲主要供中等卫生职业教育护理专业教学使用，第1学期开设，总学时72学时，其中理论教学48学时，实践教学24学时，并通过自学和网络增值服务进行知识拓展。

（二）教学要求

1. 全面落实课程思政建设要求，强化课程育人理念。教学中应注意围绕课程内容精选课程思政案例，实现德、识、能三位一体育人。

2. 本课程对理论教学部分要求有掌握、熟悉、了解三个层次。掌握是指对解剖学中所学的基本知识、基本理论具有深刻的认识，并能灵活地应用所学知识分析、解释生活现象和临床实际问题。熟悉是指能够解释、领会概念的基本含义并会应用所学技能。了解是指能够简单理解、记忆所学知识。

3. 本课程重点突出以岗位胜任力为导向的教学理念，在实践教学方面分为熟练掌握和学会两个层次。熟练掌握是指能够独立娴熟地进行正确的实践技能操作。学会是指能够在教师指导下进行实践技能操作。

（三）教学建议

1. 本课程依据护理岗位的工作任务、职业能力要求，强化理论实践一体化，突出"做中学、做中教"的职业教育特色，根据培养目标、教学内容和学生的学习特点以及护士职业资格考试要求，提倡案例教学、情景教学、角色扮演、动画演示、问题讨论等方法，并借助学生自主学习、网络增值服务等教学形式有机结合。

2. 在教学过程中，教师要尽可能运用多种教学方法，培养学生对解剖学学习的兴趣，激发学生学习的自觉性和积极性。理论与实践相结合，注重培养学生的动手能力以及观察问题、分析问题和解决问题的能力。并在教学中充分利用教学资源，把抽象的知识尽可能形象化，提高教学效果。通过历史讲述、榜样学习、小组合作、问题启迪、实验探索等环节，适时融入课程思政。

3. 在教学过程中，要注意改革考试考核方法，可通过课堂提问、作业、平时测验和考试等多种形式对学生的职业素养、专业知识和专业技能、思政素养进行综合考评。应体现评价主体、评价过程、评价方式的多元化。评价内容不仅关注学生对知识的理解和技能的掌握，更要关注知识的运用与解决实际问题的能力水平，重视护士职业素质的形成。

参 考 文 献

[1] 丁文龙, 刘学政. 系统解剖学. 9版. 北京: 人民卫生出版社, 2018.

[2] 李继承, 曾园山. 组织学与胚胎学. 9版. 北京: 人民卫生出版社, 2018.

[3] 刘斌. 组织学与胚胎学. 北京: 北京大学医学出版社, 2008.

[4] 张卫光, 张雅芳, 武艳. 系统解剖学. 4版. 北京: 北京大学医学出版社, 2018.

[5] 窦肇华, 吴建清. 人体解剖学与组织胚胎学. 7版. 北京: 人民卫生出版社, 2014.

[6] 任晖, 袁耀华. 解剖学基础. 3版. 北京: 人民卫生出版社, 2015.

[7] 任晖, 乔跃兵. 人体解剖学与组织胚胎学. 2版. 北京: 人民卫生出版社, 2021.

[8] 王之一. 解剖学基础. 3版. 北京: 人民卫生出版社, 2017.

[9] 代加平, 安月勇. 解剖学基础. 3版. 北京: 人民卫生出版社, 2015.

[10] 黄嫦斌. 解剖生理学基础. 北京: 人民卫生出版社, 2016.

中英文名词对照索引